来自法治现场的报告

丛书主编 周连勇

疑案的[研判]

THE JUDGEMENT OF MYSTERY

专家论证30例

◎ 杨秀云 主编
◎ 马 源 董玉泉 副主编

南京师范大学出版社
NANJING NORMAL UNIVERSITY PRESS

图书在版编目(CIP)数据

疑案的研判：专家论证 30 例 / 杨秀云主编. —南京：
南京师范大学出版社，2020.11
（来自法治现场的报告系列丛书/周连勇主编）
ISBN 978-7-5651-4449-3

Ⅰ.①疑… Ⅱ.①杨… Ⅲ.①刑事诉讼—辩护—案例
—中国 Ⅳ.①D925.210.5

中国版本图书馆 CIP 数据核字(2019)第 289061 号

丛 书 名	来自法治现场的报告
丛书主编	周连勇
书 名	疑案的研判：专家论证 30 例
本册主编	杨秀云
副 主 编	马 源 董玉泉
责任编辑	秦 月
出版发行	南京师范大学出版社
地 址	江苏省南京市玄武区后宰门西村 9 号(邮编：210016)
电 话	(025)83598919(总编办) 83598412(营销部) 83373872(邮购部)
网 址	http://press.njnu.edu.cn
电子信箱	nspzbb@njnu.edu.cn
照 排	南京凯建图文制作有限公司
印 刷	盐城市华光印刷厂
开 本	787 毫米×960 毫米 1/16
印 张	16.25
字 数	301 千
版 次	2020 年 11 月第 1 版 2020 年 11 月第 1 次印刷
书 号	ISBN 978-7-5651-4449-3
定 价	49.00 元
出 版 人	张志刚

南京师大版图书若有印装问题请与销售商调换
版权所有 侵犯必究

推荐序

在所有律师业务当中，刑事辩护是一门最需要律师兼具胆识和智慧的艺术。刑事辩护业务要走出目前低水平徘徊的局面，真正步入高端化和专业化的境地，就需要律师博采众长，深入地钻研业务，总结经验，成为刑事辩护领域的专家。尤其是对那些涉及刑法民法交叉法律适用、刑法行政诉讼法法律交错适用的新型疑难案件，律师更需要具备"庖丁解牛"的精神，准确地解决案件中的专业难题，及时找准辩护的切入点，形成具有说服力的辩护思路。为此，律师不仅要善于自我总结和相互借鉴辩护经验，而且还需要向各个领域的专家学习请教，获得专家的专业支持，从而提升刑事辩护的专业化水平。

由江苏博事达律师事务所周连勇律师组织编写的《疑案的研判：专家论证30例》，就是一本记录了该所律师从专业化角度从事刑事辩护的实务著作。博事达律师事务所在江苏乃至全国都具有较高的知名度，在刑事辩护领域也是独树一帜。该所拥有十分丰富的案例资源，也具有从事高端刑事辩护的经验。本书是对该所律师刑事辩护经验的总结。在撰写体例上，本书对每个案例的分析都包括"案情简介""争议焦点""专家研判"三个部分，并附有法条索引。

在一些重大疑难案件中邀请各个领域的专家，对案件进行论证并出具专家论证意见，是一种可供律师选择的辩护策略。尤其在面对各方存有争议的案件时，通过组织专家论证会，形成专家论证意见，既能对案件争议焦点予以详尽论证，确保辩护意见的专业性和科学性，还能在相当程度上引起司法机关对辩护意见的重视，切实增强辩护意见的说服力。

《疑案的研判：专家论证30例》一书，在每则案例的"专家研判"部分，记录了应邀专家在听取案情介绍、研读案件材料的基础上，经过细致分析和深入讨论所形成的论证意见。在专家组成结构上，博事达所通常都会邀请知名高校教授、司法官员以及资深律师。从本书精选的30则专家意见中，我们可以看到专家如何通过"会诊"，深入案件事实并严格依据全案证据，从犯罪构成要件符合性、量刑情节、侦查行为合法性、证明力规则、证明标准、刑事政策等方面提出具体意见，

1

运用法律规范、法学理论和实务经验精准锁定争议焦点，并对此加以层层分析，最终形成论证严密、结论明确的专家意见。经过专家的法理研判，在有些案件中，指控的罪名和证据被不同程度地削弱，起诉书被指出定性有误，应构成轻罪甚或不构成犯罪；有的案件关键证据属于非法证据，或者不具有证据能力，应当予以排除；有的案件被告人具有从轻、减轻处罚的情节……这些论证意见既为律师辩护提供了新的思路，也为司法机关解决疑难案件提供了参考。

在充分吸收专家论证意见的基础上，我们可以看到，相关律师在面对事实不清、证据不足或不具备刑事违法性的疑案时，具备依法辩护的勇气和智慧。他们能够驾轻就熟地运用无罪辩护、量刑辩护、罪轻辩护、程序性辩护、证据辩护等各种辩护技巧，并善于针对公诉方的鉴定意见，援引相似案例，发挥组合拳的制胜功效，把上述辩护技巧在一些案件的辩护中叠加使用，尽最大努力提出专业证据，以应对控方的定罪指控和量刑意见。这种专业化的辩护过程最终取得了积极的辩护效果，委托人获得了高质量的法律帮助。

本书将30个案例分为职务犯罪类案件、滥用职权类案件、骗取财产类案件等几大部分。在辩护实践中，这些案件往往包含着较为复杂的专业问题，且在适用法律上容易产生分歧，律师的辩护难度也较大。其中，贪污贿赂类案件的主体身份和行为定性问题容易引起争议，且实践中对口供依赖严重，辩护时尤其需要关注相关证据规则的运用；滥用职权类案件涉及的行为类型和法律规范具有复杂性；骗取财产类案件因新型犯罪方式频出和涉及刑法民法交叉领域而成为律师辩护可以大有作为的战略要地。对于这些案件的法律适用问题，以及面对疑难法律问题时如何选择辩护思路的问题，本书都给予了回答，为律师辩护提供了一份有益的参考文献。

本书不仅是一部刑事辩护实务精品教程，也可以成为研究者了解刑事辩护、研究刑事辩护的重要参考书。祝贺博事达律师事务所出版这部辩护实务佳作。也祝愿博事达律师事务所开拓出更多的刑事辩护业务，在专业化和高端化的刑事辩护道路上更上一层楼。

北京大学法学院　陈瑞华教授

作者自序

随着以审判为中心的刑事诉讼制度改革的不断深化，以及刑事案件律师辩护全覆盖、刑事案件速裁、认罪认罚从宽等制度的相继出台，我国的刑事诉讼制度正在日趋规范化的道路上发展。与此同时，这对律师刑事辩护的质量也提出了更高的要求。在新形势下，如何保证和提高辩护质量，保障实现有效的而不是流于形式的辩护；如何制定一个量化的标准去考核律师在辩护工作中是否尽职等问题；如何充分利用刑事辩护的经验和技巧，力求挖掘出每个案件的"辩点"，争取在辩护工作上做到不留遗憾，将是刑事辩护律师必然要解决的重要问题。

周连勇主任主编的系列丛书"来自法治现场的报告"浓缩了他近二十年的执业精华，尤其是此前出版的《成功的辩护》一书，入选案例均是他13年前亲自办理的典型案件，通过对每宗个案从案件简介、辩护历程到法理剖析的细致展开，在原有的刑事辩护实务基础上体现了经验和理论的升华。近年来，刑事法律规范不断更新和完善，我国司法制度改革及刑事辩护业务不断发展，该书收录的部分案例及刑法理论需要及时更新，也有很多新的、有代表性的案例需要重新提炼总结。随着博事达刑事辩护团队的不断发展壮大，逐渐形成了刑辩人才梯队，办理的刑事案件类型不断丰富，案件数量、质量也有很大的提升，因此编写团队立足刑事辩护的实战经验，从刑事辩护操作技能和刑事法律运用的专业角度，精选了经过专家论证的复杂疑难的、有代表性的30个案例再次汇集成书。

本书案例主要分为职务犯罪类、滥用职权类、骗取财产类以及其他类型四类。编写团队致力于从纷繁复杂的案件中寻找个案特点，精准辩护要点，并在重大、复杂、疑难刑事案件辩护和代理过程中通过专家论证，引经据典、阐法释理，精准解决疑案的难题，极大地丰富了辩护的理论厚度，从而通过典型案例的分析逐步实现法律共同体争议解决上的共识。

特别要说明的是，专家论证的素材是隐去当事人、案情基本信息后类型化的材料，同时为规范刑事案件专家论证规则，避免专家论证流于形式，博事达刑事辩护中心创造性地提出"三三制"，即论证专家由三分之一的理论学者、三分之一的实务专家(退休或辞职的法官检察官、鉴定人、专业技术人员等)、三分之一的资深律师组成,注重专家论证意见及职业背景的多元化。作为办案的辅助力量、办案的"智囊",邀请不同职业背景、持不同意见的专家参与讨论和论辩,可以更好地启发思路,完善辩护观点,保障办案的公正性、客观性。为了避免专家论证意见对司法工作产生无形的影响力、干扰司法的独立性,博事达对所有专家论证的基础材料、论证记录及报告严格保密,不做任何宣传;同时,博事达刑事辩护中心完善与专家之间的相关手续,使专家取得合法的诉讼地位,将专家论证意见转化为代理意见或者辩护意见,使之成为办理案件的参考或者拓宽办案思路的辅助工具;经过转化后的辩护意见得到法院的支持并在判决书中加以引用,也是对专家论证成果质量的高度认可。对法律的研究、理解和适用,必定离不开中国本土语境、当下民生幸福、国家大政方略等,通过专家论证,我们要学会的不再是仅局限于追求个案正义,而是作为法律从业者如何时刻葆有同理心与悲悯心,如何有机整合价值判断与解释技术,如何呼应社会的发展与时俱进,实现"良善"的社会价值和法律价值,这才是我们追求的深层次目标。

特别要感谢周连勇主任为我们提供这样的机会与平台,让我们在办理案件的同时能不断思考、不断沉淀。在这里,我们还要真诚感谢所有曾给过我们智慧和信任的前辈和朋友……陈瑞华教授作为我国刑事诉讼法学界的领军人物,长期致力于诉讼法学和证据学的研究,在刑事辩护实务界也享有极高的声望;感恩陈瑞华教授在课题研究(非法证据排除规则与律师辩护)和具体个案的论证过程中给我所极大的帮助并欣然为本书作序;全国著名刑法学家孙国祥教授和刘艳红教授,时常在法律理解与适用方面给我们许多思考和启示,他们用自己的智慧不断推动刑法学的发展,用具体实例让鲜活富有生命力的刑法理论生根发芽。还有北京大学王新教授,华东政法大学孙万怀教授,东南大学欧阳本祺教授,华东师范大学钱叶六教授,中国政法大学褚福明副教授等等,感谢他们让我们拥有了许多独特而精彩的案例素材和内容。博事达刑事辩护中心一路走来,关心、帮助过我们的人还有很多,在此难以一一列出,只能心存感念,亦以此作为后续前行的动力。

杨秀云　马源　董玉泉
江苏博事达律师事务所

目 录

第一部分　职务犯罪类案件

案例 1	甲某受贿案 / 3
案例 2	艾某受贿案 / 7
案例 3	李某被控受贿案 / 13
案例 4	孙某涉嫌贪污案 / 21
案例 5	宋某涉嫌受贿案 / 24
案例 6	唐某受贿、挪用公款案 / 31
案例 7	徐某受贿案 / 38
案例 8	张某妨害作证罪、挪用资金罪及受贿罪 / 44
案例 9	王某涉嫌受贿案 / 54
案例 10	朱某涉嫌贪污、私分国有资产罪 / 58

第二部分　滥用职权类案件

案例 11	胡某涉嫌被控非法批准占有土地案 / 73
案例 12	钱某涉嫌滥用职权案 / 76
案例 13	张某涉嫌滥用职权案 / 80
案例 14	朱某涉嫌滥用职权罪 / 90

第三部分　骗取财产类案件

案例 15	夏某诈骗案 / 117
案例 16	顾某涉嫌诈骗、高利转贷案 / 119
案例 17	李某诈骗、冒充军警人员案 / 125
案例 18	张某合同诈骗案 / 131
案例 19	郑某涉嫌集资诈骗案 / 139
案例 20	中国首例电子商务被控传销案 / 142

第四部分　其他类型案件

案例 21	吕某涉嫌过失杀人案 / 165
案例 22	杨某涉嫌销售假药案 / 171
案例 23	戴某挪用资金案 / 177
案例 24	某钢厂聚众斗殴罪 / 182
案例 25	江苏某药业股份有限公司、戴某污染环境案 / 187
案例 26	刘某交通肇事案 / 191
案例 27	孟加拉虎运输案 / 193
案例 28	邵某等涉嫌生产、销售伪劣产品案 / 197
案例 29	王某涉嫌敲诈勒索案 / 202
案例 30	赵某涉嫌串通投标案 / 208

第一部分

职务犯罪类案件

女權一斑

文友堂印發行

案例 1
甲某受贿案

帮助第三人借款、往来人情债等与受贿定性之争

杨秀云

一、案情简介

2001年至2015年间,被告人甲某先后担任P市计划与经济贸易委员会主任、P市人民政府副市长、X市发展和改革委员会副主任、F县人民政府县长等职务。因涉嫌受贿罪,被告人甲某于2016年1月13日被某市公安局刑事拘留,1月28日经某市人民检察院批准逮捕,2016年3月28日甲某涉嫌受贿一案侦查终结并由人民检察院移送审查起诉。起诉书中指控甲某在2001年至2015年为周某、邱某、夏某、章某等人在贷款额度、企业改制、土地开发、申报补贴、工作安排等方面提供便利,收受上述人员给予的财物,某市人民检察院指控甲某涉嫌受贿罪,涉案金额305.026万元人民币。辩护人在接受被告人家属委托之后,详细查阅本案卷宗、证据材料并会见当事人,初步确定辩护思路,并将起诉书中指控的2007年5月甲某接受了周某帮其支付10万元购买的玉器,以及2013年10月至2014年12月期间,甲某通过其前情人丁某先后收受周某给予的人民币174.795万元是否为受贿提炼为本案争议焦点。

由于本案疑点较多且影响较大,故辩护律师组织来自清华大学、复旦大学等知名大学的法学院刑事法学教授以及省高院资深刑事审判法官、优秀刑事辩护律师若干人,于开庭前举行针对甲某受贿案的专家咨询论证会,并出具法律意见书。

二、争议焦点

1. 起诉书中指控的2013年10月至2014年12月期间被告人甲某通过丁某收受周某174.795万元贿款的事实是否成立?

2. 被告人甲某接受周某帮其支付的 10 万元玉器款能否认定其为受贿?

三、专家研判

围绕起诉书中的指控,与会专家进行了细致的分析和深入的讨论,形成了以下意见。

1. 关于指控被告人通过丁某受贿 174.795 万元的事实不清,证据不足,定性有误。

如果起诉书中所指控的甲某通过丁某受贿的逻辑成立的话,甲、丁二人应该成立受贿罪的共犯关系。但根据本案的事实,甲某与丁某之间不可能成立受贿罪的共犯关系。相反,甲某只是迫于无奈,为解决丁某当时急于偿债之困,促成周某和丁某之间的民事借贷关系。具体理由如下:

(1) 本案中,周某提供给丁某的 174.795 万元只是借款,而非贿赂款。甲某只是帮助丁某获得借款,两人之间不存在共同受贿的违法事实和故意。一方面,丁某虽曾为甲某的情人,但在丁某因做生意亏损需要偿还债务而向甲某借款时,二人情人关系早已破裂。由此可见,丁某并非所谓的"特定关系人"。另一方面,甲某与丁某之间根本上不存在共同受贿的违法事实和故意。具体言之,甲某只是在受到丁某的要挟和纠缠,迫于无奈并因自己无力借款的情况下,才寻求周某的帮助,让周某借款给丁某,以解决丁某当时所面临的债务危机,而非授意周某送钱给丁某。这一点完全可以从甲某向周某提到丁某可能存在不还钱的风险,暗示周某采取措施来保证其将来债权的实现的供述中得到明确印证。

(2) 本案中,周某提供给丁某的 174.795 万元只是借款,而非贿赂款。本案中的书证及证人程某、马某的证言客观上反映出周某通过转手方式令程某、马某二人借钱给丁某(目的是方便以后要求丁某偿还借款),三人分别立下欠条借据,并且约定了还款期限及利息,在公司财务中建立了专门的应收账款记录,这些借款手续具备民间借贷的基本特征,形成并确立了比较完整规范的借款关系,具有明确的法律效力。一旦发生纠纷,债权人完全可以依据所签订的借款协议以仲裁或民事诉讼的方式来解决争议并实现债权。上述事实足以表明:周某当时主观上是实实在在地期待丁某以后还款的,而非"行贿"。行贿罪与受贿罪属于对向犯,在通常情况下,行贿方与受贿方的行为均构成犯罪,在行贿事实根本不存在的情况下,何以能认定受贿的成立?

(3) 周某借款给丁某,虽然存在钱款可能不被偿还的风险,但不能就此否认双方之间借贷关系的存在。普通民间借贷出现纠纷诉诸法院解决争议的情形不胜枚举,多数由于借款方缺乏诚信不予还款或者事后无力还款所致,这种情况同样会在丁某身上出现。但这只不过是债务的不履行或者履行不能的问题，并不能改变双方当事人之间此前建立的借贷关系。另外，虽然本案的证据材料中，书证与证人证言部分未能完全一致地认定丁为借款，但却不能得出名为借款实为受贿的唯一结论，更无法排除周丁二人之间为借款事实的合理怀疑。

(4) 刑事证据在学理上可划分为实物证据和言词证据两种，书证属于前者，而被告人供述和辩解、证人证言归于后者。实物证据形成于案发前或者犯罪过程中，而言词证据形成于诉讼过程中，相比较而言，实物证据客观性和真实性要强于言词证据，另外言词证据是通过人的陈述，以言词作为表现形式的证据，具有较大的可塑性、主观性和易变性，可靠性和稳定性均弱于实物证据，因此二者冲突时实物证据具有优先适用性。本案中的实物证据有丁某与程某、马某内容完善的借据、程某和马某二人公司财务应收账款的信息记录、甲某与丁某的手机短信等，这些均能够证明借款事实是客观存在并且真实的。因为推定证据信息真实的规则之一是：只有实物证据的载体具有完整的保管链条，即推定该实物证据所包含的信息为真，而本案中实物证据的载体及保管链条并无瑕疵。本案相关书证能够证明借款关系成立，但证人证言及被告人供述则与此相左，实物证据优先于言词证据，已能推翻言词证据的真实性。若主张以言词证据推翻实物证据，则需有独立的第三方信息源或新的证据来支持，而目前没有这方面的新证据，因此不能依据本案被告人的部分供述及部分证人证言就认定被告人甲某通过丁某受贿174.795万元的案件事实。

2. 起诉书中指控甲某接受周某玉器款10万元为受贿，该部分事实认定模糊不清，证据不足，不能排除合理怀疑。

(1) 本案中周某帮助甲某支付玉款，但该部分财物去向影响受贿行为的定性。在控方未提供充分证据证明甲某将玉器私用的前提下，客观上就难以排除甲某将玉器公用的合理怀疑或者可能。根据被告人的供述，甲某向周某开具的扶贫办收据冲抵账务，各地尤其是扶贫待开发地区在该种公共财产收支、账目管理方面出现此类情况符合常理，其供述具有可信度。在无其他证据证实玉器私用的情况下不能简单认定其收受的10万元属于受贿款。

(2) 若认定甲某受贿，则至少存在周某的请托事项或利益，交付财物者是否有求于收受财物者的职务行为，所交付的财物是否为职务行为的不正当报酬，这是区分收受贿赂与接受赠与的核心标准。若控方无这方面的证据，则无法推翻该玉器款为周某向甲某的赠与或借款之结论。

(3) 控方证据中没有证据证明玉器的去向，导致本起事实认定模糊。受贿罪侵害的法益是职务行为的廉洁性和不可收买性，本起事实中周某并不存在请托事项,甲某也没有利用职务便利为对方谋取利益或许诺谋取利益,更为重要的是,本案无法排除周某支付购买的玉器是用于公务往来而非个人受贿的故意之合理怀疑。在这种情况下,不能以曾经进行过权钱交易为由,将交易前后发生的数额和案发前数额无一例外地累加为受贿数额,而不一一查明。

综上,专家们认为,起诉书中指控甲某接受周某玉器款10万元为受贿,该部分事实认定模糊不清,证据不足,不能认定为受贿,不能达到排除合理怀疑的证明标准。

四、案例评析

职务犯罪案件中有关经济往来的定性比较复杂,往往是受贿款、人情往来、感情投资、借贷等正常资金往来交织在一起,且嫌疑人只要因涉嫌职务犯罪被侦查,无论款项发生是否指向嫌疑人的职务及职务行为,所有资金往来就都有被认定为犯罪的倾向。辩护人希望通过本案的论证,明晰款项的性质,避免仅因款项相对人"本来就没打算对方还"或者"就是看中他的职务或者地位"等不利证言而武断入罪,在现实案件中还要根据款项发生原因、用途、是否有偿还能力及意向等进行综合判断。

案例 2
艾某受贿案

受贿罪与非罪：国家工作人员主体身份需仔细甄别

杨秀云

一、案情简介

2013年3月31日，艾某因受贿罪被某市人民检察院刑事拘留，后于2013年4月16日被某市人民检察院批准逮捕。2013年6月16日，某市人民检察院侦查终结，将本案移送某市人民检察院审查起诉，后因案情重大、复杂，延长审查起诉期限半个月。2013年7月31日，某市人民检察院以艾某犯有受贿罪向某市中级人民法院提起公诉。

起诉书的主要内容为：2003年春节前至2013年春节前，被告人艾某在先后担任某化工集团有限公司工程部主任、某新区筹备办主任、某化工集团副总经理期间，利用职务之便，收受王某、路某、刘某、俞某、曹某等12人所送的钱、卡折合人民币19 331 542元，并为上述人员谋取利益。

为正确评价艾某的法律责任，受艾某妻子张某委托的律师事务所及相关律师特委托北京师范大学刑事法律科学研究院疑难刑事问题研究咨询专家委员会，于2013年8月12日在北京组织多位全国著名的法学专家，对艾某被控受贿罪一案进行了咨询和论证。

二、争议焦点

公诉机关在起诉书中所列明的各项事实是否均符合受贿罪的构成要件。

三、专家研判

与会专家就本案的主要争议问题进行了认真的研究，经分析讨论后认为：在2006年12月31日被任命为某化工集团副总经理之前，艾某不具有国家工作人员的身份,在该段时间内不符合受贿罪的主体要件;对于艾某收受他人财物但并未利用职务上的便利为他人谋取利益的行为,不应认定为受贿罪。具体分析论证如下。

1. 起诉书中所控的部分犯罪事实发生于 2007 年之前,艾某尚未具备国家工作人员的身份,不符合受贿罪的主体要件。

受贿罪,是指国家工作人员利用职务上的便利,索取他人财物,或者非法收受他人财物,为他人谋取利益的行为。构成本罪要求行为人具有国家工作人员的主体身份。根据《中华人民共和国刑法》第九十三条规定,"国家工作人员"包括:① 国家机关中从事公务的人员;② 国有公司、企业、事业单位、人民团体中从事公务的人员;③ 国家机关、国有公司、企业、事业单位委派到非国有公司、企业、事业单位、社会团体从事公务的人员;④ 其他依照法律从事公务的人员。本案中,艾某当然不属于"国家机关中从事公务的人员"以及"其他依照法律从事公务的人员",其是否具有上述第②、③项中所要求的身份,成为本案的关键。专家们一致认为,根据本案的全部事实和国家的相关法律,截至 2006 年 12 月 31 日正式经某市国资委同意被任命为某化工集团副总经理之前,艾某不具有上述第②、③项中所要求的身份,不属于构成受贿罪所要求的"国家工作人员"。

(1) 2006 年 12 月 31 日之前,艾某不属于"国有公司、企业、事业单位、人民团体中从事公务的人员"。

艾某所在的某化工集团有限公司前身为某市农药厂,1997 年改制为国有独资公司,1998 年成立某化工集团。2001 年至 2012 年期间,经过多次改制,由 M 省某化工医药集团(性质为国有公司)持股 40.59%,某外商投资公司持股 40.53%,故某化工集团在 2001 年改制的性质为国有控股、参股公司,其投资主体既包括国有投资主体又有非国有投资主体。经与会专家认真讨论后一致认为,按照《中华人民共和国公司法》的规定,公有资本和私有资本共同投资设立公司,其公司就享有由股东投资形成的全部法人财产,依法享有民事权利、承担民事责任。公司股东只是作为出资者按照投入公司的资本额享有资产收益权重大决策权、选择管理者权等权利,并且共担风险。在国有资本控股、参股的股份有限公司中,国家作为出资者,只能依照投入资本所占份额享有权利和承担风险,与国有公司存在本质的区别。由某化工集团的性质所决定,艾某不属于在国有公司、企业、事业单位中从事公务的人员。2006 年 12 月 31 日之前,艾某不属于"国家机关、国有公司、企业、事业、单位委派到非国有公司、企业、事业单位、社会团体从事公务的人员"。由上可知,某化工集团是具有独立法人资格的股份制经营实体,有权独立决定其人事任免。从 1999 年至 2006 年间对艾某的聘用文件可以看出，2006年12月31日之前，艾某是经某化工集团决定聘用为中层干部并对公司工程部进行管理的，而非接受某市国资委或江苏某化工医药集团的指派从事公务或对国有财产进行监督管理。而后于2006年12月31日，艾某被任命为某化工集团副总经理时，则是经过某市国资委党委、M省某化工医药集团党委同意后决定任职，这与之前某化工集团内部的聘用流程有显而易见的区别。

2001年5月23日，最高人民法院公布的《关于在国有资本控股、参股的股份有限公司中从事管理工作的人员利用职务便利非法占有本公司财物如何定罪问题的批复》（以下简称《批复》）中规定，在国有资本控股、参股的股份有限公司中从事管理工作的人员，除受国家机关、国有公司、企业、事业单位委派从事公务的以外，不属于国家工作人员。2003年11月13日，最高人民法院《全国法院审理经济犯罪案件工作座谈会纪要》（以下简称《纪要》）中就贪污贿赂犯罪和渎职罪的主体问题提出，国有公司、企业改制为股份有限公司后，原国有公司、企业的工作人员和股份有限公司新任命的人员中，除代表国有投资主体行使监督、管理职权的人外，不以国家工作人员论。2005年8月1日，最高人民法院在《关于如何认定国有控股、参股股份有限公司中的国有公司、企业人员的解释》中规定："国有公司、企业委派到国有控股、参股公司从事公务的人员，以国有公司、企业人员论。"上述《批复》《纪要》及司法解释明确指出，在国有控股、参股公司中，除非受到国有公司的委派或代表国有投资主体的国家行使监督管理职权的人，才属于国家工作人员。换言之，在国有控股、参股公司中，除上述两类人之外的其他人员，不具有国家工作人员的身份，只是普通公司人员。因此，在2006年12月31日之前，艾某未经国家机关、国有公司委派在国有控股、参股公司从事公务或行使监督、管理职权，依法不属于"国家机关、国有公司、企业、事业单位委派到非国有公司、企业、事业单位、社会团体从事公务的人员"。综上所述，在2006年12月31日被正式任命为某化工集团副总经理之前艾某不属于"国有公司、企业、事业单位、人民团体中从事公务的人员"，亦不属于"国家机关、国有公司、企业、事业单位委派到非国有公司、企业、事业单位、社会团体从事公务的人员"，其依法不具有"国家工作人员"的身份，不能成为受贿罪的主体。

2. 起诉书中所控的部分事实不符合受贿罪的客观要件。

受贿罪的客观方面表现为国家工作人员利用职务上的便利，索取他人财物或者非法收受他人财物为他人谋取利益；或者在经济往来中违反国家规定收受各种名义的回扣手续费归个人所有；或者利用本人职权或地位形成的便利条件，通过其他国家工作人员职务上的行为，为请托人谋取不正当利益，索取请托人财物或者收受请托人财物的行为。可以说，受贿罪的客观构成要件是复杂的、多层次的,上述三种受贿形式的构成要件有着较为明确的区别和界限,需要分别加以研究。就本案具体情况而言,构成受贿罪除了要求国家工作人员利用职务上的便利条件之外,在收受贿赂的情况下还要求存在为他人谋取利益的客观目的和行为。与会专家就本案进行讨论后一致认为,艾某被控受贿罪的部分事实不符合受贿罪的客观构成要件包括并未利用职权便利,以及没有为对方谋取利益,对于每一起犯罪事实,需要具体问题具体分析,不能因为其具有国家工作人员的身份,就将其收受他人财物的行为一律认定为受贿。

(1)艾某收受王某、路某钱款并为其提供技术帮助的行为属于个人劳务行为,并未利用其作为某化工集团副总经理的职务便利条件。

利用职务上的便利条件是指行为人利用自己的职务上的便利,当他人有求于自己的职务行为时,国家工作人员以交付财物为前提实施职务行为。从司法实践中看,主要是指公务人员利用自己在职务上的便利,利用自己负责承办某项公共事务的权力对他人所谋求的利益的直接制约关系,以实施自己的职务行为或不作为能够为他人谋取利益,来索取或收受他人的贿赂。贿赂的本质在于它与国家工作人员的职务行为具有关联性,即因为行为人具有某种职务,已经、正在或者能够实施某种职务行为,才能向他人索取贿赂或收受贿赂。利用职务上的便利条件是一切受贿行为在客观方面不可缺少的共同要件,也就是说,受贿罪的客观构成要件首先是国家工作人员存在利用职务便利条件的行为。本案中,艾某经任命为某化工集团副总经理后才具有国家工作人员的主体身份,因此,只有其利用某化工集团副总经理的职务便利索取或收受贿赂的行为才能构成犯罪意义上的受贿行为。从其本人供述和相关履历材料可知,艾某自1990年就开始学习和研究邻硝生产技术,曾担任工程科设计员,是邻硝车间的主要设计人员,在大量的实际生产活动中积累了丰富的实践经验。艾某帮助王某公司审核邻硝项目图纸、项目咨询、提供技术资料的行为并没有利用其副总经理的职权所形成的便利条件,也不是以副总经理的身份行使职权的行为,而是借助自身长期在实际生产活动中掌握积累的实践经验和技术参数所形成的智力成果对生产实践进行的指导,其行为属于正常的劳务行为,所获得的经济回报应当属于劳动报酬的性质。不可否认,艾某作为某化工集团的高层管理人员,向可能存在竞争关系的同行企业提供技术咨询和支持的行为,在民事法律领域内探讨或有失妥当,但不应被纳入刑事处罚的范畴。

(2)对于收受他人财物但无证据可以证实艾某存在为对方谋取利益的行为的事实,不应认定为受贿罪。

通常来说,受贿包括索取索贿、收受贿赂、违反国家规定收取回扣等形式,收受贿赂是最常见的受贿方式,是指受贿人利用职务上的便利,非法收受他人财物,为他人谋取利益的行为。1999年,最高人民检察院在《关于人民检察院直接受理立案侦查案件立案标准的规定(试行)》中明确规定:"索取他人财物的,不论是否'为他人谋取利益',均可构成受贿罪。非法收受他人财物的,必须同时具备'为他人谋取利益'的条件,才能构成受贿罪。但是为他人谋取的利益是否正当,为他人谋取的利益是否实现,不影响受贿罪的认定。"收受贿赂行为与索取贿赂行为的关键区别在于:二者虽然都要求利用职务上的便利条件,但在收受贿赂的情况下只有为他人谋取利益才构成受贿罪。从学理上来说,在索取财物时,财物与职务行为的对价关系非常清楚,但在他主动向国家工作人员交付财物时,该财物是否与国家工作人员的职务行为之间存在对价关系不一定清晰明了。因此,只有具备"为他人谋取利益"的要素,才能认定其行为侵犯了受贿罪的法益。所以"为他人谋取利益"这一要件旨在说明国家工作人员收受的财物与其职务行为之间具有对价关系。如果脱离这种对价关系,单纯从字面上理解"为他人谋取利益",则会使该要件丧失真实含义,从而导致受贿罪的范围不当扩大或不当缩小。

中国传统文化中礼尚往来的价值观念根深蒂固,但以祝贺节日以及婚丧嫁娶等名义向国家工作人员馈赠财物以谋求"感情投资",并且提出具体的利益需求的情况也大量存在,如何区分正常馈赠与受贿行为间的界限,是困扰司法机关的一大难题。与会专家认为,应当在办理案件的过程中具体情况具体分析,用客观证据说话,不能把对社会现象的宏观分析可能存在的事实,作为认定有罪的根据。也就是说,不能靠主观推定的方法认定,认为只要是具有一定职权的国家工作人员有收受他人财物的行为就认为其存在为他人谋取利益的行为或意图。对于国家工作人员收受了他人财物,但没有利用职务之便为对方谋取利益,也不能证实其意图或准备为他人谋取利益的,不应当以受贿罪论处。例如,公诉机关指控行贿人刘某在2003年至2013年间,除2009年之外,每年春节前均会向艾某送10 000元到20 000元不等的人民币现金,刘某和艾某均承认,送钱的原因就是因为艾某是工程部的领导,刘某看中了艾某的权力。我们认为艾某收受刘某所送钱款的事实毋庸置疑,但认定艾某是否构成受贿罪,还要根据具体证据情况,核实艾某是否在实际工作中利用职务便利为刘某谋取了利益。应当指出,艾某身为国家工作人员而收受他人财物,违背了国家有关廉政建设及对党员干部的纪律要求,应当予以否定并按照相关规定进行处分。然而其行为在法律上是否构成犯罪,必须根据我国刑法的具体规定来进行判断,否则就违背了罪刑法定的基本原则。

综上所述,对于公诉机关所列明的十二项犯罪事实,都应该依据犯罪的客观要件逐一加以严格审查,以客观证据作为认定犯罪事实的依据,对于艾某收受他人钱物但并未利用职务上的便利为他人谋取利益的行为,不应认定为受贿罪。

对于本案所要论证的问题,我们认为:2006年12月31日,艾某经某市国资委和M省某化工医药集团同意,被任命为某化工集团副总经理,在此之前,艾某不属于国家工作人员,不具有构成受贿罪所要求的主体资格;对于起诉书所列明的部分事实,如果只能证实艾某有收受他人财物的行为,但无证据证明艾某存在利用职务上的便利为他人谋取利益的行为,则不能就此认定艾某该部分行为构成受贿罪。

四、案例评析

职务犯罪中的主体身份应成为辩护工作中首要考量的因素,虽然法律对于国家工作人员的认定有相对详细的条款及解释,但实际工作中因历史遗留问题等原因会导致现实情形无法完全涵摄于法律规定,因此仍需仔细辨别权力来源。同时,受贿罪与贪污罪不同,犯罪构成中要求财物与职务行为之间具有指向性,即利用职权为他人谋取利益。实务中往往会依靠主观推定的方法认定受贿数额,辩护人通过本案的论证试图说明,对此要加以客观的分析和判断。

案例3
李某被控受贿案

特定关系人收受财物认定为受贿,需国家工作人员授意或明知

周连勇、杨秀云

一、案情简介

2013年12月9日,M省某市某区人民检察院指控被告人李某犯受贿罪,M省某市某区人民法院对案件进行了审理,一审判决书认定,"被告人李某于2002年至2008年间,利用担任N市某建设工程公司副经理、经理的职务便利,为N市某建设工程公司第三工程处负责人邢某在工程内部分包和管理、工程款支付等方面谋取利益,非法收受邢某所送贿赂人民币共计10万元。……被告人李某身为国家工作人员,利用职务之便,为他人谋取利益,非法收受他人贿赂,其行为已构成受贿罪。公诉机关指控的罪名成立,本院予以支持"。遂以受贿罪判处被告人有期徒刑十年。被告人李某对M省某市某区一审判决不服,依法向M省该市中级人民法院提起上诉。

辩护人认为该判决认定被告人李某构成受贿罪,但在实体、证据方面存在严重问题,因此特委托部分从事刑事法学研究的教授,对李某案件的实体、证据问题进行论证。

二、争议焦点

1. 根据M省某市某区一审判决书中认定的证据,对被告人李某在逢年过节多次通过其母亲收受邢某给予的贿赂款的认定能否成立?

2. M省某市某区一审判决书中对被告人李某收受10万元款项、构成受贿罪的认定能否成立?

3. 在检察机关已经自行撤回2013年6月19日被告人供述笔录的情况下,被告人李某在2013年6月21日至7月2日之间做出的五次重复自白是否具有可采性?

三、专家研判

围绕判决书中的认定,与会专家进行了细致的分析和深入的讨论,并对相关问题形成以下意见。

1. 根据 M 省某市某区一审判决书中认定的证据,对于被告人李某在逢年过节通过其母亲多次收受邢某给予的贿赂款的认定不能成立。

根据刑法规定和刑法学界的一般理论,受贿罪是指国家工作人员利用职务上的便利,索取他人财物,或者非法收受他人财物,为他人谋取利益的行为。构成受贿罪,在客观方面应当具备索取他人财物,或者非法收受他人财物的行为。司法实践中,索取或者收受财物的行为人可能是国家工作人员,也可能是国家工作人员的家人或其他有密切关系的人等。如果索取或者收受财物的行为人不是国家工作人员本人,而是国家工作人员的家人或其他有密切关系的人,要认定国家工作人员对此类行为承担刑事责任,关键需要证明国家工作人员知道、安排甚至指使相关人员索取或者收受他人财物;如果没有证据证明国家工作人员知道其家人或其他有密切关系的人索取或者收受他人财物,则不能直接将相关人员收受财物的行为视为国家工作人员收受贿赂,更不能以此认定其构成犯罪。

本案中,检察机关指控被告人李某于 2002 年至 2006 年传统节日期间收受邢某 1 万元,其中有 8000 元系被告人李某的母亲陈某转交,该指控得到了一审法院的认定。按照上述认定行为人构成受贿罪的要求,在李某的母亲收受财物的情况下,要认定李某对此承担刑事责任,需要有确实充分的证据证明李某知道其母亲收受了邢某给予的财物。然而,本案现有证据无法证明该关键事实。

结合一审判决书的认定和本案现有证据,可以发现对于李某是否知道其母亲陈某收受了邢某给予财物的情节,只有李某的供述和陈某的证言与此相关。根据一审判决书认定的证据,陈某的证言证明,"邢某到被告人李某在某小区的家中多次送过钱物,但具体送的时间、送过几次、送的东西记不清楚"。一审判决书中的认定并不准确。陈某的证言证明有一个老板给李某送过"东西",而非一审判决书认定的"钱物"。即便如一审判决书中所认定的事实,陈某的证言也只能证明其本人收受过邢某给予的钱物,无法证明其是否跟李某说过邢某给予钱物的情况,无法证明李某知道、安排、指使其母亲收受邢某给予的财物。

因此,对于李某是否知道陈某收受邢某给予钱款的情况,现有证据中只有李某的供述能够证明。然而,李某对此问题的庭前供述存在反复。在侦查阶段的数次讯问中,李某承认其知道陈某收受邢某给予钱款的情况;但是在之后的讯问中,其又予以否认。根据辩护律师介绍,在一审庭审中,李某对此完全否认,称并不知道陈某收受邢某给予钱款的情况。

对于被告人多次反复的供述,最高人民法院《关于适用〈中华人民共和国刑事诉讼法〉的解释》第八十三条规定,"被告人庭前供述和辩解存在反复,庭审中不供认,且无其他证据与庭前供述印证的,不得采信其庭前供述"。在本案中,被告人对于是否知道其母亲陈某收受邢某给予的钱款的情节,庭前供述存在多次反复,并且在庭审中不供认,而且现有证据无法对其庭前供述加以印证,因此其供述依法不应被采信为定案根据。

综合以上分析,与会专家认为,根据M省某市某区一审判决书中认定的证据,无法证明被告人李某知道其母亲收受邢某给予钱款的情况,因此一审判决书中对于被告人李某在逢年过节通过其母亲多次收受邢某给予贿赂款的认定不能成立。

2. M省某市某区一审判决书中对被告人李某收受10万元贿赂款的认定,缺乏必要的证据加以证明,证据之间的矛盾无法排除合理怀疑,没有达到法定证明标准。

第一,从本案现有证据来看,一审判决书中认定的李某收受邢某给予的10万元贿赂款的事实,缺乏必要的证据加以证明,证据之间的矛盾无法排除合理怀疑,没有达到法定的证明标准。

综合分析公诉机关的指控、辩护方的辩护意见以及一审判决书的认定,关于邢某交给项某10万元的原因,存在两种不同的解释。一种解释:10万元是项某替李某收受的贿赂款;另一种解释:10万元是李某替项某拉来的存款,是项某为了工作而吸收的邢某的存款。虽然第一种解释获得了一审判决书的认定,但是与会专家认为,认定这种解释的证据不充分,证据之间的矛盾无法合理排除,而且有若干证据能够支持第二种解释。

从一审判决书的角度来说,认定邢某交给项某10万元,是项某替李某收受的贿赂款的证据,主要包括李某在侦查阶段的供述笔录、邢某的证言笔录、存单等证据。由于存单为书证,其证明作用需要结合言词证据加以认定,因此法院在认定该起犯罪事实中使用的核心证据为李某在侦查阶段的供述笔录、邢某的证言笔录。

根据现有的案卷材料和辩护人介绍的一审庭审情况,被告人李某仅在侦查阶段的部分供述笔录中承认收受邢某给予的贿赂,在之后的供述笔录中则否认收受过邢某给予的贿赂款;而且,在一审庭审中李某也否认收受过邢某给予的贿赂款。可见,被告人李某的供述对此问题存在反复。

根据案卷材料显示,邢某的证言笔录对此问题的供述较为稳定,证明李某收受其给予的10万元贿赂款,这是一审法院认定李某收受10万元贿赂款项的核心证据。然而,通过对比被告人供述可以发现,行贿人与受贿人之间对于本案关键事实的证明存在矛盾。而且,作为认定该起犯罪事实的关键证据,项某的证言与邢某的证言存在直接冲突。在项某的三次询问笔录中,均明确表示,"李某打电话给我说有个朋友有10万元存款可以存到农商行来,可以帮我完成拉存款的任务"。另外,作为行贿人的邢某,其与本案具有直接的利害关系。按照证据法的基本原理,对与案件存在重大利害关系的证人,在其证言与被告人供述、其他证人证言存在矛盾冲突的情况下,该证据的证明力会受到很大影响。

对于第二种解释,即10万元是李某替项某拉来的存款,是项某为了工作而吸收的邢某的存款,案件中也有一些证据能够支持,这对一审判决书中的认定提出了质疑。例如,前面分析的项某的证言,一直对此问题具有较为稳定的证明;被告人李某在庭前的部分供述笔录,以及在庭审中的供述,也一直坚持此种解释。而且,无论该笔存款的存单主体如何变化,始终未写李某的名字,并且后来一直长时间在邢某的名下,该情节可以在一定程度上证明,这笔款项可能确实是项某为了工作而吸收的邢某的存款。

综合以上分析,一审判决书认定李某收受邢某给予的10万元贿赂款的事实所依据的证据中,李某的供述存在反复,一审庭审时坚决否认;邢某与案件存在重大利害关系,且其证言与其他证据存在矛盾和冲突;案件中的其他证据对于一审判决书认定的事实提出质疑。在这种情况下,一审判决书中的认定缺乏必要的证据加以证明,证据之间的矛盾无法排除合理怀疑,没有达到法定的证明标准。

第二,对于10万元存单转换户主为邢某的行为的定性,与会专家持不同的意见。

第一种意见:可以认定行为人将该笔贿赂款项退还给邢某,不作为犯罪处理。

根据民法和金融法的基本原理,存单的所有权、控制权与存单的户主具有一致性。当定期存单的所有人欲持存单到银行取款时,必须持存单和本人身份证明;如果非存单所有人持存单到银行取款,还需持存单所有人的身份证明,才可能提取款项。因此,存单的户主就是存单和其所代表款项的实际所有人、控制人;当存单的户主发生变化时,存单和其所代表款项的实际所有人、控制人也发生变化。

需要注意的是,存单户主的变化,与房屋、汽车等财产登记所有人的变化存在不同。由于房屋、汽车等财产本身具有实际的使用价值,即使其登记所有权主

体没有发生变化,房屋、汽车的实际控制人、使用人仍然可以行使占有、使用、收益等权限,只是在其所有权发生变化后,才可行使处分权。因此,只要行为人具有房屋、汽车等财产的使用权、控制权,对其而言就具有较为重大的使用价值和经济意义。

仅仅一张存单,对于并非存单户主的持有人来说没有任何意义。非存单户主的人持有存单,如果没有存单户主的身份证明,则如同持有一份废纸;户主没有持有存单,并不意味着对存单失去控制权,其可以随时向银行主张权利,甚至可以通过挂失等方式重新获得存单。也就是说,只有当存单持有人成为存单的户主,或者获得存单户主的身份证明材料时,其才可能控制存单所代表的经济利益,否则持有存单毫无意义。

本案中,在以项某的名字开户大约一个月后,涉案存单的户主名被变更为邢某。因此与会的部分专家认为,根据最高人民法院、最高人民检察院《关于办理受贿刑事案件适用法律若干问题的意见》第九条之规定,"国家工作人员收受请托人财物后及时退还或者上交的,不是受贿。国家工作人员受贿后,因自身或者与其受贿有关联的人、事被查处,为掩饰犯罪而退还或者上交的,不影响受贿罪的认定"。本案中,涉案存单户主变更为邢某的行为,应当被认定为收受贿赂款项后的退还行为。由于该变更行为发生在开户后一个月左右,时间很短,而且根本不存在其自身或者与其受贿有关联的人、事被查处的情况,因此应当依法认定被告人的行为不是犯罪。

第二种意见:部分专家认为受贿款项尚在受贿人控制之下,虽没有被使用但不能说已经退还。

3. 被告人李某在2013年6月21日至7月2日之间做出的五次有罪供述笔录,与2013年6月19日的供述笔录内容高度吻合,属于重复自白。在检察机关已经自行撤回2013年6月19日被告人供述笔录的情况下,因无法消除该次违法讯问带来的影响,后面五次有罪供述笔录的自愿性难以获得保障,因此应当被排除。

根据一审人民法院告知笔录的记录和相关案卷材料,被告人的辩护律师在庭前会议中提出,侦查机关在2013年6月19日对被告人李某的讯问中存在违法情形,该供述笔录应当依法予以排除,检察机关自行撤回了该份供述笔录,不再将其作为指控犯罪的根据。对于检察机关撤回该份供述笔录的原因,根据M省某市某区人民法院证据交换笔录的记载,可以认定讯问过程中至少存在疲劳审讯的违法讯问方法。

辩护人在该证据交换过程中提出,"被告人李某2013年6月19日的有罪供述是在疲劳审讯的情况下形成的。李某从2013年6月16日9时开始就一直处于被监控的状态,失去了人身自由,2013年6月16日至2013年6月19日期间,侦查人员违反法定程序,对李某进行了长时间的疲劳审讯。在现有的监控录像反映的时间段中,李某被连夜讯问。监控录像对话内容证明侦查机关对李某疲劳审讯,因疲劳审讯导致李某心脏病复发……"

面对辩护人的意见,公诉人以下列理由进行答辩:19日之前并未立案,一直让李某按时服药,其心脏病由来已久,亦为其每天安排一定的时间进行休息。显然,这些答辩理由并未正面回应疲劳审讯的事实,由此可见被告人李某在2013年6月19日所做的有罪供述笔录是在受到疲劳审讯的情况下作出的。

根据最高人民法院《关于建立健全防范刑事冤假错案工作机制的意见》第八条之规定,"采用刑讯逼供或者冻、饿、晒、烤、疲劳审讯等非法方法收集的被告人供述,应当排除"。也许,检察机关为避免该证据在庭审过程中被排除,选择在庭前会议阶段自行撤回了该份供述笔录。

根据案卷材料和辩护律师提供的阅卷笔录、质证材料,除了检察机关自行撤回的2013年6月19日的讯问笔录外,在此后的2013年6月21日、22日、23日、25日和7月2日,被告人连续作出过五次有罪供述,它们是一审法院认定被告人构成犯罪的重要证据。与会专家经过分析和讨论认为,这五份有罪供述笔录在内容上与2013年6月19日的供述笔录内容高度一致,对于被告人李某收受财物的过程、原因以及一些细节的供述高度吻合;而且五份供述笔录的讯问时间与6月19日非常接近,讯问主体一直没有变化。因此,从证据法理论来说,这五份有罪供述笔录与之前检察机关自行撤回的供述笔录属于重复自白。

对于重复自白问题,我国刑事诉讼法和相关司法解释中尚未作出明确规定,但是很多实务工作者认为符合特定条件的重复自白应当予以排除。例如,我国最高人民法院刑事审判第三庭庭长戴长林曾经在《人民司法》上撰文指出,被告人在侦查阶段作出多次认罪供述,其中第一次认罪供述被认定为通过刑讯逼供方法取得,依法予以排除,那么,后续取得的被告人重复性供述是否都应当依法予以排除?对该问题不能一概而论。如果被告人及其辩护人主张,没有第一次遭受疲劳审讯的影响,被告人不会作出后续的重复性认罪供述,因此申请法院排除所有的认罪供述,人民检察院就需要提供证据证明,第一次疲劳审讯对被告人所造成的影响在此后的各次讯问中已经消除,否则就将影响到所有认罪供述的可采性。例如,被告人是在甲地被抓获,甲地公安机关在当地对被告人进行第一次讯问,其间存在疲劳审讯等非法取证行为,导致被告人作出认罪供述;但随后被告人就被押解回乙地羁押,乙地公安机关从未对被告人有非法取证行为,被告人仍然作出多次认罪供述。此种情形下,被告人在乙地公安机关接受讯问时,最初影响其自愿供述的因素已经不复存在或者不再有控制作用,因此,其在乙地公安机关作出的认罪供述具有可采性。相反,如果始终由同一侦查主体对被告人进行讯问,那么,最初的认罪供述一旦被认定为通过疲劳审讯方法取得,由于其对被告人的心理影响始终存在,对被告人后续作出的多次重复性认罪供述是否采用就要相当慎重。

由此可见,对于曾经存在违法讯问行为,之后的讯问笔录能否作为定案根据的问题,关键要看前面的违法讯问对被告人所造成的影响在此后的各次讯问中是否已经消除。如果已经消除,后续的讯问笔录具有可采性;如果没有消除,后续的讯问笔录应当被排除。

本案中,2013年6月19日的讯问中存在的疲劳审讯等违法讯问行为带来的影响,在之后对被告人李某的五次讯问中,并未有效消除。如前所述,检察机关自行撤回讯问笔录,是由于讯问中存在疲劳审讯的问题,该问题在后来的五次讯问中仍然存在。根据五份供述笔录显示,被告人李某在每次讯问中均会提到身体(或者心脏)不舒服。因此,李某仍然是在被疲劳审讯的情况下作出五份有罪供述的。另外,这六次讯问的讯问人并未变化,讯问地点均为检察院的讯问室或者看守所的讯问室,这种封闭的讯问环境,加上相同的讯问主体,导致2013年6月19日疲劳审讯带来的影响不可能消除,被告人供述的自愿性难以得到保障。

综合以上分析,与会专家认为,被告人李某在2013年6月21日至7月2日之间做出的五次有罪供述笔录与2013年6月19日的供述笔录内容高度吻合,属于重复自白。在检察机关已经自行撤回2013年6月19日被告人供述笔录的情况下,因无法消除该次违法讯问带来的影响,后面五次有罪供述笔录的自愿性难以获得保障,因此应当被排除。

通过以上分析、论证,我们认为:

1. 根据M省某市某区一审判决书中认定的证据,对于被告人李某在逢年过节通过其母亲多次收受邢某给予贿赂款的认定不能成立。

2. M省某市某区一审判决书中对被告人李某收受10万元贿赂款的认定,缺乏必要的证据加以证明,证据之间的矛盾无法排除合理怀疑,没有达到法定证明标准。

3. 被告人李某在2013年6月21日至7月2日之间作出的五次有罪供述笔录与2013年6月19日的供述笔录内容高度吻合,属于重复自白。在检察机关已经自行撤回2013年6月19日被告人供述笔录的情况下,因无法消除该次违法讯问带来的影响,后面五次有罪供述笔录的自愿性难以获得保障,因此应当被排除。

四、案例评析

在职务犯罪案件中,并非所有款项的占有和收取均由行为人本人完成,行为人的特定关系人通常成为接受款项的对象。辩护人通过本案试图说明,对于是否认定该款项为受贿,需要对国家工作人员本人对于款项是否明知、款项发生的时间地点、国家工作人员知道款项后是否及时退还等条件进行认定。

案例 4
孙某涉嫌贪污案

资产未登记在单位名下，拆迁补偿能否属于单位财产？

杨秀云

一、案情简介

C 市 T 区人民检察院指控犯罪嫌疑人孙某利用其担任某商场总经理的职务便利，在国家征收补偿工作中出具虚假证明材料，非法占有本单位应得的补偿资金，共计人民币 218.117 1 万元。被告人涉嫌贪污罪，于 2016 年 12 月 16 日被刑事拘留，同年 12 月 29 日被逮捕。

律师事务所于 2016 年 12 月接受被告人孙某家属的委托，指派两位律师担任本案的辩护人。辩护人查阅案卷材料，针对本案控辩双方争议焦点，特委托从事刑事法学研究的专家，对该案件的实体及法律问题进行论证。

二、争议焦点

1. 附属二层楼建在某商场地块上，房屋产权未登记在某商场名下，在该房屋拆迁时，登记的土地使用权人与实际使用土地者、房屋产权人分离，该土地使用权收益补偿资金是否存在权属争议？

2.《企业产权转让协议》约定孙某长期使用土地，房屋面临拆迁，孙某长期使用土地的权利是否受影响？该土地使用权收益补偿资金，其是否有权享有？

3. 本案证据能否证明孙某明知《情况说明》系用来领取土地使用权收益补偿资金的？

4. 某商务局委托苏信公司进行的评估结论，能否作为本案认定土地使用权收益补偿资金的依据？

5. 车库未建在某商场地块内，本案证据能否证明车库属于某商场所有？

6. 车库属于无房屋产权证、无土地使用权证，该评估价是否过高？

7. 本案证据能否证明孙某主观上具有非法占有车库的拆迁补偿款的故意？

8. 指控孙某构成贪污罪,能否成立?

三、专家研判

1. 土地使用权收益补偿资金不是单独的补偿费用,不能独立存在于房屋补偿范围之外。

本案所涉房屋拆迁是在国有土地上的房屋拆迁,其征收补偿依据《国有土地上房屋征收与补偿条例》《江苏省贯彻实施〈国有土地上房屋征收与补偿条例〉若干问题的规定》《南京市国有土地上房屋征收与补偿办法》,征收补偿针对的对象是国有土地上的房屋,并非土地。对征收房屋给予的补偿包括:被征收房屋价值的补偿、搬迁安置补偿、停产停业补偿,依据法律法规相关规定并不存在独立的土地收益补偿资金,就算存在土地收益补偿资金也只是依附于房屋征收补偿,只是房屋补偿费用的一部分。

有地无房,原则上不存在拆迁征收补偿,只有在土地公有制之前使用私有的土地,在征收补偿中,应将享有国有土地使用权的院落、空地面积纳入评估范围,一并补偿,除此之外国有土地使用权原则上是不能单独补偿的。

2.《企业产权转让协议》。

2004年某区商贸局与孙某签订《企业产权转让协议》,通过这份协议约定,某区商贸局对孙某今后办理证照提供相关证明,一切费用由孙某支付。从这样的约定来看,孙某有理由相信该房屋在将来是能办理产权,并且是能办理到其名下的。

协议中还约定孙某购得的房产不包括土地,但土地由孙某长期使用。为何会出现这样的约定?是因为某商场当时未取得该房屋的任何权属证明,并且该土地是划拨取得,未支付土地出让金。协议中孙某虽然未向某区商贸局、某商场支付土地使用权转让的对价,但事实上因为是划拨土地,某商贸局、某商场无权自行转让土地使用权收取对价,但在合同中又将支付土地出让金的义务约定给了孙某。有了这样的约定分析,孙某购得的房产不包括土地,但土地由孙某长期使用,如遇拆迁,房产的拆迁补偿全归孙某所有。既然孙某享有对两层附属楼土地的实际使用权,即享有该土地的收益权,故双方约定房产的拆迁补偿全归孙某所有,就是明确了房屋的拆迁补偿中包含土地收益补偿也归孙某所有。

3.《情况说明》不足以证明孙某主观上具有非法占有的主观故意。

因为拆迁工作本身就比较有难度,时间紧、任务重,在实际工作中,拆迁单位的工作人员为了尽快完成拆迁任务,只要与被拆迁人就拆迁房屋的单价和总价达成一致意见,便会尽快签订协议,至于后续拆迁档案资料则由拆迁单位尽快完

善。虽然本案的证据未能证明这一事实,但这基本上就是各个拆迁过程中碰到难缠的被拆迁户的真实情况。在某风光带二期拆迁过程中,孙某也是为数不多的最后几户未谈成的拆迁户,在孙某答应拆迁补偿价后,拆迁实施单位尽快完善资料,这也是符合实际情况的。

4. 孙某系2013年初装修、使用该房屋,2013年4月接受入户调查,2014年5月某风光带二期拆迁公告发布,从这样的时间先后来看,孙某占有并使用车库在先,拆迁在后,并且在拆迁之前交纳了租金,孙某已经成为该车库的承租人,同时他对车库进行装修、改造,让车库具有了居住使用的功能,基于承租人的身份也应取得房屋的部分拆迁补偿款。

四、案例评析

国有企业在创立、发展阶段,经过历任领导及长时间的发展变革,企业资产难免会产生一些历史遗留问题,而这些历史遗留问题在当时或许具有合理性,但随着法律的完善、发展,产权性质及所有权等会出现不同程度的法律和实际情况之间的矛盾。辩护人通过本案试图说明,国有企业中资产的处置和变更在法律机制尚不完善的背景下完成难免不合规甚至不合法,但该情形的出现有其特殊历史背景,在认定相关行为是否构成犯罪时应充分考虑资产处置和变更当时的背景,充分考量行为当时的社会危害性及刑罚可罚性。

案例5
宋某涉嫌受贿案

单位不是贪污罪的犯罪主体,无权钱交易不受贿

周连勇、钟丽

一、案情简介

H市某房地产开发有限公司(以下简称某房地产公司)总经理宋某涉嫌贪污罪一案于2013年8月29日由H市Q区人民检察院立案侦查。9月17日,经H市Q区人民检察院决定,由H市公安局清河分局对宋某执行刑事拘留。9月30日,H市人民检察院以宋某涉嫌贪污罪、受贿罪决定对其予以逮捕。

(一)贪污罪

2002年开始,H市某房地产公司(国有公司)负责开发浦东花园小区,公司经营科主管销售工作。2003年底,时任某房地产公司总经理的宋某原计划出资38万元,公司工作人员邱某出资5万元,蒋某出资5万元,吴某出资2万元,设立H市浦东物业管理有限公司(以下简称浦东物业公司),但后来该公司成立时的注册资本50万元系宋某一人支付,邱某、蒋某和吴某只是挂名担任该公司股东,并未实际出资,亦不享有股东的任何权利和义务。

2004年6月18日、7月18日、8月18日,宋某在担任某房地产公司总经理期间,利用职务便利,安排公司经营科工作人员先后三次以明显低于市场同期销售价的价格,以其名下并实际控制的浦东物业公司从某房地产公司购买浦东花园B组团8幢12号楼3单元、B组团1号楼31号门面房和B组团13室门面房,面积分别为146.52平方米、106.22平方米和157.24平方米,分别支付价款586 000元、425 000元和880 544元。经鉴定,三套门面房在当时的市场价格分别为1 296 950元、876 472元和1 391 840元,浦东物业公司在购买上述门面房过程中少支付价款合计1 673 718元。

(二)受贿罪

2004年至2005年,经宋某同意,某房地产公司将其开发的浦东花园销售项

目委托施某担任法人的 H 市浦东置业顾问有限公司（以下简称浦东置业公司）代为销售，某房地产公司按实际销售额的 2‰ 支付佣金给浦东置业公司，自 2004 年 4 月至 2008 年 7 月，某房地产公司先后共支付 700 余万元佣金给浦东置业公司。为感谢宋某将上述销售代理业务给其承做，2007 年 5 月，施某以宋某女儿陆某的名义购买了一套位于 N 市 J 区嵩山路××号 18 幢 1 单元 1002 室的住房送给宋某，施某支付房款 873 769 元。

根据上述两项事实，宋某分别构成受贿罪和贪污罪。

为正确评价宋某的法律责任，负责其辩护工作的律师特委托北京师范大学刑事法律科学研究院疑难刑事问题研究咨询专家委员会，于 2013 年 12 月 5 日在北京组织三位全国著名的法学专家，就宋某被控贪污罪、受贿罪一案进行了咨询和论证。

二、争议焦点

宋某的行为是否构成贪污罪和受贿罪？

三、专家研判

与会专家就本案的主要争议问题进行了认真的研究，经分析讨论后我们认为：

宋某持股的浦东物业公司以优惠价格购买某房地产公司三套门面房的行为不能等同于宋某的个人行为，且根据现有证据，以市场价作为宋某贪污犯罪金额的认定标准有不妥之处，认定宋某构成贪污罪存在事实和证据两个层面的问题；现有证据无法证明宋某有利用职务上的便利为施某谋取利益的行为，认定宋某构成受贿罪证据不足。

1. 宋某持股的浦东物业公司以优惠价格购买宋某任总经理的某房地产公司开发销售的浦东花园三套门面房的行为，主客观方面不符合贪污罪的构成要件。

（1）与某房地产公司订立门面房买卖合同的主体是浦东物业公司，不能等同于股东宋某的个人行为，构成贪污罪的主体不适格。

贪污罪的主体是国家工作人员或者受委托管理、经营国有财产的人员，客观方面应表现为国家工作人员利用职务之便，侵吞、窃取、骗取或者以其他手段非法占有公共财物的行为。宋某作为国有公司总经理，自然包括在贪污罪的主体范围内。但本案的关键在于与某房地产公司签订门面房买卖合同、支付购房款、办理产权证书等手续，并对三套门面房实施占有、使用、处分、收益的权利主体均为浦东物业公司,而非作为浦东物业公司股东的宋某个人。根据民法通则及公司法的相关规定,公司是企业法人,有独立的法人财产,享有法人财产权,公司以其全部财产对公司的债务承担责任。虽然宋某是浦东物业公司的股东,但公司法人购买、占有、使用门面房的行为,与宋某本人购买、占有是具有本质上区别的,不可混同。同时,公司股东受法律、行政法规和公司章程约束,须依法行使股东权利,滥用股东权利损害公司或者其他股东的利益或滥用公司法人独立地位和股东有限责任损害公司债权人的利益,将被追究法律责任。宋某无法通过其股东或实际控制人的身份直接实现对涉案门面房的占有、处分,本案中不存在贪污罪的适格主体。

  当然,公司只有运用于合法目的,才能被法律所确认和保护,如若将之滥用于不当用途或非法目的,则是不被允许的,也就是所谓的公司法人人格否认。那么,是否能够通过否认浦东物业的法人人格进而直接追究作为股东的宋某的法律责任呢?与会专家经认真讨论后得出了否定的结论。公司法人人格否认是在承认公司具有法人人格的前提下,对特定的法律关系中的公司法人人格的机能加以否认,直接追索公司背后股东的责任。虽然公司法人人格否认是从民商法的基础上沿革发展而来,但对刑法上公司犯罪制度的完善同样具有深刻的借鉴意义。当出现使公司人格的独立性丧失的事由时,刑法理应仿效民商法中公司人格否认的思路,通过否认该公司作为刑法上的主体资格,转而追究公司背后的犯罪操纵者的刑事责任。但是,由于刑事处罚的严厉性使然,法无明文规定不为罪,在刑法范畴内对公司法人人格进行否认并追究股东责任,必须要有法可依,有据可循。在我国现行刑法体系中,1999年6月18日最高人民法院《关于审理单位犯罪案件具体应用法律有关问题的解释》(以下简称《解释》),就体现了公司犯罪主体人格否认的精神。《解释》第二条规定:"个人为进行违法犯罪活动而设立的公司、企业、事业单位实施犯罪的,或者公司、企业、事业单位设立后,以实施犯罪为主要活动的,不以单位犯罪论处。"有些犯罪分子为规避法律的严厉制裁,在实施犯罪以前,采用欺骗等手段设立公司、企业,而后以该公司、企业的名义实施犯罪活动;或者在公司、企业设立后,进行一部分正当的经营活动,更主要的是进行犯罪活动,企图以正当的经营活动掩护其犯罪行为。为打击这类规避法律制裁的犯罪活动,《解释》作出了否认其单位犯罪的正确规定,这一规定与公司法人人格否认的精神是一致的。但在本案中,宋某成立浦东物业公司的目的在于进行合法的经营活动,没有证据显示浦东物业公司的设立是以犯罪为目的或成立后主要从事犯罪活动。根据罪刑法定的基本原则,在法无明文规定的情况下,不得随意进行扩大解释和类推解释,否认浦东物业公司的法人人格而直接追究宋某的刑事责任,这是没有刑事法律依据的。

(2)某房地产公司对涉案门面房具有自主定价的权利,以市场价为标准认定宋某的涉案金额有失妥当。

退一步讲,即使认定宋某为其实际控制的公司以优惠价格获取门面房的行为属于贪污行为,那么如何认定宋某构成贪污罪的涉案金额呢?Q区检察院委托Q区价格认证中心采用市场比较法对涉案三套门面房进行价格鉴定,起诉意见书中将涉案门面房价格鉴定结论作为门面房销售价,以此计算出浦东物业公司在购买上述门面房过程中少支付价款合计1 673 718元,据此作为贪污犯罪所得的指控金额。这种认定方式显然是不妥的。根据证据材料中H市物价局《关于浦东花园一期1-16普通住宅商品房销售价格的批复》的规定:"根据《江苏省商品房价格管理规定》,浦东花园营业房销售价格由某房地产公司根据市场行情自行确定。某房地产公司门面房销售及租赁工作,具体由经营科负责。"根据经营科负责人陈述,浦东花园门面房销售价格当时是一户一定价,但因多次搬家,门面房销售定价表已遗失,无法查找涉案三套门面房当时的定价标准。从卷宗材料可知,除浦东物业公司外,某房地产公司副总肖某当时也以每平方米6 000元优惠单价购买承德路门面房,并非仅有浦东物业公司享受到优惠政策。而且,某房地产公司对门面房销售价格既然具有自主定价权,其在定价过程中自然要考虑公司的整体运营状态、房屋销售情况、资金周转状况等多方面因素,不排除以优惠方式进行内部认购可能出于企业经营的需要。脱离了企业在特定时期的经营环境而依据当时的市场价格作出的鉴定结论不一定符合某房地产公司在当时的客观情况,该价格鉴定的评估依据、程序、方法及价格鉴定结论是否具有可参照性均有待论证。故本案的涉案金额待进一步明确,从证据角度也无法认定宋某涉嫌贪污罪。

综上所述,宋某利用其在国有公司的管理职能,以优惠价格为其实际控制的浦东物业公司购入门面房,或许存在管理疏忽、未严格执行优惠购房审批流程的工作失误,甚至可能存在违反国有公司的企业管理制度之嫌,但其本人在客观上没有占有涉案门面房的事实,浦东物业公司作为涉案财物的产权人也不符合贪污罪的主体构成要件,关于本案涉案金额的认定亦存在瑕疵,宋某依法不构成贪污罪。

2. 现有证据不足以证实宋某构成受贿罪。

受贿罪的客观方面表现为国家工作人员利用职务上的便利,索取他人财物或者非法收受他人财物为他人谋取利益;或者在经济往来中违反国家规定收受各种名义的回扣、手续费归个人所有;或者利用本人职权或地位形成的便利条件,通过其他国家工作人员职务上的行为,为请托人谋取不正当利益,索取请托人财物或者收受请托人财物的行为。可以说,受贿罪的客观构成要件是复杂的、多层次的,上述三种受贿形式的构成要件有着较为明确的区别和界限,需要分别加以研究。就本案具体情况简而言之,构成受贿罪除了要求国家工作人员利用职务上的便利条件之外,在收受贿赂的情况下还要求存在为他人谋取利益的主观目的和客观行为。与会专家就本案进行讨论后一致认为,没有证据证实宋某存在利用职务便利条件为施某谋取利益的主观目的和客观行为,认定宋某的行为构成受贿罪证据不足。

(1) 现有证据无法证实宋某存在利用职务便利条件的行为。

利用职务上的便利条件是指行为人利用自己的职务上的便利,当他人有求于自己的职务行为时,国家工作人员以交付财物为前提实施职务行为。从司法实践中看,主要是指公务人员利用自己在职务上的主管、负责、承办某项公共事务的权力对他人所谋求的利益的直接制约关系,以实施自己的职务行为或不作为能够为他人谋取利益,来索取或收受他人的贿赂。贿赂的本质在于它与国家工作人员的职务行为具有关联性,即因为行为人具有某种职务,已经、正在或者能够实施某种职务行为,才能向他人索取贿赂或收受贿赂。利用职务上的便利条件是一切受贿行为在客观方面不可缺少的共同要件,也就是说,受贿罪的客观构成要件首先要求国家工作人员存在利用职务便利条件的行为。

那么,浦东花园项目的销售代理资格最终由施某的浦东置业顾问有限公司取得,是否如宋某所供述是经综合考虑销售额度、回款方式、国有资金安全等因素后,由领导班子会议确定?签订销售代理协议后,在协议履行、代理佣金支付上宋某有无利用职务便利,为施某谋取利益?上述疑问直接关系着宋某是否存在利用职权便利条件的行为。根据宋某本人供述及相关证据材料显示,某房地产公司贷款压力较大,甚至多次迟延支付销售代理佣金。施某于2013年9月17日在Q区检察院的自首笔录中也供述,宋某并未明确表示将项目交由施某公司代理,且也提到将报局领导批准。施某的销售代理公司所获取的700余万元佣金,是其完成销售代理任务后依据代理合同应当获取的合理合法收入。结合上述证据,在施某担任法人的浦东置业公司取得浦东花园销售代理过程中,无法证实宋某存在利用本人的职务便利条件的行为,构成受贿罪的关键事实均无法通过现有证据确实、充分地进行证明。

(2) 对于收受他人财物但无证据可以证实宋某存在为对方谋取利益的行为的事实,不应认定为受贿罪。

通常来说,受贿包括索取索贿、收受贿赂、违反国家规定收取回扣等形式,其中收受贿赂是最常见的受贿方式,是指受贿人利用职务上的便利,非法收受他人财物,为他人谋取利益的行为。1999年9月16日,最高人民检察院在《关于人民检察院直接受理立案侦查案件立案标准的规定(试行)》中明确规定:"索取他人财物的,不论是否'为他人谋取利益',均可构成受贿罪。非法收受他人财物的,必须同时具备'为他人谋取利益'的条件……"收受贿赂行为与索取贿赂行为的关键区别在于:二者虽然都要求利用职务上的便利条件,但在收受贿赂的情况下只有为他人谋取利益才构成受贿罪。因此,只有具备"为他人谋取利益"的要素,才能认定其行为侵犯了受贿罪的法益。本案中,施某本人在供述中明确表示宋某并无要求他购房的明确意思,是施某本人主动购买,此处与宋某说法一致,没有证据显示宋某在销售代理公司选定过程中,有向施某索取财物的行为。

而对于收受贿赂的情形,由于中国传统文化中礼尚往来的价值观念根深蒂固,如何区分正常馈赠与受贿行为之间的界限,是困扰司法机关的一大难题。与会专家认为,应当在办理案件的过程中具体情况具体分析,用客观证据说话,不能靠主观推定的方法认定,认为只要是具有一定职权的国家工作人员有收受他人财物的行为就认为其存在为他人谋取利益的行为或意图。对于国家工作人员收受了他人财物,但没有利用职务之便为对方谋取利益,也不能证实其意图或准备为他人谋取利益的,不应当以受贿罪论处。本案中,施某以宋某女儿陆某的名义在N市J区嵩山路××号16幢1单元1002室购置住房的行为是施某的单方行为,施某和宋某二人都证实是在施某完成所有购房手续后宋某方知晓购房事宜,而且此时浦东花园项目代理销售业务业已完成,虽有尾款尚未结清,但属于施某已经完成的合同行为所应得的合法收入。现有证据无法证明宋某就买房事宜与施某在事先达成过合意,并因施某的买房行为而利用职权便利为其谋取利益,认定宋某收受贿赂并为他人谋取利益的事实证据不足。

应当指出,宋某的行为可能违反了国有企业项目市场化运作程序的相关国家规定,然而,一种行为在法律上是否构成犯罪,必须根据我国刑法的具体规定来进行判断,否则就违背了罪刑法定的基本原则。现有证据无法证实宋某有利用职务便利条件,收受贿赂且为他人谋取利益的行为,认定宋某构成受贿罪证据不足。

综合以上分析和论证,我们认为:认定宋某构成贪污罪的涉案财产系浦东物业公司所有,不能等同于股东宋某个人占有的财产,构成贪污罪的主体不适格,现有证据亦无法认定本案的具体涉案金额,不能认为宋某构成贪污罪;现有证据无法证明宋某存在收受他人贿赂并且利用职务上的便利为他人谋取利益的行为,认定其行为构成受贿罪证据不足。

四、案例评析

国家工作人员在涉嫌职务犯罪过程中通过公司获得收益也屡见不鲜,辩护人通过本案试图说明,如果对财物占有使用收益处分的权利主体为公司,并非作为股东的国家工作人员个人,那么就不能直接通过否认公司的法人人格进而直接追究作为股东的法律责任,而是仍需通过股权结构、公司架构、公司决策的决定权等内容判断是公司层面的决策还是国家工作人员利用公司的贪污行为。

案例 6
唐某受贿、挪用公款案

个人决定以单位名义将公款供其他单位使用，
但未谋取个人利益的，不构成挪用公款罪

杨秀云

一、案情简介

2015年8月23日，某市人民检察院指控犯罪嫌疑人唐某涉嫌受贿罪、挪用公款罪，并起诉至某市人民法院。起诉意见书中指控："2000年至2014年，犯罪嫌疑人唐某利用担任某市G区区委常委、宣传部部长、某市医药高新区党工委副书记、某市经济开发区党工委书记、某市滨江工业园区管委会主任等职务的便利，为梅某、王某、李某、潘某、孔某、袁某等人在工作调动、企业发展、政策扶持等方面提供帮助，以收受钱财、低价购车、家属参加免费旅游等方式收受贿赂，共折合人民币51.1988万元，此外，唐某还利用担任某市医药高新区党工委副书记、某市经济开发区党工委书记、某市滨江工业园区管委会主任等职务的便利，2013年挪用某市滨江工业园区、某市经济开发区公款，合计人民币3 000万元。"律师事务所于2015年6月接受犯罪嫌疑人唐某妻子李某委托，指派两位律师担任本案的辩护人。辩护人查阅案卷材料，针对本案控辩双方争议焦点，特委托从事刑事法学研究的专家学者，对该案件的实体及法律问题进行论证。

二、争议焦点

1. 唐某涉嫌挪用公款罪，该指控罪名是否成立？
2. 唐某默认孔某给付张某20万元，指控该行为构成受贿罪，是否成立？
3. 李某收受梅某19万元，指控证据是否确实、充分？

三、专家研判

围绕起诉意见书中的指控，与会专家进行了细致的分析和深入的讨论，并对相关问题形成如下意见。

(一) **挪用公款罪**

根据《中华人民共和国刑法》第三百八十四条的规定,挪用公款罪的主体是国家工作人员,主观方面是故意,客体是公款的占有权、使用权、收益权以及职务行为的廉洁性,客观方面是利用职务上的便利挪用公款归个人使用。就本案而言,专家认为唐某身为国家工作人员,主观上具有挪用公款的故意,也侵害了公款的占有权、使用权、收益权以及职务行为的廉洁性,但不符合挪用公款罪的客观要件,不构成挪用公款罪。理由如下。

1. 唐某并没有挪用公款"归个人使用"。

按照 2002 年全国人大常委会的立法解释,"归个人使用"包括三种情况:① 将公款供本人、亲友或者其他自然人使用的;② 以个人名义将公款供其他单位使用的;③ 个人决定以单位名义将公款供其他单位使用,谋取个人利益的。

(1) 唐某两次挪用公款的行为都不属于上述立法解释中的"将公款供本人、亲友或者其他自然人使用的"。虽然唐某挪用公款的目的就是为了帮助梅某偿还债务,是为了满足梅某的个人利益,但是这两笔挪用的公款最终都分别转入了某市 J 有限公司(以下简称 J 公司)与 L 有限公司(以下简称 L 公司)的账户。从资金的安全性来看,资金进入自然人账户和进入单位账户是完全不一样的。进入自然人账户的资金可以由自然人随意支配;而进入单位账户的资金则受到单位的财务制度以及工商行政管理部门的监督制约,并且单位的注册资本也在一定程度上保证了单位借款的安全性。唐某两次挪用的资金都不是直接进入梅某个人的账户,不属于挪用资金"归自然人使用"。

(2) 唐某两次挪用公款的行为属于"个人决定以单位名义将公款供其他单位使用",但是没有"谋取个人利益",不符合"挪用公款归个人使用"的法定构成要件。

首先,"个人决定以单位名义将公款供其他单位使用"中的"其他单位"是指直接取得公款的单位,"使用"也是指直接取得公款的单位对公款的使用。如果直接取得公款的单位之后又将该公款借给第三单位使用,则第三单位如何使用该公款并不影响挪用行为的性质。就本案而言,在第一笔挪用中,唐某于 2013 年 1 月个人决定将某市 X 有限公司的 1 500 万元以工程借款的名义供 H 公司某市分公司使用,H 公司把该 1 500 万元转给了 J 公司,J 公司把该 1 500 万元用于还债。在第二笔挪用中,唐某个人决定将某市 K 公司的 1 500 万元供某市 T 公司使用,T 公司再将该 1 500 万转账给 L 公司以代为偿还梅某对 L 公司的欠款。在这两次挪用行为中都存在两层法律关系:一是国有公司(X 公司、K 公司)与直接取得公款的第二单位(H公司、T公司)之间的法律关系;二是直接取得公款的第二单位(H公司、T公司)与最终得到公款的第三单位(J公司、L公司)之间的法律关系。在这两层法律关系中,唐某都起了决定性作用,但其作用在法律上的评价不同。在第一层法律关系中,唐某个人决定将公款供其他单位使用,应当考虑其行为是否构成挪用公款罪;但在第二层法律关系中,唐某要求第二单位将得到的资金转账给第三单位,则不符合我国刑法中的犯罪构成。因此,重点在于对第一层法律关系的分析。

对于唐某所挪用的第一笔1500万元,应当考虑H公司对该公款使用的期限与用途。从期限来看,H公司在之后的时间内以扣工程款的方式陆续归还给了X公司,没有证据证明该公款的挪用时间超过了三个月。从用途来看,H公司将该1500万元全部转账给了J公司。H公司转账给J公司的行为既不是投资,也不是偿还自己的欠款,更不是非法活动。因此,唐某将X公司1500万元挪用给H公司使用的行为不符合挪用公款罪的客观要件。

对于唐某所挪用的第二笔1500万元的钱款,应当考虑的是T公司对该公款使用的期限与用途。从期限来看,唐某于2013年9月12日将K公司的1500万元公款挪用给T公司使用,而T公司于同年9月23日就将公款规划给K公司了,使用的时间只有12天,并未超过3个月。从用途来看,K公司将1500万元转账给L公司既不是投资,也不是偿还自己欠款,更不是进行非法活动。因此,唐某将K公司1500万元挪用给T公司的行为不符合挪用公款罪的客观要件。

其次,不能将上述第一层法律关系与第二层法律关系合为一体,从而将唐某的行为理解为挪用公款供梅某的T公司使用。从唐某挪用的目的与结果来看,这两笔公款最终都被用来归还梅某T公司的欠款。唐某主观上也具有以合法形式掩盖非法目的之想法。但是挪用公款罪保护的客体是公款的占有、使用、收益的权利。作为中间公司的H公司与T公司在很短的时间内就归还了该公款,因此,X公司与K公司的公款并没有受到侵害。而真正利益受到侵害的是H公司与T公司,因为梅某至今仍没有归还H公司与T公司为其所垫付的1500万元。因此,在该案中,梅某实际上所使用的是H公司与T公司资金,而不是X公司与K公司的公款。所以不能认定唐某挪用X公司与K公司的公款供梅某公司使用,唐某的行为不构成挪用公款罪。

再次,唐某挪用公款的行为并没有"谋取个人利益"。根据2003年11月13日最高人民法院《全国法院审理经济犯罪案件工作座谈会纪要》的相关规定,"谋取个人利益",既包括行为人与使用人事先约定谋取个人利益实际尚未获取的情况,也包括虽未事先约定但实际已获取了个人利益的情况,其中的"个人利益",既包括不正当利益,也包括正当利益;既包括财产性利益,也包括非财产性利益,但这种非财产性利益应当是具体的实际利益,如升学、就业等。显然,在这两笔挪用公款的事实中,唐某并没有谋取个人财产性利益,也没有谋取升学、就业等非财产性实际利益。唐某之所以会满足梅某的要求铤而走险去挪用公款,完全是受到了梅某要公布唐某隐私的威胁。这种为了不让梅某公布其隐私的目的,并不是为了谋取个人利益的目的。另外,虽然唐某与梅某是情人关系,但是这种情人关系并不符合上述座谈会纪要所规定的"个人利益"的含义。

2. 唐某挪用公款的行为并不具有严重的社会危险,其主观恶性较小,属于《中华人民共和国刑法》第十三条"情节显著轻微危害不大的,不认为是犯罪"的情形。

首先,从客观方面来看,唐某所挪用的公款都在很短的时间内归还了,并没有造成公款实际损害。判断一个行为是否具有严重的违法性或者社会危害性,应该从行为无价值与结果无价值两个方面来判断。从行为无价值角度看,唐某利用自己的职务之便挪用公款的行为,违反了国家工作人员职务行为的廉洁性,违反了公款使用的规章制度,违反了禁止挪用公款的法律规范。因此,应当肯定其行为的无价值。但是,违法性或者社会危害性的判断标准主要不是行为无价值,而是结果无价值。事实证明,H公司与T公司经营状况良好,无不良呆账坏账。唐某分别将公款挪用给这两家信用较好的公司使用,并不会造成公款难以偿还的危险性,因此唐某的这种挪用公款的行为缺乏结果无价值。也就是说,唐某挪用公款给H公司和T公司使用的行为并没有侵害法益,也缺乏侵害法益的危险性。实际上,根据当地经济发展的实际情况,政府或者国有公司向信用好的私营企业进行投资或者资金拆借,是得到认可和鼓励的行为。因此,唐某挪用公款给两家信用较好的公司的行为,并不具有严重的违法性或社会危害性。

其次,从主观上看,唐某也不愿意公款受到侵害,主观恶性较小。唐某很清楚梅某的公司负债累累。在受到梅某精神胁迫而不得不想办法帮助梅偿还巨额债务的时候,唐某并不是将公款直接挪用给梅某的公司用于还债,而是将公款挪用给中间的两家公司,再由中间的公司把资金转账给梅某的公司。这至少说明了两点。其一,唐某有尽量避免和防范公款受到侵害的主观想法。因为从民事法律关系来看,公款是借贷给中间的两家公司,而不是直接借贷给梅某的公司,从而将梅某无法还款的风险转移给了中间的两家公司。其二,唐某在其口供中说,其没有也不想告诉梅某是因为自己挪用公款的行为最终帮助梅某获得了资金。因为唐某担心如果告诉梅某自己挪用公款的事情,梅某以后还会找他去挪用公款。这些都说明唐某具有保护公款的意思,主观恶性较小,只是在梅某的胁迫下被逼无奈才挪用公款的。这种被逼无奈的挪用行为同那种为了谋取个人利益而放任公款危险性的挪用行为相比,属于情节显著轻微。

综上所述,唐某两次挪用公款的行为虽然属于"个人决定以单位名义将公款供其他单位使用",但不符合挪用公款"归个人使用"的构成要件。公款既没有被用于非法活动,也没有被用于营利活动,而且挪用没有超过3个月。另外,唐某挪用公款也是被逼无奈,主观恶性较小。因此,专家认为唐某挪用公款的行为仅仅是违反了相关的财经纪律,尚不足以构成挪用公款罪。后法院经审理后认为,在现有证据不足以认定唐某谋取个人利益的情况下,唐某个人擅自决定将公款供其他单位使用的行为不构成挪用公款罪,对专家的意见法院予以支持。

(二)受贿罪

1. 起诉意见书指控20万元的事实,不应作为唐某收受贿赂的数额指控。

张某因为与唐某情妇梅某800万元的经济纠纷而多次电话威胁唐某,并在网上曝光唐某与梅某的不正当男女关系,以达到使梅某还款的目的。为此,孔某主动协调张某与唐某的矛盾,提出由自己拿出20万元给张某过年,其他的春节后再说,张某同意,唐某也默认了这种做法。侦查机关指控唐某对该20万元成立受贿罪,与会专家经过论证后认为该指控不能成立。理由如下。

首先,唐某并不具备"非法收受他人财物,为他人谋取利益"的客观要件。

在张某与梅某的800万元经济纠纷中,唐某原本纯属局外人,唐某既不欠张某的钱,也不欠梅某的钱。只是在梅某拒不归还张某欠款的情况下,张某通过曝光唐某与梅某不正当的男女关系以迫使唐某出面协调梅某还款。事实上在唐某的协调下,张某与梅某一度达成还款协议,只是后来梅某拒绝按照协议还款,以致张某再次找到唐某。在这种情况下,孔某主动提出进行协调。张某的证人证言指出:"孔某协调梅欠我800万的事,当时唐某在,我提出以润涵公司股权抵算,唐某表示他做不了主。孔某提出给我20万,并帮梅某担保,唐某当时没有表态。后来孔某老婆打了20万,并为梅某欠我800万提供了担保。"可见,张某也并不是要唐某替梅某还钱,而仅仅是要求唐某协调梅某还钱。在唐某表示做不了主的情况下,孔某主动出来进行协调,先将20万元给张某,并替梅某800万元欠款作担保。

上述事实表明,孔某只是为了讨好唐某,愿意为唐某的情妇梅某还款20万元。这20万元不能认定为唐某收受贿赂。第一,孔某虽有讨好唐某之意,但并不是对唐某行贿,并不是为唐某归还欠款。第二,张某也知道孔某给自己的20万元是用于偿还梅某的欠款,而不是唐某的欠款,实际上张某也没有主张唐某欠其钱。第三，唐某自始至终都是以协调人的身份出现，其也不承认孔某是帮自己还款。所以，对于该20万元来说，唐某客观上并没有非法收受他人财物，甚至连收受他人财物的想法都没有。

另外，唐某也不符合"为他人谋取利益"的要件。2003年11月13日，最高人民法院《全国法院审理经济犯罪案件工作座谈会纪要》规定："为他人谋取利益包括承诺、实施和实现三个阶段的行为。只要具有其中一个阶段的行为，如国家工作人员收受他人财物时，根据他人提出的具体请托事项，承诺为他人谋取利益的，就具备了为他人谋取利益的要件。明知他人有具体请托事项而收受其财物的，视为承诺为他人谋取利益。"在孔某提出为梅某偿还20万元的时候，并没有向唐某提出什么具体请托事项以作为对价，唐某也没有承诺为孔某谋取利益。

其次，唐某的行为不符合由特定关系人收受贿赂的司法解释。

2007年7月8日最高人民法院、最高人民检察院《关于办理受贿刑事案件适用法律若干问题的意见》第七条规定，国家工作人员利用职务上的便利为请托人谋取利益，授意请托人将有关财物给予特定关系人的，以受贿论处。第十一条规定，本意见所称"特定关系人"，是指与国家工作人员有近亲属、情妇（夫）以及其他共同利益关系的人。

虽然梅某是唐某的"特定关系人"，但是孔某以20万元帮助梅某还款的事实并不符合上述司法解释。一方面，如前所述，唐某并没有为孔某谋取利益，孔某也没有提出具体请托，不是请托人。另一方面，唐某也没有"授意"孔某将20万元钱给予张某以偿还梅某欠款。对于这20万元，唐某的口供是"默认"，张某的证言是"唐某没有反对"。在我国的司法解释中，"授意"的含义是把自己的意思主动告诉对方，例如2012年12月7日最高人民法院、最高人民检察院《关于办理渎职刑事案件适用法律若干问题的解释（一）》第一条规定：造成前款规定的损失后果，不报、迟报、谎报或者授意、指使、强令他人不报、迟报、谎报事故情况，致使损失后果持续、扩大或者抢救工作延误的，应当认定为刑法第三百九十七条规定的"情节特别严重"。在该条司法解释中，"授意"与"指使、强令"并列使用，表明"授意"的意思是把自己的意思主动告诉对方，只不过尚未达到"指使、强令"的程度。而在本案中，唐某并没有"授意"孔某给张某20万元，而是"不反对"或者"默认"。这两个概念之间是有很大区别的。

再次，唐某不具有受贿罪的故意。

受贿罪故意的核心内容是，行为人要有收受他人财物的意思。在本案中，唐某之所以默认、不反对孔某给予张某20万元钱，其主观上不是为自己，也不是为其特定关系人梅某占有或收受该财物，而是为了避免张某的纠缠与胁迫。事实上,唐某曾经积极协调,并使梅某与张某之间达成还款协议。在梅某不按照协议还款而张某再次找到唐某协调的时候,唐某也表示没有办法再行协调,从而拒绝了张某的要求。就在这个时候,孔某提出由他来协调梅某与张某的还款事宜。孔某的这一做法并不是唐某指示或者授意的。因此,现有证据不能证明唐某有为自己或为梅某非法收受该20万元的故意。

2. 起诉意见书指控李某于2000年到2003年先后5次收受梅某19万元,指控唐某收受贿赂19万元,与会专家认为该起指控的证据存疑。

这里主要是一个证据的问题。由于这里的受贿罪只有梅某、李某和唐某的口供,而没有其他证据,因此要认定其行为构成受贿罪,就需要三个人的口供一致,形成一个证据链条。而本案关键证人李某的证言不稳定,其后的证言推翻了之前的证言,这是属于"翻供"还是"还原事实真相",需要补充证据来证实。

根据律师提供的有关材料,通过以上分析、论证,我们认为:起诉意见书指控唐某涉嫌挪用公款罪不能成立,指控涉嫌受贿罪数额部分不构成。

四、案例评析

挪用公款罪的三种情形,不管是"归个人使用""营利活动"还是"非法活动",最终都需要认定挪用后有个人实际获得了利益。辩护人通过本案试图说明,对于个人决定以单位名义将公款供给他人使用但未谋取个人利益的情形,不能涵摄于挪用公款罪三种情形中的任何一种,不构成挪用公款罪。二审法院最终支持辩护人的意见,认定挪用公款罪不成立。

案例 7
徐某受贿案

言词证据前后反复不可采,受贿指控不成立

杨秀云

一、案情简介

2013 年 7 月 31 日,M 省 Y 市人民检察院指控被告人徐某犯受贿罪并提起公诉。2013 年 8 月 19 日、11 月 29 日,M 省 Y 市人民法院两次对案件进行开庭审理。综合分析案卷材料和庭审情况,担任本案辩护人的律师认为,M 省 Y 市人民检察院对徐某的指控在实体、证据方面存在严重问题。因此,律师事务所于 2014 年 4 月 23 日委托部分在北京从事刑法学、刑事诉讼法学研究的教授,对徐某案件的实体、证据问题进行了论证。

二、争议焦点

1. 根据本案现有证据,M 省 Y 市人民检察院起诉书中对徐某收受鲍某 100 万元贿赂款的指控能否成立?
2. 根据本案现有证据,M 省 Y 市人民检察院起诉书中,对徐某收受管某 15 万元贿赂款、陈某 10 万元贿赂款的指控能否成立?

三、专家研判

围绕起诉书中的指控,与会专家进行讨论后认为:

1. 根据本案现有证据,M 省 Y 市人民检察院起诉书中对徐某收受鲍某 100 万元贿赂款的指控不能成立。

根据《中华人民共和国刑事诉讼法》第五十三条规定,认定案件事实应当达到"证据确实、充分"的程度,具体应符合以下条件:① 定罪量刑的事实都有证据证明;② 据以定案的证据均经法定程序查证属实;③ 综合全案证据,对所认定事实已排除合理怀疑。其中,据以定案的证据经法定程序查证属实,并且排除证据之间的疑问，是认定案件事实的基本要求。如果证据之间存在疑问，应通过其他证据进行印证，否则存在疑问的证据不能作为定案的根据。

根据本案现有证据材料，检察机关对于徐某收受鲍某100万元贿赂款的指控，主要依据徐某的被告人供述笔录和鲍某的证言笔录。（尽管鲍某在其被指控行贿的案件中是被告人，案卷中的证据材料显示为"讯问笔录"，但是在徐某被指控受贿的刑事案件中，其身份为证人，其提供的证据形式应为证人证言。）然而，本案现有证据材料和辩护律师介绍的一审庭审情况显示，徐某的庭前供述笔录存在反复，其在庭审中不供认，作为证据的被告人供述存在矛盾；而鲍某在其作为被告人的行贿案件的庭审中，否认曾经向徐某行贿过100万元，这与其在徐某案件中的庭前证言笔录相矛盾。

具体来说，徐某在前六次供述笔录中供认，其利用职务上的便利帮助鲍某，使其控制的某航务运输有限公司（以下简称某航运公司）的船主获得中国工商银行某支行（以下简称工行某支行）的贷款；在2007年至2011年，徐某每年收受鲍某的贿赂款项20万元，共计100万元。然而，在2013年6月19日的讯问笔录中，徐某推翻了此前的有罪供述，明确提出"除了烟酒、土特产之外，没有收受过鲍某现金"。据辩护律师介绍，徐某在两次开庭审理中，均坚称自己没有收受过鲍某给予的现金贿赂，从而推翻了庭前的有罪供述。

鲍某提供的证人证言同样出现了变化。在庭前询问笔录中鲍某证明，为了使某航运公司推荐的船主能够从徐某所在的工行某支行获得贷款，鲍某曾经向徐某分5次行贿，共计100万元。然而，根据辩护律师的介绍，在鲍某作为被告人的行贿案件中，鲍某在两次庭审中均否认曾经向徐某行贿，从而改变了其庭前证言笔录的内容。

对于出现反复、变化的被告人供述和证人证言，最高人民法院《关于适用〈中华人民共和国刑事诉讼法〉的解释》中规定了审查、判断和采信规则。其中，第八十三条规定，"被告人庭前供述和辩解存在反复，庭审中不供认，且无其他证据与庭前供述印证的，不得采信其庭前供述"。第七十八条规定，"证人当庭作出的证言与其庭前证言矛盾，证人能够作出合理解释，并有相关证据印证的，应当采信其庭审证言；不能作出合理解释，而其庭前证言有相关证据印证的，可以采信其庭前证言"。

可见，对于存在反复的被告人庭前供述，如果被告人在庭审中不供认，确认其是否可以采信的标准是庭前供述能否与其他证据印证；如果没有其他证据可以印证该庭前供述，则不得采信。同样的道理，当证人证言存在矛盾和反复时，需要证人作出合理解释，并需要相关证据印证；如果没有其他证据可以印证，庭前证言笔录或者庭上证言不可采信。

在本案中,根据对起诉书中列举的证据材料的分析,指控被告人徐某收受鲍某 100 万元贿赂款项的证据,主要是被告人徐某的庭前供述笔录和鲍某的庭前证言笔录,除此之外没有其他证据。而根据上述分析,本案中被告人供述和证人证言均存在反复、矛盾,两份证据要被法院采信,均需获得其他证据的印证。在针对该项指控无其他证据,且被告人供述和证人证言均存在反复、矛盾的情况下,作为指控依据的庭前供述笔录和证言笔录均不符合被采信的要求,不应被法院所采信。那么,检察机关对于该项受贿事实的指控就不能达到证据确实、充分的程度。

因此,与会专家认为,本案现有证据无法证明徐某收受鲍某 100 万元贿赂款的事实。

2. 根据本案起诉书,徐某被指控收受鲍某给予的行贿款 100 万元。但是,通过徐某所在的工行某支行向某航运公司的船主发放贷款,鲍某获得的收益最多为 60 余万元。在获利低于行贿款的情况下,行贿人仍然进行如此大额的行贿,不符合经验法则,检察机关对该起受贿的指控不符合常理。

根据通常理解,所谓行贿、受贿行为,是行贿人通过向受贿人实施贿赂,获得受贿人在其职权方面的帮助,为行贿人谋取利益。行贿、受贿过程中存在利益和权力的交换:受贿人获得的是贿赂财物,付出的是自己的职权,利用职务上的便利,为行贿人提供帮助;而行贿人通过受贿人的职务便利,获得了财产或者利益,付出的则是向受贿人支付的贿赂款项。

一般而言,行贿人实施贿赂行为,是为了获得比贿赂款项更大或者更重要的利益。如果实施贿赂行为的成本超过其可能带来的收益,行贿人通常会降低贿赂数额,或者放弃向该主体贿赂,这是符合经验法则的做法;如果行贿人使用超过收益的款项贿赂受贿人,行贿人在该过程中不仅没有获得收益,反而要付出很多额外的支出,则不符合经验和常理。

本案中,检察机关指控鲍某分 5 次向徐某行贿 100 万元,那么按照常理,鲍某通过行贿获得的收益,应当高于其向徐某行贿的 100 万元;否则,其实施行贿将无法获得收益。在案卷的证据材料中,关于鲍某通过行贿徐某获得收益的相关问题,只在鲍某的证言笔录中有所体现。根据鲍某在 2013 年 3 月 10 日的讯问笔录,某航运公司帮助船主向银行申请贷款并提供担保,在获批贷款后,船主向某航运公司缴纳 3% 的费用,这就是某航运公司在帮助船主获得银行贷款过程中的主要收益。

在该笔录中,鲍某有如下证言,"……我们公司从 2006 年 9 月份就开始向 Y

市某工行贷款,基本都是挂靠我们公司的船主委托我们向工行某支行贷款。2006年至今每年都贷款,前几年比较少,前后一共贷了接近2亿元……","……首先是船主来找我们,要我们帮忙向工行贷款,然后我们就会拿准备购买的船只到工行进行预评估和预审。如果没有问题,就可以办理正式贷款手续。贷款下来,船主就给我们公司大约3‰的费用,我前后一共收了大约600万元左右的手续费……"。

然而,根据辩护律师介绍的案件情况,上述证言中提到的近2亿元贷款,是某航运公司从2006年到2013年从工行某支行申请到的全部贷款。徐某在工行某支行工作的时间为2005年9月到2010年10月,在此期间某航运公司从工行某支行申请到的贷款数额远小于2亿元。根据辩护律师从工行某支行调取的放贷记录显示,在此期间某航运公司从工行某支行申请到的贷款数额为2 285万元,这一点鲍某在庭审中也予以证明。按照3‰的费用计算,某航运公司能够从船主获得的贷款数额中获利68.55万元。

可见,检察机关指控鲍某在2007年至2011年的5年期间,共向徐某行贿100万元,然而,通过徐某的帮助,某航运公司的船主向工行某支行申请到的贷款数额为2 285万元,鲍某从中获利不超过70万元,低于行贿的数额。与会专家认为,作为行贿人的鲍某,其获利数额低于行贿数额,不符合常理;检察机关对于鲍某向徐某行贿100万元的指控无法接受经验法则的考验,该指控是否属实存在疑问。

3. 针对收受管某15万元贿赂款、陈某10万元贿赂款的指控,被告人徐某在庭前讯问笔录和一审庭审中予以否认。在管某、陈某不出庭的情况下,无法查清被告人供述和证人证言的真实性。与会专家建议一审法院传唤两位证人出庭,与被告人对质,以查明事实真相。

根据M省Y市人民检察院起诉书的指控,徐某曾多次收受管某、陈某的贿赂款项,该指控所依据的证据包括被告人庭前供述笔录、管某证言笔录和陈某证言笔录。然而,被告人徐某在2013年6月19日的讯问笔录中推翻了此前的有罪供述。"有没有收受过陈某、管某所送钱物?""除了烟酒、土特产,包括陈某曾送过我一幅字画,但我不知道价格之外,我从来没有收受过陈某、管某现金。"据辩护律师介绍,徐某在两次庭审中,均否认自己收受过陈某、管某现金。

对于翻供的理由,徐某解释为,"我在业务过程中,与他们确实有一些烟酒等方面的来往,之前检察机关找我谈话时,我当时心里很害怕,就随意编了一些事情,都是我胡乱说的,实际我从没有收过他们任何现金和大额物品。""开始交代后,我心里很绝望,感觉到肯定要被处理,工作没有了,家庭要受影响,肯定要坐牢了,所以就没有认真对待,依然说了假话。"

可见,被告人徐某针对收受管某、陈某贿赂款的指控,其庭前供述笔录存在反复,庭审中不供认,并且提出了翻供理由。根据前述最高人民法院司法解释的规定,应当审查案件中的其他证据能否印证,并判断其翻供理由能否成立,以决定如何采信被告人供述。

由于指控这两项受贿事实的证据仅包括被告人供述笔录、管某证言笔录和陈某证言笔录,因此对于被告人供述笔录的审查判断应当综合考察管某的证言笔录和陈某的证言笔录。根据案卷中的证据材料,管某和陈某的证言笔录与被告人徐某翻供前的供述笔录能够印证,但是在被告人徐某推翻之前的供述笔录后,其供述内容与管某、陈某的证言笔录内容相互矛盾。

与会专家认为,被告人推翻之前的有罪供述,能够给出相对合理的解释,即使与其他证人证言笔录存在矛盾,也不宜断然加以否认。而且,证明这两起指控事实的证据只有被告人的供述笔录和证言笔录,对于贿赂款项的来源、去向、具体金额、送钱情节等问题均缺乏必要的证据加以证明,仅依靠卷宗中的笔录很难准确查清案件事实。

因此,与会专家建议一审法院传唤管某、陈某两名关键证人出庭作证,由被告人和证人当面对质,确认被告人翻供内容的真伪,以及被告人供述和证人证言是否能够相互印证,从而确定可采信的证据,以查明事实真相。

根据律师提供的有关材料,通过以上分析、论证,我们认为:

1. 根据本案现有证据,M省Y市人民检察院起诉书中对徐某收受鲍某100万元贿赂款的指控不能成立。

2. 根据本案起诉书,徐某被指控收受鲍某给予的行贿款100万元。但是,通过徐某所在的工行某支行向某航运公司的船主发放贷款,鲍某获得的收益最多为60余万元。在获利低于行贿款的情况下,行贿人仍然进行如此大额的行贿,不符合经验法则,检察机关对该起受贿罪的指控不符合常理。

3. 针对收受管某15万元贿赂款、陈某10万元贿赂款的指控,被告人徐某在庭前讯问笔录和一审庭审中均予以否认。在管某、陈某不出庭的情况下,无法查清被告人供述和证人证言的真实性。与会专家建议一审法院传唤两位证人出庭,与被告人对质,以查明事实真相。

四、案例评析

要保证刑事案件的办案质量,就应避免仅仅根据主观性较强的言词证据定案,案件质量必须通过打造证据锁链来保证,而要形成证据锁链就必须形成证据

种类、证据来源、证明内容均不能单一的立体的证据构造，这种证据构造应尽量围绕书证和物证这种客观性较强的证据来建构，因为言词证据最大的问题在于主观性强且较不稳定，尤其是在被告人供述不稳定且有自己合理解释的情况下，更需审慎对待。

案例 8
张某妨害作证罪、挪用资金罪及受贿罪

只要向法庭提交了虚假证据就是妨害作证？

王兴元

一、案情简介

被告人张某于 2006 年 1 月任某县政协主席，2010 年 1 月 11 日任某县政协调研员，2011 年 2 月 15 日退休。退休后，张某受邀到某县广汇燃气有限公司（以下简称某县广汇公司）负责该公司的经营管理。2011 年 2 月 7 日某县广汇公司的法定代表人丁某书面授权张某负责某县广汇公司的经营决策和对外合资的各项事宜。2011 年 3 月 27 日某县广汇公司与中国油气投资（香港）有限公司签署合作协议书，成立某汇燃气有限公司（以下简称某汇公司）。2011 年 5 月 16 日，某县广汇公司委派张某、姚某任淮安某汇公司董事，张某兼任副董事长，并全面负责淮安某汇公司的经营管理。

（一）妨害作证罪

公诉机关指控，被告人张某明知某县广汇公司与某县润辰园林公司（以下简称润辰公司）之间无债权债务关系，仍指使 M 律师事务所律师王某、某县广汇公司员工叶某准备虚假诉讼材料，虚构欠款事实和股权转让协议，以润辰公司为原告于 2013 年 11 月 6 日向某县人民法院提起股权纠纷诉讼，要求被告某县广汇公司立即履行协助义务，将持有的某汇公司 20% 的股权变更登记到润辰公司名下。在诉讼中，被告人张某指使石某作为某县广汇公司的委托代理人到庭进行虚假诉讼，致使某县人民法院于 2013 年 12 月 18 日作出判决，判决某县广汇公司协助润辰公司办理股权变更登记。2014 年 1 月 20 日，经法院执行，某县广汇公司持有的某汇公司 20% 股权变更给润辰公司。

（二）挪用资金罪

被告人张某利用某汇公司、某县广汇公司实际负责人的身份，指使现金会计石某、市场部经理雍某等人，以张某个人名义，多次将某县广汇公司资金人民币

263.82万元借给M置业有限公司总经理施某进行营利活动,施某按约定支付张某利息。

被告人张某利用某汇公司、某县广汇公司实际控制人的身份,指使石某以其个人名义,将180万元借M玻璃有限公司(法定代表人高某,以下简称M公司)进行营利活动,其中120万元系某县广汇公司资金。

被告人张某利用其系某汇公司、某县广汇公司实际控制人的身份,以支付淮安某汇公司450万元借款利息的名义,指使现金会计石某将某县广汇公司资金71万元转入其个人银行账户,将3 750元现金交给自己。当天,被告人张某以个人名义将其中的60万元借给吴某进行营利活动,后吴某分两次将60万元归还给被告人张某。

(三)受贿罪

2005年,M房地产开发有限公司出资收购某县宾馆,某县政协为该项目招商引资帮办单位。在收购过程中,被告人张某利用职务便利,为房地产开发有限公司提供融资借款等方面的帮助并谋取利益。2009年初,被告人张某在其办公室收受房地产有限公司负责人杨某为感谢其在收购某县宾馆过程中的关照所送的人民币5万元。

二、争议焦点

1. 妨害作证罪是行为犯,是否只要向法庭提交了虚假证据就是妨害作证?
2. 张某出借的行为是个人行为还是职务行为?

三、专家研判

(一)关于妨害作证部分

1. 一审判决查明的事实不全面,从而导致认定的部分事实证据明显不足。

一审判决查明的事实中,涉及的关于上诉人指使王某、叶某准备虚假诉讼材料,虚构欠款和指使石某参加虚假诉讼的两个事实,虽然有上诉人的供述,但该供述和相关证人证言、书证存在明显矛盾。对于该矛盾点,在原审的法庭辩论中上诉人分别从六个方面和四个方面证明上诉人的有罪供述和其他证言、书证的矛盾点,但原审未予以认定。因此一审判决查明的事实不全面,从而客观上也证明其认定上诉人所涉的两个基本事实证据不足。因此,一审判决认为证人王某、石某、叶某、黄某均证实上诉人张某系指使他人作伪证的犯意提起者和指使者,无事实依据。

2. 一审判决认为王某准备虚假诉讼,指导他人进行虚假诉讼,系在上诉人张某的指使下所为,其行为没有超越张某的授意范围,其证据明显不足。

首先,黄某在证言中证实是他请张某帮忙找王某准备诉讼材料的,王某在证言中证实是张某要求帮助黄某准备诉讼材料,但具体事情由黄某和其商量,同时在证言中也证实黄某找他,让他准备诉讼材料。黄某和王某的证言能够证实:第一,上诉人仅介绍其认识,且仅仅要求准备诉讼材料,未明显指使其制作虚假材料;第二,诉讼材料的具体事宜是黄某和王某商量,即使虚假也是双方共同协商,商量的结果并不在上诉人的指使范围内。因此,王某的行为很明显超出了上诉人介绍的范围。

其次,现有的证据不能排除王某为代理该案而故意制作支付说明的合理怀疑。从王某本人的证言看,为了代理该案其故意讲得很复杂且主动提出诉讼解决;从丁某的证言看,王某并没有按照上诉人和黄某的要求协调工商变更的事宜;从王某向侦查人员刻意隐瞒支付说明由其本人制作的事实看,不能排除王某为代理该案而自制支付说明的可能性。因此,其行为不排除已超出上诉人的授意的范围。

3. 庭审查明的事实足以证明上诉人不具有指使他人作伪证的主观故意。

第一,从诉讼的原因看,该案起诉的原因是丁某的股权被查封,王某未能协调进行工商变更的前提下,由王某提起诉讼,该事实能够证明其不具有犯罪的主观故意。

第二,从诉讼的基础看,是基于丁某和黄某签订的股权转让协议,并非虚构该基础事实,之所以由润辰公司而不是以黄某提起诉讼是因为外企不允许自然人持股,但股东会记录包括诉讼的卷宗中均将该证据作为基础证据,该事实足以证明其不具有犯罪的主观故意。

第三,从诉讼材料的制作过程和交付过程看,均不在上诉人的明知范围,而是由王某制作并直接交给朱某,由朱某提交的,上诉人并没有实际指使朱某提交该份证据,因此,同样能够证明其不具有犯罪的故意。

(二)关于挪用资金部分

1. 一审公诉、判决对某县广汇公司账外所涉及的尾号为7670卡中未入账的资金的具体构成、性质,尾号为8100卡中被某县广汇公司处分的具体金额以及以石某名义存入但未入账的现金性质未依法作出认定(一审判决认定尾号为7670卡中资金为某县广汇公司所有,尾号为8100卡中资金为被告人所有,二者并不混同);对上诉人和该部分仍然存在债权的事实以及指控、认定的资金均发生在上述三部分之间,未作为该案的基本事实予以确认,因此,一审判决认定的事实不全面,不客观。涉案证据证明上诉人张某除了和某县广汇公司记账的部分存在往来且已经平账外,还和尾号为 7670 卡未记账部分以及和某县广汇公司发生多笔现金往来,其享有所有权的尾号为 8100 卡中的部分资金被某县广汇公司使用,基本事实和证据如下。

第一,证言中:17 848 309.95 元与会计凭证及账簿记载不能对应,主要有张某汇入 1 558 000.00 元,黄某汇入 3 644 000.00 元,石某经办存入 2 436 147.00 元,该证据能够证明未入账的 1 700 余万元中含有上诉人张某转入的 5 202 万元,以及其辩解现金交付石某 2 436 147.00 元的事实,同时,该辩解和某县广汇公司现金日记账记载的负数的书证能够印证。

第二,卷 17 附表 6 中,除序号 8、9、10、11、12、15、20 等部分支出的性质在侦查阶段查明外,其他支出的金额和资金均未涉及。上诉人在侦查阶段对该部分支出也未确认是用于个人而非公司。因此,结合上诉人在二审庭审中的陈述,尾号为 8100 卡中至少 380 万元被公司用于偿还其所欠债务。

第三,上述证据能够直接证明张某对公司至少享有 980 万元的债权,在没有证据证明石某现金存入的 2 436 147.00 元属于某县广汇公司来源的前提下,应按有利于被告人的原则,认定该部分现金属于上诉人。

第四,相关银行流水,某县广汇公司的银行日记账均证实 7670 卡、1054 卡和 8100 卡之间发生的涉案的施某、高某、吴某的款项均发生在未入账的上述三个部分之间。

2. 一审判决采信以非法手段收集且和其他证据存在明显矛盾的证人证言和有明显更改迹象的财务资料的书证复印件,将不具有合法性且和待鉴定事实之间不具有关联性的审计报告作为查证属实的证据,并作为定案的依据,违反了证据审查认定的基本原则。同时,对于和上述证据之间、证据和案件事实之间相互矛盾的证据并未予以排除,因此本案中定罪的证据不确实充分。

在原审质证环节,上诉人和辩护人在庭审过程中,对相关证据的真实性、合法性均依据客观的事实提出了异议,对证据与证据之间的矛盾以及证据的证明力也提出了异议,法庭也要求公诉人对此进行答辩,但公诉人均以统一答辩予以回避,原庭审笔录能够证明该事实。二审程序涉及案件的问题非常多,辩护人主要针对一审判决认定的几份主要证据发表如下具体辩护意见。

第一,关于证人证言及张某供述和辩解部分。对于石某的证言,其一,石某的证人证言除了 2014 年 10 月 30 日在酒店询问外,其他的询问地点均在纪委办案点,其询问地点不合法,特别是指向 7670 卡中的资金性质为公司所有的证言均被限制在纪委办案点,是从 2014 年 11 月 21 日至 11 月 27 日长达 6 天形成的,依据《关于办理刑事案件严格排除非法证据若干问题的规定》第六条的规定,采用暴力、威胁以及非法限制人身自由等非法方法收集的证人证言、被告人陈述应予以排除。其二,石某的证言之间相互矛盾,证言和其他证据也存在无法排除的矛盾。其关于7670开卡原因,卡中资金的性质,不做账的原因,借给大佛寺施某600万元中480万元的资金性质均和自身证言,相关证人证言和书证存在矛盾,对于雍某、黄某、朱某梅的证言部分,其证据和相关书证均存在矛盾。对于张某的供述和辩解,虽然其询问笔录在看守所形成,但均被张某否认且翻供关于系纪委形成能够证明其翻供的合理性。

第二,关于财务资料复印件的真实性和合法性问题。卷宗中没有该复印件的提取笔录或者扣押清单,不能证明该复印件具有合法的来源。同时,该复印件未注明与原件核对无异,无复制时间或者该财务资料持有人的签名或者单位盖章,也无调取人的签名,因此,不能证明该书证具有真实性和合法性。除此以外,现金日记账存在明显涂改的迹象,检察院在二审程序出具的某县人民法院关于丁某诉许某的庭审笔录也载明丁某已对该财务资料进行了更改。上述事实能够充分证明账目被伪造、篡改的事实,而侦查机关并未提供证据证明该涂改、更改的财务资料的合法依据,公安机关出具的未发现丁某有掩藏和伪造账目的说明,明显和事实不符。

一审判决采信该复印件明显违反了最高人民法院《关于适用〈中华人民共和国刑事诉讼法〉的解释》第六十九条第(二)项、第七十一条第二款及第七十三条第一款、第二款第(四)项及第三款的规定。

第三,关于审计报告的审计程序的违法性问题。一审判决书第18页第12行至第13行证明审计机构的检查材料未经侦查机关依法收集和核对无误,而是由纪委送检和审计人员清点和核对,同时,由于无扣押清单,也无法证明审计的检查材料和卷宗中的财务资料复印件范围一致或者相同。审计意见也未履行向被告人的告知程序,同时,该审计报告第13页的审计建议所涉及的三项事项,侦查机关并未查明,审计报告中并未对未入账的7670卡银行流水资金的性质、未入账部分和8100卡间往来的性质、8100卡中全部收入和支出的性质、银行日记账中负数以及上诉人和7670卡中未入账、8100卡以及现金存在三个部分是否已平账作出审计结果,因此,该审计结论不具有明确性,和待证事实之间也无关联性。因此,一审判决采信该证据不符合最高人民法院《关于适用〈中华人民共和国刑事诉讼法〉的解释》第八十四条第(三)项、(七)项、(八)项、第八十五条第(三)、(四)、(五)、(八)项的规定。

除此以外,辩护人还提供了和原审原告认定采信的证据存在相互矛盾的证据(具体见证据采信部分),而原审对该部分证据和采信的证据之间以及待证事实之间存在的矛盾并未排除。同时,还要特别强调的是,一、二审辩护人均申请调取证明被上诉人无罪的七份询问笔录和认定财务资料复印件真伪的原件,但均未获同意和明确答复,而该事实是认定上诉人不构成犯罪的基本证据,现再次申请予以调取。因此,原判决予以定罪的证据没有达到刑事诉讼法的证明标准。

3. 一审判决认定7670卡的资金为某县广汇公司所有且该卡已经纳入某县广汇公司的资金管理,其认定证据明显不足。相反,一些客观证据均能指向该卡具有公司混用的性质,指向挪用的时段7670卡和8100卡之间的往来明显不属于公司资金而是个人资金,因此,上述事实能推翻一审对该部分事实的认定。

对于该部分事实,一审判决主要理由有以下几点。

第一点是辩护人关于石某的证言相互矛盾,不具有稳定性,无证据证明。对于该节事实,在案证据已经足以证明石某的证言不但自身矛盾,而且和书证矛盾。

第二点是石某、朱某梅的证言相互印证,均证实7670卡的资金为公司的资金,为公款且证据始终如一,但二审庭审中辩护人提供的证实上诉人借入的王某东、黄某香的款项也存入7670卡,审计报告中的第6—7页也证实未入账的部分有上诉人和上诉人借入的款项,属于对该事实的反证,这些事实足以证明7670卡中的资金并非全部为公司资金,也足以证明该卡并非仅是公卡而是公私混用,也足以证明石某、朱某梅的证言属于虚假的证言。

第三点和第四点是7670卡中收入和支出高达5800多万,与凭证相符的达三四千万,说明该卡已经纳入某县广汇公司的资金管理。一审判决的理由是有凭证相对应的部分,该点理由不能成立。该卡从开卡到使用均无法人或者实际控制人的授意,石某也证实是自己决定纳入公司资金管理,也证明不属于公司的意志而是自己擅自违规的行为,审计人员庭审也证明其认定并无直接的依据。相反,该卡公司混用的性质仅仅和部分入账的事实,特别是该卡中含有张某资金的事实,能直接证明该卡并未纳入公司的资金管理,所涉资金并非为公司所有。因此,一审由7670卡中部分资金入账,从而推定扩大解释为该卡纳入公司的资金管理且所有的款项为公司所有无事实依据。

第五点理由是财务资料与被告人的供述,石某、朱某梅等人的证言相印证,充分说明卡中的资金为某县广汇公司所有的事实。在本案中7670卡中的资金,财务资料并未涉及未入账的1700万元,因此,财务资料对被告人的供述、石某、朱某梅等人的证言相互印证,仅涉及已入账部分并不涉及未入账部分。

第六点理由是审计报告还证实,2011年9月至2014年4月30日,某县广汇公司的预收账款达 22 783 040.01 元,另外有结转销售收入或者其他收入,故认定辩护人认定未入账的资金不属于某县广汇公司所有的主张无事实依据。但在相关证据中,不但未入账的 1 700 万元中含有张某、黄某中款项的事实,而且石某关于不存在气费、接口费不入账的证言,以及 7670 卡公司混用的证据,财务资料中的现金日记账,记载的涉案时段无任何收入的直接证据,这些证据均证明未入账部分属于上诉人所有或者构成不属于某县广汇公司的合理性怀疑。因此,审计报告载明的金额仅证明某县广汇公司的收入情况,并不属于对上述证据的相反证据或者反驳证据。

4. 一审判决认定上诉人和某县广汇公司已经平账且无证据证明未入账的现金系张某出借给某县广汇公司,其认定明显违背客观证据,相反,相关证据已足以证明上诉人和某县广汇公司并未全部平账且仍然享有债权。

我们对于某县广汇公司的财务资料、审计报告与被告人张某的供述、证人石某和朱某梅的证言相互印证的事实并不否认,但仅仅涉及公司大账部分(含 7670 卡中已入账的部分)已平账的事实,并不涉及 7670 卡中未入账的 1 700 万元资金的性质,某县广汇公司控制和使用的 8100 卡中收入和支出未查明部分的性质以及石某未入账的现金存入的性质,更不涉及上述三部分张某和公司是否存在债权债务关系的事实,因此,一审判决认定张某在某县广汇公司应收款和已付款已全部平账,无事实依据。相反,在案证据证明 7670 卡中未入账的部分,包含了张某借入的资金,某县广汇公司控制和使用的 8100 卡支出部分除查明和案涉有关联的部分金额外,还存在其他支出,石某存入且未记账的现金在不能证明为公司收入来源的前提下,均证明,虽然在已记载的大账上双方已平账,但未记载的部分仍然没有平账,即双方事实上并没有全部平账且张某对某县广汇公司仍然存在债权。

5. 一审判决以被上诉人的供述和证人证言相互印证及对该部分起诉时原告以本人起诉的身份从而认定出借给 M 玻璃有限公司的 120 万元涉案的款项属于公司所有,证据不足。

在该部分事实中,虽然高某的证言和张某的供述能证明借款过程中双方对借款性质有各自理解,其供述和证言即使相互印证,证明双方约定的是张某个人出借而非某县广汇公司出借,同时张某以个人名义提起诉讼也仅能印证出借人是个人而非公司。但上述案涉事实,并不能直接证明案涉的 180 万元为某县广汇公司的资金。

其二,审计报告载明的"银行存款发生额总账与明细账"反映的银行存款,在 2013 年的 2—4 月份,某县广汇公司的借方、贷方发生额为零,银行存款余额也为零,则证明涉案的180万元并非是某县广汇公司的资金,二审期间,检察员虽然提供了第三人出具的付款凭证,但该凭证所载明的性质并未得到某县广汇公司的财务会计凭证的确认,和石某关于所有接口费肯定都入账的证言矛盾,因此,该书证和石某的证言能够相互印证,证明涉案的180万元并非某县广汇公司的资金。

6. 一审判决以60万元从某县广汇公司账上转出,且被某县广汇公司的财务资料确认系某县广汇公司的资金以及证人证言和被告人供述相互印证,从而证明涉案资金为某县广汇公司资金,证据不足。

对于该部分事实,首先,相关书证相互矛盾,不但张某批示的书证和石某擅自制作的2013年9月4日记账凭证矛盾,而且该记账凭证和某县广汇公司的现金日记账矛盾,因此,某县广汇公司的财务会计账仅证明案涉款型的性质不明的事实,并不能直接证明该款项为某县广汇公司的利息款。其次,被告人的供述,朱某梅和石某的证人证言,虽然能相互印证,但和书证明显矛盾,银行日记账证明该款项并非是支出的利息款的书证效力高于证人证言。审计报告所反映的某县广汇公司银行存款借方、贷方发生额为零,2013年8月份、9月份无收入的事实存在明显矛盾。因此,在某县广汇公司无收入的前提下,无法证明该款项来源于某县广汇公司而非张某本人,也不能证明排除以他人公司名义支出该款项但本质上属于张某本人支付的款项。

7. 在上诉人对某县广汇公司享有的债权超出指控和认定的挪用金额且无充分证据证明案涉的款项为某县广汇公司控制、占有的前提下,认定7670卡、1054卡、8100卡之间的往来属于挪用资金行为,属于适用法律错误。

根据刑法关于挪用资金罪的规定,本罪的对象是单位资金,挪用单位以外的财物的,不构成本罪。一审判决认定上诉人构成挪用资金犯罪的基本依据是上诉人张某和某县广汇公司已经平账,在7670卡中未入账资金全部属于某县广汇公司所有且张某无证据证明是其出借的前提下,7670、1054和8100卡之间发生的往来,属于挪用行为。而事实上,本案的核心证据或者事实并不在于张某和某县广汇公司已入账的部分是否平账,而在于在涉案资金和账外资金不符的前提下,如何认定7670卡中未入账且记载为张某及其舅兄出借的5 202万元,8100卡中支出的380万元及其他去向的部分资金,石某未入账的现金的性质,以及上述三部分双方是否平账,特别是在张某对某县广汇公司的债权大于指控或者认定的挪用金额的前提下,其行为如何界定。辩护人认为,即使上诉人和公司的大账已经平账,但在双方仍然存在债权债务关系的前提下,其指使石某将本人所有的款项或者公司欠付的款项出借给他人,其主观上并不具有挪用公司资金的故意,客观上也未侵犯公司的资金使用权,一审判决将其个人所有的资金等同于公司资金并认定为犯罪对象,属于适用法律错误。

(三) 关于受贿罪部分

1. 侦查机关在未刑事立案的情况下,将上诉人张某作为犯罪嫌疑人进行讯问,违反效力强制性法律规定。本案中,上诉人张某于 2014 年 9 月 26 日被某市纪委"双规"审查;2014 年 10 月 22 日,某市公安局以涉嫌挪用资金罪、妨害凭证罪对张某立案侦查;2014 年 11 月 14 日,某市某区人民检察院以涉嫌受贿罪对张某立案。但是某市人民检察院于 2014 年 10 月 6 日,在没有任何法律手续的情况下,在纪委"办案点"对尚处在纪委"双规"审查阶段的张某进行"讯问",并制作"讯问犯罪嫌疑人"笔录,作为指控张某受贿犯罪的证据。

2. 原某市某区人民检察院在讯问上诉人张某时,未按法律规定实行全程同步录音录像,而是选择性地录音录像。一审公诉机关只提供了三份上诉人的讯问笔录,分别是某市人民检察院于 2014 年 10 月 6 日对上诉人张某的讯问笔录,某市某区人民检察院于 2014 年 11 月 19 日对上诉人张某的讯问笔录,某市某区人民检察院于 2015 年 3 月 3 日对上诉人张某的讯问笔录。但在上述三次讯问笔录中,仅在 2015 年 3 月 3 日对上诉人张某的讯问过程中实行全程同步录音录像。侦查机关违反了讯问职务犯罪嫌疑人应当实行全程同步录音录像的效力强制性规定。

3. 原某市某区人民检察院在侦查过程中,在上诉人具有阅读能力的前提下,侦查机关没有将讯问笔录交上诉人阅读核对,而只是宣读,剥夺了上诉人的诉讼权利。

4. 原审公诉机关没有提供侦查机关对张某的全部讯问笔录。原审机关没有提供侦查机关用于提审犯罪嫌疑人的"提押证",以证实侦查机关究竟提审上诉人多少次;现有的讯问笔录也证实原市某区人民检察院至少在 2014 年 11 月 19 日之前还讯问过上诉人张某 1 次,某市某区人民检察院于 2014 年 11 月 19 日对上诉人张某的讯问笔录中,侦查人员告知:"我们是某区人民检察院的侦查人员,现在依法再次对你进行讯问,你要实事求是回答问题,你听清楚了吗?"

侦查机关的行为违反了《中华人民共和国刑事诉讼法》《人民检察院刑事诉讼规则(试行)》和《最高人民检察院职务犯罪侦查工作八项禁令》,足以影响对案件事实的认定,其所收集的证据应当作为非法证据予以排除。根据《最高人民检察院职务犯罪侦查工作八项禁令》之一、之六的规定,要求公诉机关撤回对上诉人受贿的指控;根据《中华人民共和国刑事诉讼法》第五十三条的规定,上述证据不能认定上诉人有罪和处以刑罚。而一审法院没有全面、谨慎审查上述事实和证据,其判决有失公正。

四、案例评析

妨害作证罪主观上要求明知自己的行为会侵害债权人的合法利益,破坏正常的司法工作秩序和司法公信力,仍积极追求这一结果的发生。对于社会危害性的评价除此之外,还有一项非常重要的因素即犯罪动机。辩护人通过本案试图说明,妨害作证通常和伪造证据、帮助伪造证据牵连在一起,尤其是涉及伪造证据者与指使者供述不一致时,需审慎考量虚假诉讼的动机,以便衡量二者是否对伪造证据有"通谋"。

案例 9
王某涉嫌受贿案

王某涉嫌受贿罪,专家争议焦点多

周连勇

一、案情简介

C市T区人民检察院指控犯罪嫌疑人王某涉嫌受贿罪,将该案移送该区人民法院,人民法院经审理认为,被告人朱某身为国家工作人员,利用职务上的便利,单独索取,或伙同被告人王某、刘某非法收受他人财物,为他人谋取利益,公诉机关的指控成立,三个被告人的行为构成受贿罪,部分犯罪属共同犯罪,依法应处十年以上有期徒刑或者无期徒刑。被告人朱某、王某在共同犯罪中起主要作用,是主犯,被告人王某判处有期徒刑十年六个月。

上诉人王某认为,控方指控的证据不够确实、充分,同时存在诸多疑点,指控的受贿罪罪名不能成立。主要理由为:第一,朱某不具有国家工作人员的身份,并且检方没有完成对上诉人朱某主体身份的举证责任,无法证明朱某具备了构成国家工作人员的主体身份条件。第二,其与赵某签订的居间协议是合法有效的,两人之间属于居间合同关系。第三,朱某、王某、刘某三人并无受贿的合意。

律师于2015年6月接受上诉人王某的委托,担任本案的辩护人。辩护人查阅案卷材料,针对本案控辩双方争议焦点,特委托从事刑事法学研究的专家,对该案件的实体及法律问题进行论证。

二、争议焦点

1. 朱某构成受贿罪的主体身份是否成立?
2. 王某、朱某、刘某三人是否有受贿的合意?
3. 指控的受贿数额计算是否错误?
4. 王某具有哪些量刑情节?

三、专家研判

围绕起诉书指控的内容，与会专家进行讨论后认为：

（一）朱某不具有受贿罪主体身份

王某构成受贿罪的原因是基于上诉人朱某的国家工作人员身份，但本案中朱某的主体身份其实不明确。最高人民法院、最高人民检察院《关于办理国家出资企业中职务犯罪案件具体应用法律若干问题的意见》第六条关于国家出资企业中国家工作人员的认定中规定："经国家机关、国有公司、企业、事业单位提名、推荐、任命、批准等，在国有控股、参股公司及其分支机构中从事公务的人员，应当认定为国家工作人员。具体的任命机构和程序，不影响国家工作人员的认定。经国家出资企业中负有管理、监督国有资产职责的组织批准或者研究决定，代表其在国有控股、参股公司及其分支机构中从事组织、领导、监督、经营、管理工作的人员，应当认定为国家工作人员。"朱某为浦发银行C市支行的业务二部总经理，并非由国有企业或国家出资企业的党政领导联席会议研究决定任命，而是由C市支行党委决定聘任，据朱某供述，其签订的也是劳动雇佣合同，并非接受委派、代表国有投资主体行使管理、监督职权的人员，由此看来，朱某应当不具有国家公务人员的身份。

（二）三人共同受贿的合意并不明显

王某构成受贿罪的主观要件是其必须与朱某有受贿的合意，但结合本案事实和证据综合分析，王某、朱某、刘某并未有共同受贿的合意。具体理由如下：

第一，涉案的80万，体现的是王某和刘某的合意，王某与赵某签订了居间服务协议，这份协议包含两个方面：居间与服务。基于这份协议，王某找了许多金融机构及人员，其中包括刘某，这笔钱就是王某给付刘某的劳务费，是发生在王某与刘某之间的，与朱某并无关系。在朱某、王某、刘某三个人的供述中，也都明确提到"朱某表示这笔钱他不能拿""朱某说我拿这笔钱不合适"，而事实上朱某也确实没有收受这笔款项。至于刘某和朱某对于80万的好处费有没有商量、有没有合意，这个事实是无法确认的，王某也并不知情。

第二，之后的60万，体现的是赵某和王某的两人合意，刘某和朱某是不知情的，并且根据三人的供述，赵某在王某催要好处费时说的是"只给80万"，所以王某之后拿的60万元，朱某和刘某是不可能知情的。并且三人供述都承认，他们在付60万的时候，两人没有说这60万到底是前面5 000万贷款的感谢费还是后面需要王某帮忙的好处费，无法确定是何种情况，但无论是何种情况，之后发生的60万是王某与赵某的合意，并非三人共同合意。所以，无论是之前的80万款项,还是之后的60万,体现的都不是朱某、刘某、王某三人的合意。并且,不应该把60万算作三人共同受贿的款项,并把60万一分为三,将20万加进王某的受贿金额中,由原先的80万变成了100万,这不符合主客观相一致的原则。

(三)王某行为的性质

介绍贿赂罪在主观方面属于故意,即明知是在为受贿人或者行贿人牵线效劳,促成贿赂交易,在客观方面表现为行为人在行贿人和受贿人之间进行联系、沟通关系、引荐、撮合,促使行贿与受贿得以实现的行为,即为行贿受贿双方"穿针引线",促使双方相识相通,代为联络,甚至传递贿赂物品,帮助双方完成行贿受贿的行为。

本案中,王某与赵某之间签订居间协议,二者是居间合同关系,起到的是居间介绍的作用,收钱也是基于与赵某的一个约定,因为王某的搭桥,赵某给了王某一笔钱,这笔钱是一笔劳务费。客观上,王某实际上只起到了穿针引线的作用,一审认定王某的行为是帮助行为,作为受贿罪的共犯来处理,实则不妥。因为王某是基于比较熟悉的关系起到一个穿针引线的作用,并不是依附于主犯的行为,而具有独立性,这应该是一个介绍贿赂的行为。介绍贿赂人不同于行贿或受贿一方的帮助犯,他必须与贿赂行为的双方都有联系,是根据行贿、受贿双方的意图办事,在行贿人和受贿人之间进行联系,如果行为人只与其中一方有联系,为一方出谋划策,则构成一方的共犯,本案中,王某与赵某及朱某、刘某都有联系,符合介绍贿赂罪的构成要件。若要定罪,也应以介绍贿赂罪定罪量刑。

(四)关于王某的量刑情节

第一,王某应系从犯。《中华人民共和国刑法》第二十七条规定:"在共同犯罪中起次要或者辅助作用的,是从犯。"从犯,从其在共同犯罪中所处的地位看,从属于主犯,从其在共同犯罪中所起的作用来看,起次要或辅助作用。刑法理论普遍认为:"案件的性质依犯罪的实行犯的行为性质来确定,认定是否构成真正身份犯以及构成怎样的真正身份犯,应当以有身份者所实施的犯罪构成要件的行为为根据,而不以谁在共同犯罪中所起作用最大为转移。"因此,本案涉及的受贿罪是职务犯罪,即使认为朱某、王某、刘某构成共同犯罪,那么主犯应该是具有职务之便并利用职务之便的人,本案中唯一符合受贿罪主体构成要件的只有朱某,结合本案案情,根据共犯理论来讲,王某应该系从犯。

第二,王某起到的作用较小。首先,朱某、王某、刘某三人的供述中均承认"刘某提议他和朱某拿80万好处费,剩下的王某拿多少他们不管",由此可以看出,对于这笔好处费的分配,无论是分配的数额还是分配的方式,都是由刘某决定的,王某并没有决定权和分配权。其次,对于本案的焦点,即5 000万贷款的发放成功与否，也只起到了很小的一部分作用，王某既不知贷款如何发放，何时发放，也无法确定贷款是否能发放下来。

第三，王某实际收取好处费最少。主观上看，根据朱某和刘某的供述，他们也认为自己拿80万元是多的，甚至朱某还向刘某表示王某会不会因此不高兴。客观上说，赵某表示"拿不出这么多钱""只给80万"，无论是从认识上还是现实中，王某实际分得的款项与其他两人相比都是最少的。

第四，王某应适用于缓刑。新施行的《中华人民共和国刑法修正案（九）》取消了贪污罪、受贿罪的定罪量刑的数额标准，代之以"数额较大""数额巨大""数额特别巨大"，以及"较重情节""严重情节""特别严重情节"，并对数额特别巨大且使国家和人民利益遭受特别重大损失的贪污受贿犯罪保留适用死刑。同时，调整了贪污受贿犯罪各档刑罚的排列顺序，重新回归到1979年刑法典时从轻到重的刑罚排列顺序。对此，最高人民法院、最高人民检察院根据全国人大常委会授权，在充分论证经济社会发展变化和案件实际情况的基础上，同时考虑"把纪律挺在前面"的反腐败政策要求，通过司法解释对两罪的定罪量刑标准作出规定，将两罪"数额较大"的一般标准由1997年刑法确定的五千元调整至三万元，"数额巨大"的一般标准定为二十万元以上不满三百万元，"数额特别巨大"的一般标准定为三百万元以上。

本案中，王某涉案的数额属于新解释中的"数额巨大"范畴，因其在本案中系从犯，起的作用较小，主观恶性较轻，并有自首的行为，在量刑上法院可以综合考虑，予以缓刑。

根据律师事务所提供的有关材料，通过以上分析、论证，我们认为：上诉人王某的行为不构成受贿罪；即使定罪，应认定为介绍贿赂罪；一审法院的判决对王某的量刑没有充分考虑客观情节，对王某的量刑偏重，结合最新的司法解释，建议对王某适用缓刑。

四、案例评析

传统对介绍贿赂罪与受贿罪共犯的区分，多是从行为人的主观故意或者目的来考察的，实践中也存在以行为人是否实际获取利益、是否参与了为他人谋利的行为来区分，但是这些区分标准在认定中要么主观随意性太强，要么未考虑受贿罪共犯成立的规范性要求，因而不具有实践操作性和规范指导性。对介绍贿赂罪与受贿罪共犯的区分，应在合理评价介绍贿赂罪法益侵害性的基础上，通过主观上是否具有"通谋"、介绍贿赂行为是否具有相对独立性、是否共同占有贿赂物等进行综合评判。

案例 10
朱某涉嫌贪污、私分国有资产罪

未利用职务便利,不构成贪污罪

周连勇、杨秀云

一、案情简介

某矿务集团有限公司Z矿原矿长朱某因涉嫌贪污、私分国有资产,于2013年5月22日经X市人民检察院决定,由X市G区分局对其执行逮捕。X市G区人民检察院反贪局认为:朱某在担任某矿务集团有限公司Z煤矿长期间,利用职务便利,于2008年12月伙同该矿副矿长刘某(另案处理)将本单位国有资金69万元转至账外,至2011年4月二人共私分其中52万元,朱某实得31.8万元。2009年9月至2010年9月间,朱某在担任Z矿矿长期间,与时任该矿副矿长的刘某等人研究决定后,将国有资产70余万元以发放"效益奖""过节奖"等名义在该矿领导班子范围内私分给个人,朱某分得7万元。根据上述事实,X市G区人民检察院反贪局认为朱某已经构成贪污罪和私分国有资产罪。

为正确认定朱某的涉案行为性质,朱某的辩护律师特委托北京师范大学刑事法律科学研究院疑难刑事问题研究咨询专家委员会,于2013年8月12日在北京邀请了两位刑法专家,就本案的定性问题进行了咨询和论证,并出具了法律意见书。

二、争议焦点

朱某的涉案行为是否构成贪污罪?

三、专家研判

应邀的刑法专家在详细听取案情介绍、认真研读案件材料的基础上,对委托人提出的问题进行研究后认为:本案犯罪嫌疑人朱某的涉案行为不具备贪污罪的构成要件,不构成贪污罪。具体分析论证如下:

1. 从现有证据来看,朱某在本案中并不具有贪污的犯罪故意。

贪污犯罪可以表现为个人单独贪污或者与他人共同贪污。个人构成贪污罪,要求行为人在主观方面具有利用自己职务上的便利侵吞、窃取、骗取或者以其他方法非法占有公共财产的犯罪故意。无身份的人构成贪污共同犯罪,要求行为人在主观上具有与国家工作人员勾结,利用国家工作人员的职务便利,共同侵吞、窃取、骗取或者以其他方法非法占有公共财产的犯罪故意。

本案中,涉及贪污罪名的52万元公款属于Z矿,对这笔资金进行私分的时间发生在2011年4月。此时,朱某不但已经不再担任Z矿矿长职务,而且已经离开该矿,就Z矿的财产而言,他已经没有职务便利可以利用,也就不可能存在利用自己职务上的便利非法占有公共财产的犯罪故意。

那么,朱某是否存在与刘某勾结,利用刘某的职务便利,共同贪污Z矿国有资产的犯罪故意呢?从现有证据来看,答案也是否定的。根据朱某的供述,刘某在分钱给他前,只是告诉他Z矿有一部分钱,经领导研究决定要发掉,还要发一部分给他,并没有告诉他是矿里的什么钱,在哪个账上放着。由于朱某在担任Z矿矿长时,也曾召开单位领导层会议,讨论决定以发放"效益奖""过节奖"等名义在该矿领导班子范围内私分国有资产,朱某显然误认为刘某他们又在私分国有资产。既然认为刘某是在私分国有资产,朱某主观上就只可能具有参与私分国有资产的共同故意,而不可能产生贪污的共同故意。

即便朱某知道私分的是天津某公司结余返还的资金(事实上涉案资金是由刘某通过收取天津某公司的返还款以及找其大学同学李某多开发票套取资金而来,而朱某对此一直不知情),由于他一直误认为这笔钱是挂在Z矿单位账上,刘某不可能单独将钱从单位账上取出来私分,只有在单位领导层集体讨论决定后才可能提出这笔钱私分,完全不知道刘某是将钱存放在其自己个人银行卡上,这就决定了朱某主观上只可能存在参与私分国有资产的共同故意,而不会产生贪污的共同故意。因此,朱某2013年7月9日的第7次供述应当更加可信。

2. 现有证据也不足以证明朱某在本案中存在贪污行为。

如前所述,由于在刘某分钱给朱某时,朱某已经离开Z矿,不可能再利用职务上的便利非法占有该矿国有资产,因而不可能单独实施贪污行为。

从现有证据来看,朱某也不存在与刘某勾结,共同贪污公款的行为。根据我国刑法的规定以及通行的刑法理论,共同犯罪人以分工为标准,可以分为实行犯、组织犯、教唆犯和帮助犯。朱某的涉案行为不符合上述四种共犯的任何一种。

首先,刘某不是实行犯。朱某在Z矿任职时,从未要刘某非法占有涉案的

52万元国有资产。在刘某分钱给朱某时,朱某已经不在Z矿任职,不可能直接实施贪污公款的实行行为,因而不可能是实行犯。

其次,朱某不是组织犯。共同犯罪中的组织犯,是指在共同犯罪中起组织、领导、策划、指挥作用的共犯。这类共犯只存在于集团犯罪或者聚众犯罪中。本案涉嫌贪污的行为显然不是集团行为或者聚众行为,因此,朱某在本案中不可能是组织犯,他事实上也没有实施任何组织、领导、策划、指挥他人非法占有国有资产的行为。

再次,朱某不是教唆犯。共同犯罪中的教唆犯,是指故意唆使他人犯罪的人。教唆犯的成立,主观上要求行为人在明知他人没有犯罪意图的情况下,有唆使他人实施某种具体犯罪的故意;客观上要求行为人实施了唆使他人犯罪的行为。按照朱某的供述,本案中,是刘某主动找到朱某,要把涉案国有资产分给他,朱某只是被动收受。这就决定了他主观上不可能存在唆使刘某贪污的犯罪故意,不可能是教唆犯。

最后,朱某也不是帮助犯。共同犯罪中的帮助犯,是指在共同犯罪中起辅助作用的人。本案中,刘某将涉案的52万元取出,完全是自己一人所为,而且,涉案资金就在他自己的银行卡上,只需他一人即可完成非法占有行为,朱某在整个过程中没有提供任何帮助。因此,朱某在本案中也不是帮助犯。

总而言之,对于涉嫌贪污的52万元国有资产,是由刘某一人独立完成了非法占有行为,朱某在此过程中没有实施任何共犯行为。

综上所述,对于委托人请求论证的问题可以作出以下结论:

(1) 本案中,当刘某于2011年春节后对朱某说要分一部分钱给他时,朱某基于其在Z矿任职时的经历,误认为刘某等该矿当时的领导层又在私分国有资产。因此,朱某主观上至多只可能具有参与私分国有资产的共同故意,而不存在贪污的共同故意。

(2) 本案中,犯罪嫌疑人朱某不存在单独或者共同的贪污行为。涉案的52万元国有资产,是由刘某一人独立完成了非法占有行为。朱某只是在刘某完成非法占有行为后,收受了刘某分给他的赃款。同时,朱某在收钱时,已经没有职权,这些钱给不给他,实际上是由刘某决定的。

因此,朱某的涉案行为不构成贪污罪。

四、案例评析

辩护人通过本案试图说明,贪污罪要求取得财物与职务行为具有关联性,如果取得财物并没有利用自己或者他人的职务便利,也就不存在贪污罪的基础要件。

附：法条索引

一、《中华人民共和国刑法》

第九十三条 本法所称国家工作人员，是指国家机关中从事公务的人员。

国有公司、企业、事业单位、人民团体中从事公务的人员和国家机关、国有公司、企业、事业单位委派到非国有公司、企业、事业单位、社会团体从事公务的人员，以及其他依照法律从事公务的人员，以国家工作人员论。

第三百零七条 第一款、第三款 以暴力、威胁、贿买等方法阻止证人作证或者指使他人作伪证的，处三年以下有期徒刑或者拘役；情节严重的，处三年以上七年以下有期徒刑。

司法工作人员犯前两款罪的，从重处罚。

第三百八十二条 国家工作人员利用职务上的便利，侵吞、窃取、骗取或者以其他手段非法占有公共财物的，是贪污罪。

受国家机关、国有公司、企业、事业单位、人民团体委托管理、经营国有财产的人员，利用职务上的便利，侵吞、窃取、骗取或者以其他手段非法占有国有财物的，以贪污论。

与前两款所列人员勾结，伙同贪污的，以共犯论处。

第三百八十五条 国家工作人员利用职务上的便利，索取他人财物的，或者非法收受他人财物，为他人谋取利益的，是受贿罪。

国家工作人员在经济往来中，违反国家规定，收受各种名义的回扣、手续费，归个人所有的，以受贿论处。

第三百八十八条 国家工作人员的近亲属或者其他与该国家工作人员关系密切的人，通过该国家工作人员职务上的行为，或者利用该国家工作人员职权或者地位形成的便利条件，通过其他国家工作人员职务上的行为，为请托人谋取不当利益，索取请托人财物或者收受请托人财物，数额较大或者有其他较重情节的，处三年以下有期徒刑或者拘役，并处罚金；数额巨大或者有其他较重情节的，处三年以上七年以下有期徒刑，并处罚金；数额特别巨大或者有其他特别严重情节的，处七年以上有期徒刑，并处罚金或者没收财产。

离职的国家工作人员或者其近亲属以及其他与其关系密切的人，利用该离职的国家工作人员原职权或者地位形成的便利条件实施前款行为的，依照前款的规定定罪处罚。

二、最高人民检察院、公安部《关于经济犯罪案件追诉标准的规定》

公司、企业或者其他单位的工作人员,利用职务上的便利,挪用本单位资金归个人使用或者借贷给他人,涉嫌下列情形之一的,应予追诉:

1. 挪用本单位资金数额在1万元至3万元以上,超过3个月未还的;
2. 挪用本单位资金数额在1万元至3万元以上,进行营利活动的;
3. 挪用本单位资金数额在5 000元至2万元以上,进行非法活动的。

三、《中华人民共和国公司法》

第三条 公司是企业法人,有独立的法人财产,享有法人财产权。公司以其全部财产对公司的债务承担责任。

有限责任公司的股东以其认缴的出资额为限对公司承担责任;股份有限公司的股东以其认购的股份为限对公司承担责任。

第四条 公司股东依法享有资产收益、参与重大决策和选择管理者等权利。

四、《关于如何认定国有控股、参股股份有限公司中的国有公司、企业人员的解释》

国有公司、企业委派到国有控股、参股公司从事公务的人员,以国有公司、企业人员论。

五、最高人民法院、最高人民检察院《关于办理国家出资企业中职务犯罪案件具体应用法律若干问题的意见》

六、关于国家出资企业中国家工作人员的认定

经国家机关、国有公司、企业、事业单位提名、推荐、任命、批准等,在国有控股、参股公司及其分支机构中从事公务的人员,应当认定为国家工作人员。具体的任命机构和程序,不影响国家工作人员的认定。

经国家出资企业中负有管理、监督国有资产职责的组织批准或者研究决定,代表其在国有控股、参股公司及其分支机构中从事组织、领导、监督、经营、管理工作的人员,应当认定为国家工作人员。

国家出资企业中的国家工作人员,在国家出资企业中持有个人股份或者同时接受非国有股东委托的,不影响其国家工作人员身份的认定。

六、最高人民法院、最高人民检察院《关于办理贪污贿赂刑事案件适用法律若干问题的解释》

第一条 贪污或者受贿数额在三万元以上不满二十万元的,应当认定为刑法第三百八十三条第一款规定的"数额较大",依法判处三年以下有期徒刑或者拘役,并处罚金。

贪污数额在一万元以上不满三万元,具有下列情形之一的,应当认定为刑法第三百八十三条第一款规定的"其他较重情节",依法判处三年以下有期徒刑或者拘役,并处罚金:

(一)贪污救灾、抢险、防汛、优抚、扶贫、移民、救济、防疫、社会捐助等特定款物的;

(二)曾因贪污、受贿、挪用公款受过党纪、行政处分的;

(三)曾因故意犯罪受过刑事追究的;

(四)赃款赃物用于非法活动的;

(五)拒不交代赃款赃物去向或者拒不配合追缴工作,致使无法追缴的;

(六)造成恶劣影响或者其他严重后果的。

受贿数额在一万元以上不满三万元,具有前款第二项至第六项规定的情形之一,或者具有下列情形之一的,应当认定为刑法第三百八十三条第一款规定的"其他较重情节",依法判处三年以下有期徒刑或者拘役,并处罚金:

(一)多次索贿的;

(二)为他人谋取不正当利益,致使公共财产、国家和人民利益遭受损失的;

(三)为他人谋取职务提拔、调整的。

第二条 贪污或者受贿数额在二十万元以上不满三百万元的,应当认定为刑法第三百八十三条第一款规定的"数额巨大",依法判处三年以上十年以下有期徒刑,并处罚金或者没收财产。

贪污数额在十万元以上不满二十万元,具有本解释第一条第二款规定的情形之一的,应当认定为刑法第三百八十三条第一款规定的"其他严重情节",依法判处三年以上十年以下有期徒刑,并处罚金或者没收财产。

受贿数额在十万元以上不满二十万元,具有本解释第一条第三款规定的情形之一的,应当认定为刑法第三百八十三条第一款规定的"其他严重情节",依法判处三年以上十年以下有期徒刑,并处罚金或者没收财产。

第三条 贪污或者受贿数额在三百万元以上的,应当认定为刑法第三百八十三条第一款规定的"数额特别巨大",依法判处十年以上有期徒刑、无期徒刑或者死刑,并处罚金或者没收财产。

贪污数额在一百五十万元以上不满三百万元,具有本解释第一条第二款规定的情形之一的,应当认定为刑法第三百八十三条第一款规定的"其他特别严重情节",依法判处十年以上有期徒刑、无期徒刑或者死刑,并处罚金或者没收财产。

受贿数额在一百五十万元以上不满三百万元,具有本解释第一条第三款规定的情形之一的,应当认定为刑法第三百八十三条第一款规定的"其他特别严重情节",依法判处十年以上有期徒刑、无期徒刑或者死刑,并处罚金或者没收财产。

第二十条 本解释自2016年4月18日起施行。最高人民法院、最高人民检察院此前发布的司法解释与本解释不一致的,以本解释为准。

七、最高人民法院、最高人民检察院《关于办理商业贿赂刑事案件适用法律若干问题的意见》

第十条 办理商业贿赂犯罪案件,要注意区分贿赂与馈赠的界限。主要应当结合以下因素全面分析、综合判断:(1)发生财物往来的背景,如双方是否存在亲友关系及历史上交往的情形和程度;(2)往来财物的价值;(3)财物往来的缘由、时机和方式,提供财物方对于接受方有无职务上的请托;(4)接受方是否利用职务上的便利为提供方谋取利益。

第十一条 非国家工作人员与国家工作人员通谋,共同收受他人财物,构成共同犯罪的,根据双方利用职务便利的具体情形分别定罪追究刑事责任:

(1)利用国家工作人员的职务便利为他人谋取利益的,以受贿罪追究刑事责任。

(2)利用非国家工作人员的职务便利为他人谋取利益的,以非国家工作人员受贿罪追究刑事责任。

(3)分别利用各自的职务便利为他人谋取利益的,按照主犯的犯罪性质追究刑事责任,不能分清主从犯的,可以受贿罪追究刑事责任。

八、最高人民法院《关于办理违反公司法受贿、侵占、挪用等刑事案件适用法律若干问题的解释》

三、根据《全国人民代表大会常务委员会关于惩治违反公司法的犯罪的决定》第十一条规定,公司和其他企业的董事、监事、职工利用职务上的便利,挪用本单位资金归个人使用或者借贷给他人,数额较大,超过3个月未还的,或者虽未超过3

个月,但数额较大,进行营利活动的,或者进行非法活动的,构成挪用资金罪。

实施《全国人民代表大会常务委员会关于惩治违反公司法的犯罪的决定》第十一条规定的行为,挪用本单位资金1万元至3万元以上的,为"数额较大",为进行非法活动,挪用本单位资金5 000元至2万元以上的,追究刑事责任。

挪用本单位资金案发后,人民检察院起诉前不退还的,依照《全国人民代表大会常务委员会关于惩治违反公司法的犯罪的决定》第十条的规定定罪处罚。

九、最高人民法院《关于对受委托管理、经营国有财产人员挪用国有资金行为如何定罪问题的批复》

江苏省高级人民法院:

你院苏高法〔1999〕94号《关于受委托管理、经营国有财产的人员能否作为挪用公款罪主体问题的请示》收悉。经研究,答复如下:

对于受国家机关、国有公司、企业、事业单位、人民团体委托,管理、经营国有财产的非国家工作人员,利用职务上的便利,挪用国有资金归个人使用构成犯罪的,应当依照刑法第二百七十二条第一款的规定定罪处罚。

十、全国人大常委会《关于〈中华人民共和国刑法〉第三百八十四条第一款的解释》

全国人民代表大会常务委员会讨论了刑法第三百八十四条第一款规定的国家工作人员利用职务上的便利,挪用公款"归个人使用"的含义问题,解释如下:

有下列情形之一的,属于挪用公款"归个人使用":

(一)将公款供本人、亲友或者其他自然人使用的;

(二)以个人名义将公款供其他单位使用的;

(三)个人决定以单位名义将公款供其他单位使用,谋取个人利益的。

十一、《全国法院审理经济犯罪案件工作座谈会纪要》

关于挪用公款罪

(二)挪用公款供其他单位使用行为的认定

根据全国人大常委会《关于〈中华人民共和国刑法〉第三百八十四条第一款的解释》的规定,"以个人名义将公款供其他单位使用的"、"个人决定以单位名义将公款供其他单位使用,谋取个人利益的",属于挪用公款"归个人使用"。在司法实践中,对于将公款供其他单位使用的,认定是否属于"以个人名义",不能只看形式,要从实质上把握。对于行为人逃避财务监管,或者与使用人约定以个人名义进行,或者借款、还款都以个人名义进行,将公款给其他单位使用的,应认定为"以个人名义"。"个人决定"既包括行为人在职权范围内决定,也包括超越职权范围决定。"谋取个人利益",既包括行为人与使用人事先约定谋取个人利益实际尚未获取的情况,也包括虽未事先约定但实际已获取了个人利益的情况。其中的"个人利益",既包括不正当利益,也包括正当利益;既包括财产性利益,也包括非财产性利益,但这种非财产性利益应当是具体的实际利益,如升学、就业等。

(五)挪用公款归还个人欠款行为性质的认定

挪用公款归还个人欠款的,应当根据产生欠款的原因,分别认定属于挪用公款的何种情形。归还个人进行非法活动或者进行营利活动产生的欠款,应当认定为挪用公款进行非法活动或者进行营利活动。

十二、最高人民法院《关于审理单位犯罪案件具体应用法律有关问题的解释》

为依法惩治单位犯罪活动,根据刑法的有关规定,现对审理单位犯罪案件具体应用法律的有关问题解释如下:

第一条 刑法第三十条规定的"公司、企业、事业单位",既包括国有、集体所有的公司、企业、事业单位,也包括依法设立的合资经营、合作经营企业和具有法人资格的独资、私营等公司、企业、事业单位。

第二条 个人为进行违法犯罪活动而设立的公司、企业、事业单位实施犯罪的,或者公司、企业、事业单位设立后,以实施犯罪为主要活动的,不以单位犯罪论处。

第三条 盗用单位名义实施犯罪,违法所得由实施犯罪的个人私分的,依照刑法有关自然人犯罪的规定定罪处罚。

十三、最高人民法院、最高人民检察院《关于办理受贿刑事案件适用法律若干问题的意见》

为依法惩治受贿犯罪活动,根据刑法有关规定,现就办理受贿刑事案件具体适用法律若干问题,提出以下意见:

一、关于以交易形式收受贿赂问题

国家工作人员利用职务上的便利为请托人谋取利益,以下列交易形式收受请托人财物的,以受贿论处:

(1)以明显低于市场的价格向请托人购买房屋、汽车等物品的;

(2) 以明显高于市场的价格向请托人出售房屋、汽车等物品的;

(3) 以其他交易形式非法收受请托人财物的。

受贿数额按照交易时当地市场价格与实际支付价格的差额计算。

前款所列市场价格包括商品经营者事先设定的不针对特定人的最低优惠价格。根据商品经营者事先设定的各种优惠交易条件,以优惠价格购买商品的,不属于受贿。

二、关于收受干股问题

干股是指未出资而获得的股份。国家工作人员利用职务上的便利为请托人谋取利益,收受请托人提供的干股的,以受贿论处。进行了股权转让登记,或者相关证据证明股份发生了实际转让的,受贿数额按转让行为时股份价值计算,所分红利按受贿孳息处理。股份未实际转让,以股份分红名义获取利益的,实际获利数额应当认定为受贿数额。

三、关于以开办公司等合作投资名义收受贿赂问题

国家工作人员利用职务上的便利为请托人谋取利益,由请托人出资,"合作"开办公司或者进行其他"合作"投资的,以受贿论处。受贿数额为请托人给国家工作人员的出资额。

国家工作人员利用职务上的便利为请托人谋取利益,以合作开办公司或者其他合作投资的名义获取"利润",没有实际出资和参与管理、经营的,以受贿论处。

四、关于以委托请托人投资证券、期货或者其他委托理财的名义收受贿赂问题

国家工作人员利用职务上的便利为请托人谋取利益,以委托请托人投资证券、期货或者其他委托理财的名义,未实际出资而获取"收益",或者虽然实际出资,但获取"收益"明显高于出资应得收益的,以受贿论处。受贿数额,前一情形,以"收益"额计算;后一情形,以"收益"额与出资应得收益额的差额计算。

五、关于以赌博形式收受贿赂的认定问题

根据《最高人民法院、最高人民检察院关于办理赌博刑事案件具体应用法律若干问题的解释》第七条规定,国家工作人员利用职务上的便利为请托人谋取利益,通过赌博方式收受请托人财物的,构成受贿。

实践中应注意区分贿赂与赌博活动、娱乐活动的界限。具体认定时,主要应当结合以下因素进行判断:

(1) 赌博的背景、场合、时间、次数;

(2) 赌资来源;

(3) 其他赌博参与者有无事先通谋;
(4) 输赢钱物的具体情况和金额大小。

六、关于特定关系人"挂名"领取薪酬问题

国家工作人员利用职务上的便利为请托人谋取利益,要求或者接受请托人以给特定关系人安排工作为名,使特定关系人不实际工作却获取所谓薪酬的,以受贿论处。

七、关于由特定关系人收受贿赂问题

国家工作人员利用职务上的便利为请托人谋取利益,授意请托人以本意见所列形式,将有关财物给予特定关系人的,以受贿论处。

特定关系人与国家工作人员通谋,共同实施前款行为的,对特定关系人以受贿罪的共犯论处。特定关系人以外的其他人与国家工作人员通谋,由国家工作人员利用职务上的便利为请托人谋取利益,收受请托人财物后双方共同占有的,以受贿罪的共犯论处。

八、关于收受贿赂物品未办理权属变更问题

国家工作人员利用职务上的便利为请托人谋取利益,收受请托人房屋、汽车等物品,未变更权属登记或者借用他人名义办理权属变更登记的,不影响受贿的认定。

认定以房屋、汽车等物品为对象的受贿,应注意与借用的区分。具体认定时,除双方交代或者书面协议之外,主要应当结合以下因素进行判断:

(1) 有无借用的合理事由;
(2) 是否实际使用;
(3) 借用时间的长短;
(4) 有无归还的条件;
(5) 有无归还的意思表示及行为。

九、关于收受财物后退还或者上交问题

国家工作人员收受请托人财物后及时退还或者上交的,不是受贿。

国家工作人员受贿后,因自身或者与其受贿有关联的人、事被查处,为掩饰犯罪而退还或者上交的,不影响认定受贿罪。

十、关于在职时为请托人谋利,离职后收受财物问题

国家工作人员利用职务上的便利为请托人谋取利益之前或者之后,约定在其离职后收受请托人财物,并在离职后收受的,以受贿论处。

国家工作人员利用职务上的便利为请托人谋取利益,离职前后连续收受请托人财物的,离职前后收受部分均应计入受贿数额。

十一、关于"特定关系人"的范围

本意见所称"特定关系人",是指与国家工作人员有近亲属、情妇(夫)以及其他共同利益关系的人。

十二、关于正确贯彻宽严相济刑事政策的问题

依照本意见办理受贿刑事案件,要根据刑法关于受贿罪的有关规定和受贿罪权钱交易的本质特征,准确区分罪与非罪、此罪与彼罪的界限,惩处少数,教育多数。在从严惩处受贿犯罪的同时,对于具有自首、立功等情节的,依法从轻、减轻或者免除处罚。

十四、《中华人民共和国刑事诉讼法》

第五十五条 对一切案件的判处都要重证据,重调查研究,不轻信口供。只有被告人供述,不能认定被告人有罪和处以刑罚;没有被告人供述,证据确实、充分的,可以认定为被告人有罪和处以刑罚。

证据确实、充分,应当符合以下条件:

(一)定罪量刑的事实都有证据证明;

(二)据以定案的证据均经法定程序查证属实;

(三)综合全案证据,对所认定事实已排除合理怀疑。

十五、最高人民法院《关于适用〈中华人民共和国刑事诉讼法〉的解释》

第一百零九条 下列证据应当谨慎使用,由其他证据印证的,可以采信:

(一)生理上、精神上有缺陷,对案件事实的认知和表达存在一定困难,但尚未丧失正确认知、表达能力的被害人、证人和被告人所作的陈述、证言和供述;

(二)与被告人有亲属关系或者其他密切关系的证人所作的有利被告人的证言,或者与被告人有利害冲突的证人所作的不利被告人的证言。

第二部分

滥用职权类案件

第二编

近现代卷史料

案例 11
胡某涉嫌被控非法批准占有土地案

土地审批程序存在违规能否证明有犯罪故意?

马　源

一、案情简介

被告人胡某,原江苏省某县国土资源局党委书记、局长。因犯受贿罪,于2008年2月18日被徐州市某县人民法院判处有期徒刑十三年,剥夺政治权利三年,并判处没收财产20万元,2015年7月2日被执行假释,假释考验期至2017年3月27日止。

因涉嫌犯滥用职权罪,于2016年9月19日被徐州市某县公安局取保候审,2017年5月18日被某县人民法院决定逮捕,次日被徐州市某县公安局执行逮捕。某县人民检察院于2016年10月20日提起公诉,指控被告人胡某犯滥用职权罪。一审法院经审理认为,被告人胡某的行为同时符合滥用职权罪、非法批准占用土地罪的构成要件,属于法条竞合。胡某作为国家工作人员徇私舞弊,违反土地管理法规,滥用职权,非法批准占用土地,致使国家利益遭受特别重大损失,其行为构成非法批准占用土地罪。判决被告人胡某犯非法批准占用土地罪,判处有期徒刑五年,与前罪所判刑罚"有期徒刑十三年,剥夺政治权利三年,并处没收财产20万元"数罪并罚,决定执行有期徒刑十六年,剥夺政治权利三年,并处没收财产20万元(已缴纳)。

律师事务所指派两位律师接受犯罪嫌疑人胡某女儿的委托,担任本案的辩护人。辩护人查阅案卷材料,针对本案控辩双方争议焦点,委托从事刑事法学研究的专家学者,对该案件的实体及法律问题进行论证。

二、争议焦点

1. 被告人胡某有无滥用职权的行为。
2. 胡某自身的行为与指控的损失有无因果关系。

三、专家研判

围绕一审判决认定的内容,与会专家进行讨论后认为:

(一)胡某主观上不具有非法批准占有土地的主观故意

非法批准占有土地罪规定行为人在明知土地不符合条件的情况下,违反土地管理法规,滥用职权非法批准占用土地。土地初始登记在经过会审之后,确认了涉案土地具体存在的问题和需要补充的材料,实质性审查已经完成,局长此后进行的是程序性审批,即使二次上会也仅是形式上的流程。对于胡某来讲,在承办人员、地籍科长、分管副局长都签字确认的情况下,作为局长他没有理由也不能够拒绝土地审批流程的继续进行。在这个过程中,滥用职权的成立要求胡某必须明知土地的性质是集体土地。

根据胡某、窦某、卜某、吴某、张某、王某等人的证言,在土地审批过程中,胡某对土地及龙潭山水泥厂的性质并不知情,相关人员也未跟胡某汇报相关的情况。根据证人证言和会议纪要,胡某是在第一次会审汇报的时候知道土地的情况,会审时也作出暂不处理的结论,要求在经过地籍科补齐汇报之后签字审批。在土地审批过程中,无证据证明胡某明知涉案土地是集体土地。

就本案而言,胡某作为局长还是有一定责任的,他应当知道土地审批的基本管理制度。当出现与土地审批的基本原则不一致的情况时,应该谨慎,再次汇报的时候应当尽到审慎的义务。但这不是滥用职权的问题,在审批过程中因疏失未尽到审慎的义务,存在过失,有可能存在玩忽职守的情况。因此,胡某应承担责任,但不应该承担这么大的责任,应以当时的观点客观地来看待。

(二)将土地初始登记为国有划拨土地的损失界定

本罪是情节犯罪,本罪成立要求造成国家或者集体重大损失。2000年最高人民法院《关于审理破坏土地资源刑事案件具体应用法律若干问题的解释》对"情节严重"和"致使国家或者集体利益遭受特别重大损失"作出相关规定。将集体土地错误登记为国有划拨土地,需要确认在非法确权过程中直接经济损失是多少。就土地登记为国有土地而言,国家是获利的。国家获利、村民受损失个人来承担责任,逻辑上不清。退一步讲,即使认为在这个过程中存在损失,错误确权的损失应当是对实际权利人造成的损失计算,即应以真实权利人集体土地村民造成的损失、补偿的数额计算,主要包括:土地补偿费、安置补偿费、附着物、青苗补偿费这四块,并非法院认定的90%的优惠。

(三)损失与初始登记审批行为的因果关系

定罪量刑的依据是损失,法院按照土地当时优惠的90%计算损失。但是这个损失并不是发生在土地证拿到就产生的,还存在改制的情况。土地初始登记为国有划拨是土地出让的基础性条件,但是最后享受到政策并不是唯一的条件,这中间存在多因一果的关系。土地初始登记与损失之间并不是没有一点关系,而是存在一定的间接因果关系。但是多原因中对最后结果起到主要作用还是次要作用,要科学认定。改制本身并不是国土局能够控制的,改制之后还存在出让金的问题。

在没有追究土地审批违规需要负主要责任的直接责任人,对企业改制存在违规、违法的县、镇政府负责人的刑事责任的情况下,只追究单独土地审批中不知情、负责程序性审批的局长胡某的刑事责任有违刑法罪责刑相适应。

四、案例评析

滥用职权和玩忽职守的区别在于前者积极作为,后者应为而不为。在本案中,行为人完成了部分的实质审查义务,但在后续报批过程中没有尽到审慎的义务,存在过失,但并非行为上的积极作为,所以不能就此认为构成滥用职权罪。

案例 12
钱某涉嫌滥用职权案

职权行为与损害结果之间不存在刑法上的因果关系，
被告人不构成滥用职权罪

刘能斌

一、案情简介

2011 年 6 月至 2013 年 6 月期间，案外人蒋某利用 S 法律服务所和该所主任的身份便利，骗取当事人的信任，在代理机动车交通事故责任纠纷案件中，骗取当事人执行款 200 余万元。2014 年 10 月 8 日，蒋某因犯诈骗罪被 C 市 W 区人民法院判处有期徒刑 10 年。2015 年 C 市人民检察院反渎局在调查中发现蒋某在 2011 年向 C 市 X 区司法局申请恢复 S 法律服务所年检过程中，C 市司法局及其辖区局相关国家机关工作人员有涉嫌渎职犯罪的嫌疑。2015 年 7 月 22 日，该院反渎局认定 C 市 X 区司法局律管处处长钱某作为具体经办人涉嫌滥用职权罪，C 市 Q 区人民检察院于 2015 年 11 月 9 日向法院提起公诉。

二、争议焦点

1. 被告人钱某的行为与起诉书指控的"重大损失"之间是否存在因果关系？
2. 被告人钱某是否构成滥用职权罪？

三、专家研判

围绕起诉书中的指控，与会专家进行了细致的分析和深入的讨论，并对相关问题形成以下一致意见。

（一）指控被告人钱某滥用职权的事实不清，证据不足

1. 无书证证明恢复 S 法律服务所（下称 S 所）年检时，钱某负责 C 市 X 区司法局基层法律服务工作。

2. 现有书证证明 C 市 X 区司法局司法工作处两任处长黄某、刘某，以及被告人钱某均不负责基层法律服务工作。详见上述三人 2010—2011 年年度考核。

3. 刘某、周某、钱某均证实时任C市X区司法局局长的凌某才是推动恢复S所年检的指使者与策划人。

4. 现有证据表明在恢复S所年检过程中,拟稿、发文、联络市司法局等重要工作均由时任C市X区司法局司法工作处的处长刘某所为。

(1) 2011年3月28日S街道《关于恢复S法律服务所年检的申请》由刘某修改,并与市司法局联络、发文。详见:①C市人民检察院《C检反渎鉴通〔2015〕1号鉴定意见通知书》;②市司法局基层工作处的留存档案(发文稿、批复稿等);③周某的证言。

(2)《关于C市X区S街道法律服务所恢复年检的请示》由刘某修改,并与市司法局联络、发文。详见:①C市人民检察院某鉴定意见通知书;②市司法局基层工作处的留存档案(发文稿、批复稿等);③周某的证言;④C市X区司法局某发文稿中拟稿人一栏签字是刘某;⑤C司发〔2011〕29号文件传阅单中领导签字的一栏签字是凌某、刘某;⑥蒋某的证言。

5. S街道分管司法工作的副主任谭某证实,2011年3月28日S街道《关于恢复S法律服务所年检的申请》的形成系凌某所为,与钱某无关。

(二) 违规审批的主要责任在市司法局,而非钱某

根据相关规定,恢复S所年检的审批属于C市司法局职权范围,C市司法局恢复S所年检,其实质上是变相重新设立S所。

依据司法部《基层法律服务所管理办法》第六条第二款规定,C市司法局属于地级司法行政机关,其负责核准登记S法律服务所。本案的相关证据证明,无论是C市X区司法局还是C市司法局,相关领导都明知蒋某学历和执业年限不符合要求。如果是因为S所不符合恢复条件而予以恢复是滥用职权的话,被告人的行为对蒋某获批恢复S所不起主要作用,起作用的主要是相关主管领导和其他责任人员。单独追究钱某的责任有失刑法的基本公平。

(三) 钱某的行为与蒋某的诈骗不存在刑法上的因果关系

刑法上的因果关系是指危害行为与危害结果之间引起与被引起的关系,是解决行为人是否负刑事责任的客观基础。钱某的行为与蒋某诈骗事实之间不存在刑法意义上的因果关系。

1. 在判断行为与结果之间是否存在刑法上的因果关系时,应以行为时客观存在的一切事实为基础,依据一般人的经验为判断。在存在介入因素的场合下,判断介入因素是否对因果关系的成立产生阻却影响时,一般是通过是否具有"相当性"的判断来加以确认的。在"相当性"的具体判断中,一般可以从三个方面来进行。

（1）最早出现的实行行为导致最后结果发生的概率的高低。概率高者，因果关系存在；反之，不存在。

（2）介入因素异常性的大小。介入因素过于异常的，实行行为和最后结果之间的因果关系不存在；反之，因果关系存在。

（3）介入因素对结果发生的影响力。影响力大者，因果关系不存在；反之，因果关系存在。当然，如果介入行为与此前行为对于结果的发生作用相当或者为条件时，均应视为原因行为，同时成立因果关系。

从本案行为与结果之间的联系看，与蒋某实施诈骗有联系的因素有五个：

（1）蒋某法律服务工作者执业证的违规取得；

（2）S法律服务所恢复年检；

（3）C市X区交通事故处理大队为蒋某在其办公地区设置揽案点提供便利；

（4）C市X区法院对于蒋某违规代理案件的纵容行为；

（5）蒋某的个人行为。

从本案行为与结果的紧密程度看，在上述五个因素中，最后一个因素是导致诈骗案件发生的直接原因。前四个因素不可能单独导致诈骗案件的发生，其只有依附最后一个因素才能产生本案的结果。钱某行为在先，C市X区交通事故处理大队行为、C市X区法院行为、蒋某自身行为均在后，蒋某实施诈骗行为的原因不是钱某行为，而是蒋某自身以非法占有为目的，用虚构事实或隐瞒真相的方法，骗取被害人财物。钱某行为与蒋某实施诈骗行为的关联度比较低，其他介入因素过于异常，对于损害结果的发生影响力更大、概率更高。

2. 司法行政机关的工作职责是管理、指导、监督基层法律服务工作。涉案司法行政审批的目的是防范不符合条件的主体进入法律服务市场，对应的滥用职权则可能导致市场出现不合格的法律服务的风险，这是涉案行政审批应当预见的风险，与蒋某个人诈骗不存在因果关系。

蒋某本身具有法律服务工作的执业资质（其职业资格是否违规取得，并没有查清楚）。S所恢复，只是为其提供了一个执业的场所。蒋某个人会不会利用法律服务的机会实施诈骗等刑事犯罪并不属于行政审批预见范围，亦超出行政机关预见能力。换句话说，如果蒋某开设的S所为他人提供了不合格的法律服务，造成了相关当事人的损失，作为司法局监督不力，有一定的因果关系。但被告人实施的是诈骗行为，诈骗行为与法律服务本身没有关系。因此，也就无法认定违规审批行为与诈骗后果之间的因果关系。

3. 公诉机关指控被告人钱某的逻辑是：如果没有恢复 S 法律服务所的年检，就没有蒋某诈骗损害后果的发生。

显然公诉机关在因果关系的判断上运用了早已被学术界抛弃的"条件说"，即"无甲便无乙"。"条件说"将结果发生之前的所有条件不加区分地当作原因，不界定条件的价值、作用大小，漏洞过多，打击面过广，实则为有罪推定。

根据律师提供的有关材料，通过以上分析、论证，专家认为：被告人钱某的行为与起诉书指控的"重大损失"之间并不存在刑法因果关系，被告人钱某不构成滥用职权罪。

四、案例评析

刑法上的因果关系是解决行为人是否要负刑事责任的客观基础，司法行政机关的工作职责是管理、指导、监督基层法律服务工作。涉案司法行政审批的目的是防范不符合条件的主体进入法律服务市场，对应的滥用职权则可能导致市场出现不合格的法律服务的风险。而涉案司法行政审批只是为其提供了一个执业的场所。辩护人通过本案试图说明，行为人会不会利用法律服务的机会实施诈骗等刑事犯罪并不属于行政审批预见范围，亦超出行政机关的预见能力，不具有期待可能性。"法律不强人所难"。

案例 13
张某涉嫌滥用职权案

集体决定拆迁安置补偿，
拆迁部副总指挥是滥用职权还是行政裁量？

周连勇、杨秀云

一、案情简介

江苏省某市人民法院一审判决认定："2011年10月至2012年12月间，被告人张某在担任某市某区某乡拆迁指挥部副总指挥期间，在负责某乡相关拆迁工作过程中，违反规定对部分不符合拆迁安置补偿条件的被拆迁人进行拆迁安置补偿，给国家造成直接经济损失共计人民币57万余元。"2015年8月6日，江苏省某市人民法院判决张某构成滥用职权罪。

律师事务所指派两位律师于2015年8月接受上诉人张某委托，担任本案辩护人。辩护人针对本案原审法院判决认定事项，特委托从事刑事法学研究的专家学者，对该案件的实体及法律问题进行论证。

二、争议焦点

江苏省某市人民法院一审刑事判决书判处张某滥用职权罪，该认定能否成立？

三、专家研判

围绕一审判决书中的认定，与会专家进行了细致的分析和深入的讨论后认为：滥用职权罪是以滥用职权造成国家损失30万元作为定罪起点，本案中较为关键的案情是余某购置一套85平方米的安置房，是否是张某滥用职权造成国家损失28万余元，如果这一起不成立，其余三起的总和不足30万元，滥用职权罪自然就不成立。与会专家认为给余某以700元/平方米的价格购置安置房一套，并不属于滥用职权行为，没有给国家造成28万余元的损失。

1. 张某的行为不符合滥用职权罪的构成要件。

刑法第三百九十七条规定国家机关工作人员滥用职权,致使公共财产、国家和人民的利益遭受重大损失的,处三年以下有期徒刑或拘役;情节特别严重的,处三年以上七年以下有期徒刑。本法另有规定的,依照规定。根据2006年最高人民检察院《关于渎职侵权犯罪案件立案标准的规定》,"滥用职权罪是指国家机关工作人员超越职权,违法决定、处理其无权决定、处理的事项,或者违反规定处理公务,致使公共财产、国家和人民利益遭受重大损失的行为"。所以,滥用职权分为两大类:一是超越职权,违法决定、处理其无权决定、处理的事项,即国家机关工作人员在法律规定的本职权限范围之外,擅自决定和处理无权决定、处理的事项、超越职权包括擅自决定处理其他机关职权事项的横向越权、决定上级或者下级才有权处理事项的纵向越权以及专断决定本该单位民主决策事项的内部越权;二是玩弄职权,即在国家机关工作人员职权范围内"违反规定处理公务",包括实体上的不正当行使职权的行为和程序上不恰当行使职权的行为。

本案中,作为拆迁指挥部副总指挥的张某在对余某的拆迁安置补偿工作中的行为,既不是超越职权,也不是玩弄职权,不存在滥用职权的情况。

(1) 张某是按照规定进行安置补偿的,不违背拆迁安置补偿的相关实体规定。

2009年某市人民政府出台的《某市市区集体土地房屋拆迁管理暂行办法》第十四条规定,"被拆迁房屋的合法依据,以拆迁人在领取建设用地规划许可证前被拆迁人持有的宅基地土地使用证和房屋权属证书或合法建房手续为准。拆迁补偿以上述两证所记载的合法建筑面积为计算依据。确因历史原因造成被拆迁人无权属证书或合法建房手续,但是被拆迁人长期实际居住的,按照房产管理部门确定的面积计算"。本案中,证人姚某证言证实,姚某在2005年5月20日购买了在某乡某村组的部分房屋,但一直没有办理过户登记手续,也就是说该处房屋的房产证和土地证一直是余某的名字,余某是实际房主,在拆迁时这一状态一直存续。根据上述《某市市区集体土地房屋拆迁管理暂行办法》第十四条,被拆迁房屋的合法依据,以拆迁人在领取建设用地规划许可证前被拆迁人持有的宅基地土地使用证和房屋权属证书或合法建房手续为准,既然余某是房屋权属证书和土地使用证书上的登记人,那么余某就是合法的被拆迁人。

本案中,姚某2005年5月购买了余某的房屋,同年12月姚某将购买的房屋用作经营棋牌室,领取了工商营业执照并且身份证地址为房屋所在地,2011年1月,姚某将户口迁到某乡某村组。这表明,姚某虽然没有办理房屋过户登记,但事实上其已经形成了长期实际居住。根据上述《某市市区集体土地房屋拆迁管理暂行办法》第十四条第二款,"确因历史原因造成被拆迁人无权属证书或合法建房手续,但是被拆迁人长期实际居住的,按照房产管理部门确定的面积计算",可见姚某也是合法的被拆迁人。更为重要的是,本案一审中的某市人民检察院、某市人民法院都已经确认了姚某是正当合法的被拆迁人、是符合条件的安置补偿对象,也即承认了姚某虽然没有产权证,但长期居住在本拆迁片区,应当对之进行拆迁安置补偿。这一点在判决书中已经得到充分体现,自无疑问。

综合上述事实与规定,姚某和余某都是被拆迁人,姚某所购买且使用、居住的349.04平方米的房屋属于姚某被拆迁的房屋,余某的95平方米的房屋为余某被拆迁的房屋,二者分属于两户拆迁房,对姚某进行拆迁安置补偿的同时,更应对余某进行拆迁安置补偿。本案控方某市人民检察院和一审法院将姚某和余某笼统地作为一户看待,且没有顾及余某作为尚未卖出的95平方米房屋的实际权属证书登记人,是错误的。拆迁指挥部在对姚某进行拆迁安置补偿之后,又决定以700元/平方米的优惠价格让余某回购一套住房,属于对余某所有的95平方米房屋的单户拆迁安置补偿,这符合拆迁安置补偿的实体规定,并不属于超越职权或者不正当行使职权的结果。

(2) 张某对余某和姚某分别进行拆迁安置补偿,符合政策的程序规定。

2013年某市某区某乡人民政府办公室《关于某国道拆迁补偿安置问题的专题会议纪要》在"关于分户问题"的规定中指出:① 在一份宅基地上,兄弟二人都已成家(成年)应享受宅基地权,由于长期规划控制未分配宅基地,可予分户处理;② 被拆迁户姑娘已经出嫁但其户口一直未迁出且长期在家居住或离婚后他处无住房仍在家居住的,由乡、村、组拆迁指挥部及拆迁公司现场会办对其居住的部分面积进行确权;③ 由于其他原因造成亟需分户的,由乡、村、组拆迁指挥部及拆迁公司会办确定。

据此可见,乡、村、组拆迁指挥部及拆迁公司可以会办确定很多事项,上述人员或部门在一起可以共同决定一些没有明确法律法规所规定处理的事项,这就赋予他们灵活的决策权或者裁量权。例如,上述第三项"由于其他原因造成亟需分户的,由乡、村、组拆迁指挥部及拆迁公司会办确定",这就意味着对于乡、村、组拆迁指挥部、拆迁公司除了明确载明的第一项"兄弟户"、第二项"姑娘户"之外,可以会办确定其他需要分户的具体情况,这种会办决定程序是乡政府文件明确规定的正当合法有效的决策程序。本案一审判决书中确认了证人张某新的证言证实,姚某户被拆迁时,提出给其姨侄女余某一套安置房,张某新未参与姚某的谈判过程,是张某作为指挥部负责人、欣某作为村组负责人进行谈判的。证人欣某证言证实,在拆迁过程中,谈判一般是由村工作组和拆迁公司的人先谈。可见,拆迁指挥部在对余某房屋进行拆迁安置补偿决策时,经过了正常的谈判流程,是乡政府会议纪要所容许的具体需要会办确定分户事项,不存在超越职权、玩弄职权。

本案在一审过程中,被告人张某便提出过抗辩,即张某作为副总指挥在会办表上签字是经过集体研究会办确定的。一审法院在判决书中指出,"本院认为……虽然拆迁补偿方案的确定经过集体会办,但是张某作为拆迁工作的直接主管和主要决策人员,对于拆迁补偿方案的确定具有决定性作用,故可以认定为责任主体,因此该辩护意见本院不予采纳"。"虽然……但是……"这种行文逻辑已经表明一审法院对副总指挥张某签字的会办表是经过乡、村、组拆迁指挥部、拆迁公司会办确定,即集体研究决定这一形式上的、程序上的事实并不否认。因此,余某以优惠价格购买85平方米的住房,属于姚某分户处理的情形,根据上述《关于某国道拆迁补偿安置问题的专题会议纪要》,"由于其他原因造成亟需分户的,由乡、村、组拆迁指挥部及拆迁公司会办确定",余某与姚某分户处理就是由乡、村、组拆迁指挥部及拆迁公司会办确定的,中间在程序上不缺少任何环节。张某作为副总指挥在会办表上签字,只是因为拆迁指挥部在实际操作过程中确实有比乡、村、组拆迁公司等更大、更多的统筹权限(否则,何必成立拆迁指挥部?),而这并不意味着副总指挥独断专行,也没有滥用职权的意图。

既然有些情形下的分户处理是有关拆迁文件明确允许的,且张某对余某房屋的拆迁安置补偿方案是根据拆迁文件所载明的程序进行决策的,那么这项决定就不是超越职权、玩弄职权作出的,就不是所谓的"合法形式掩盖非法目的""形式合规而实质不合规"等诸如此类的实质的滥用职权行为的结果。所以,某市人民检察院对张某的滥用职权罪犯罪指控、某市人民法院对张某的滥用职权罪有罪判决站不住脚。

(3)基于拆迁的特殊性,安置补偿事项具有很大的灵活性,拆迁指挥部作出的余某房屋安置补偿方案属于其合理的行政裁量权范围之内的事项,在行为性质上不属于滥用职权。

众所周知,拆迁指挥部是负责拆迁工作的中枢机构,在拆迁工作中起着总指挥的作用。例如,在几乎每一个《关于成立×××拆迁指挥部的通知》中都会首先提及,该拆迁指挥部的成立目的是"为切实做好……房屋拆迁的补偿安置工作,集约利用土地,进一步规范拆迁安置房规划、建设、安置、物业管理行为,切实保证房屋拆迁的补偿安置工作扎实有序推行"等诸如此类的表达。正因如此,拆迁指挥部的总指挥、副总指挥以及其他重要成员一向是该片区内的党政部门或者其他部门领导担任,这种安排也保证了拆迁指挥部能够成为本拆迁片区名副其实的"指挥部"。

2013年某市某区某乡人民政府办公室《关于某国道拆迁补偿安置问题的专题会议纪要》在"关于分户问题"中,对乡、村、组拆迁指挥部及拆迁公司会办确定的一些没有明确指明的事项进行了概括说明,确认了乡、村、组拆迁指挥部及拆迁公司会办确定事项的决策权和自由裁量权。但正是由于上述拆迁指挥部及其组成人员的特殊性,使得本身吸纳了乡领导的拆迁指挥部在与乡、村、组拆迁公司会办事项时,享有更多的话语权和决策权,而拆迁指挥部在发挥拆迁安置补偿的主导地位时,也承担着比乡、村、组拆迁公司等更大的风险与责任。由此可以说,拆迁指挥部副总指挥张某在乡、村、组拆迁公司会办确定余某的安置补偿方案时必然会有更多的发言权,张某在遵循了正常的谈判、协商流程之后,在会办表上签字同意本方案,是拆迁指挥部在会办确定事项的情况下,行使权力和承担责任的表现。

再如,2013年某市某区某乡人民政府办公室《关于某国道拆迁补偿安置问题的专题会议纪要》还指出,"由于某国道拆迁户众多,时间要求紧,老百姓腾仓过渡困难,加上土地未全部征用但又继续生产,给被拆迁人造成了生产生活的不便等各种特殊情况,由于政策上未载明此项目,拆迁工作组应根据各户具体情况,可适当给予补偿,补偿范围、补偿数额由乡拆迁指挥部从严把握,会办确定"。可见,乡政府充分认识到了某国道拆迁项目的特殊性、复杂性,并且基于这种特殊性、复杂性的考虑,给予拆迁指挥部很大的自由裁量权,虽然在程序上要求"会办确定",但也分明指出了拆迁指挥部在其中的主导地位。换言之,由于某国道拆迁户数众多、拆迁要求时间紧迫,为了高效、便捷、和谐地完成拆迁任务,对于那些政策上未载明的事项,拆迁指挥部可以从严把握、自由裁量,当然最重要的是通过会办的形式确定。所以,拆迁指挥部在会办中的主导决策权是因应拆迁现实需求的,是拆迁活动中的一种正常、正当的工作表现。拆迁指挥部副总指挥代表拆迁指挥部行使裁量权,最终通过会办形式确定裁量事项,是合乎规定的。

更值得一提的是,根据2009年某市人民政府出台的《某市市区集体土地房屋拆迁管理暂行办法》第十四条,"被拆迁房屋的合法依据,以拆迁人在领取建设用地规划许可证前被拆迁人持有的宅基地土地使用证和房屋权属证书或合法建房手续为准。拆迁补偿以上述两证所记载的合法建筑面积为计算依据。确因历史原因造成被拆迁人无权属证书或合法建房手续,但是被拆迁人长期实际居住的,按照房产管理部门确定的面积计算"。本来,余某作为房屋产权证书上的合法登记人,当然享有拆迁补偿安置的权利,而本案一审判决书中并没有调查确认这一事实;本案控诉方某市人民检察院指控张某按照两户处理(即让余某享受优惠价)属于滥用职权,笼统地将姚某和余某作为一个基本户而不说清楚该"基本户"到底该归属于谁,或者在承认姚某是被拆迁人的同时,却不承认余某是合格的被拆迁人。这都说明,作为司法机关的某市人民检察院、某市人民法院对2009年某市人民政府出台的《某市市区集体土地房屋拆迁管理暂行办法》存在理解的偏差和逻辑的矛盾。既然如此,退一步而言,即便承认拆迁指挥部副总指挥张某对拆迁安置补偿存在执行不当,也只是一种行政管理上的理解分歧,只是对争议事实的决策瑕疵,而不是超越职权、玩弄职权。总之,张某对余某的拆迁补偿安置,属于正常的、正当的执行职务的行为,不属于"滥用"职权。

综上所述,根据某市人民政府《某市市区集体土地房屋拆迁管理暂行办法》、某乡人民政府办公室《关于某国道拆迁补偿安置问题的专题会议纪要》,余某是合格的被拆迁人,某乡政府在对姚某进行拆迁安置补偿的同时,应当对余某的95平方米房屋进行拆迁安置补偿,张某按照上述文件的实体规定以及程序对姚某、余某进行分户处理,进行拆迁安置补偿并不违规,其行为并没有超越职权违法决定、处理其无权决定处理的事项,也没有违法规定处理公务,因而不满足滥用职权罪的行为构成要件。

2. 张某的行为符合拆迁工作的政策性要求。

拆迁指挥部是地方政府成立的一个承担房屋征收与补偿具体工作的临时性办事机构。如上所述,拆迁指挥部是负责拆迁补偿工作的中枢机构,其成员包括相关部门的主要领导;而且,有的情况下,由于拆迁指挥部中存在地方党委的牵头,指挥部内部组成人员除了政府部门领导之外,还可能包括同级党委、纪委、政法委、人大、政协甚至法院、检察院的人员。例如,本案中的拆迁指挥部副总指挥张某就是某乡人大常委会的副主任。

拆迁指挥部之所以将如此多的部门及负责人(经常是相关部门的"一把手")纳入拆迁指挥部,主要就是为了协同推进拆迁工作,加快土地征收,即政府必须保证其出让给开发商的土地是"净地"。例如,《南充市顺庆区人民政府关于成立北部新城国际高中项目征地拆迁安置工作指挥部的通知》指出,为加快北部新城国际高中建设进程,顺利完成征地安置补偿和拆迁还房工作任务,确保项目建设工作快速、有序推进,经区政府研究,决定成立北部新城国际高中项目建设征地拆迁安置工作指挥部;淮安市生态新城管理委员会《关于成立生态新城西片区房屋拆迁指挥部的通知》指出,为加强西片区房屋拆迁工作领导,确保又好又快地完成生态新城西片区房屋拆迁的任务,经研究决定,成立生态新城西片区房屋拆迁指挥部;济南市历下区区委、市政府下达目标任务,经区委、区政府研究决定成立济南中央商务区征地拆迁指挥部。由此可见,拆迁工作的进度直接决定着后续开发事项的效益。因此,每一个面临拆迁的地方政府都注重拆迁时间进度,确保按时完成拆迁工作。

正是由于这种十分明确的动机,拆迁指挥部在面对每一个被拆迁户并与之进行谈判时,总是原则性与灵活性相结合,而且往往更加注重灵活性。拆迁指挥部在拆迁过程中是要与被拆迁人谈判的,如果拆迁谈判过程过于僵化和刚性,那么就难以满足各种拆迁户的需求,难以化解各种拆迁矛盾,处理不好还容易引发拆迁上访问题,影响社会稳定。本案中,某乡人民政府办公室《关于某国道拆迁补偿安置问题的专题会议纪要》中提出:"由于其他原因造成亟需分户的,由乡、村、组拆迁指挥部及拆迁公司会办确定。""由于某国道拆迁户众多,时间要求紧,老百姓腾仓过渡困难,加上土地未全部征用但又继续生产,给被拆迁人造成了生产生活的不便等各种特殊情况,由于政策上未载明此项目,拆迁工作组应根据各户具体情况,可适当给予补偿,补偿范围、补偿数额由乡拆迁指挥部从严把握,会办确定。"这就是拆迁指挥部在某国道拆迁安置项目中拆迁安置补偿的灵活性体现,其目的也正是为了化解拆迁矛盾,减少和杜绝"钉子户",快速、及时地完成拆迁任务。

本案中,姚某购买了余某349.04平方米的房屋,并且在该地长期不断居住,其居住地、营业地、身份证所在地、户口所在地均为购买房屋所在地,已经在事实上形成了一个独立户。余某没有出卖登记在自己名下的95平方米的房屋,是余某独立于姚某的另一户,二者是分离的,不具有相互归属性。因此,这是需要分两户处理的拆迁房。如前所述,拆迁指挥部的处理在拆迁安置的实体和程序上符合规定,不是滥用职权。如果拆迁指挥部像某市人民检察院、某市人民法院所确认的那样,将姚某和余某作为一户看待,不管拆迁安置补偿协议单独与余某还是姚某签订,都难以认同拆迁安置补偿方案。试想,姚某在本地已经长期居住7年之久,其身份证、户口均在本地,如果将其购买的349.04平方米的房子拆除,且让其164平方米的房子不享受优惠价,确实让人不能接受。同样的,余某是被拆迁房屋权属证书上的登记人,如果将姚某购买的349.04平方米的房屋拆除掉,其意见并不大,因为姚某事实上已经是一个独立的户,与他无关;而如果将其尚未出卖的95平方米的房子拆掉,并剥夺了她以优惠价格回购安置房屋的资格,那么其是完全不能接受的,因为没有一个人会心甘情愿将自己的房屋拆掉,却不能享受任何优惠利益。

通过上述合情合理的分析就可以知道,张某会同村、组等商议决定给予余某安置补偿,能够化解这种拆迁矛盾,化解两户"钉子户",促进拆迁工作快速地推进。既然对余某的拆迁安置补偿有如此的益处,且又属于可以自由裁量的职权范围,不违背实体和程序规定,自然有其道理。退一步讲,即便张某的行为在行政决策上存在瑕疵,他也只需要承担相应的行政责任,其对某国道拆迁安置补偿工作的顺利推进是有所贡献的。如果在拆迁工作完成后,对其中的行政裁量行为进行刑事责任的判罪,将基层国家机关工作人员的瑕疵行政行为放大为滥用职权这种严重的渎职犯罪,那这才是最大的"滥用职权"。腐败犯罪可恶可耻,应当严厉打击,但我们需要的是法治反腐。

3. 张某行为的刑事可罚性不足,认定其构成滥用职权罪,不仅不能实现预防犯罪的刑法目的,反而会带来其他消极影响。

刑罚的施加不是盲目的,刑罚的目的是预防性的,即为了防止将来的犯罪。正是基于这个预防犯罪的社会目标,刑罚才有存在的必要。因此在对某个行为进行入罪时,必须考虑刑罚预防的必要性。换言之,必须考虑,通过刑罚的安排实现被处罚者不再犯罪的目标,以及通过刑罚的执行能够努力促进犯罪人在刑法上的重新塑造,促进他的社会化,以此让他不再犯罪。同时,刑罚也要对公众产生作用,也即刑罚要能提高人民的法律意识,增强他们对刑法的信赖,让他们注意到被处罚行为的后果,实现一般预防。如果一个行为完全没有预防的必要的话,这一行为就可以认为不再有刑事可罚,追究刑事责任意义不大。

本案中,张某对余某的拆迁安置补偿方案的决策,属于拆迁补偿政策允许的调控范围,拆迁指挥部为了被拆迁人的利益,为了又好又快地完成拆迁任务这一国家利益,在不违背拆迁安置补偿规定且遵循了正常的会办确定程序时,就不是滥用职权。如果认定张某构成滥用职权罪,并以此进行刑事处罚,那么不会起到一般预防的效果。如上所述,刑罚的一般预防是指通过对犯罪人的处罚而告知一般公众(具体到滥用职权罪,则是所有国家机关工作人员)刑法所禁止行为的法律后果,让人们知晓行动的界限即行为的预测可能性,进而实现对刑法规范的信赖。然而,如果对为了推进拆迁工作的快速完成而在政策允许的弹性空间内进行行政裁量、勇于面对拆迁矛盾、善于解决拆迁矛盾的拆迁指挥部副总指挥进行滥用职权罪的刑事处罚,则是将无罪认定为有罪,不能向其他国家工作人员传达正确的行为规范。实事求是地说,我们应当谋求公权力者的权力限制,让他们在行使公权力时有所畏惧、有所警惕,而不至于造成权力的滥用,但是,如前所述,不论是棚户区改造、住宅再建造还是商业用地开发,在不违背强行禁止规定的情况下,拆迁指挥部负责人必须确保运用灵活的安置补偿政策安抚被拆迁人员,化解拆迁可能引发的社会矛盾,维护社会稳定。如果人人害怕承担责任,那么人浮于事就是不可避免的。所以,将张某的行为(对余某的安置补偿部分)认定为滥用职权罪,不仅不能起到预防犯罪的作用,反而会降低人们对刑法的信赖,给日后整个拆迁安置补偿工作带来不利影响。

对于本案,更为重要的是,对张某进行滥用职权罪的处罚,也会影响到人们对司法公正、公平与权威的印象。本案中,对余某的补偿安置方案是拆迁指挥部在与被拆迁户进行正常谈判以后,由相关人员集体会办研究决定的,张某虽然在会办表上签字,但他遵循了正常的决策程序,不是其独断专行的结果,而是会办确定的结果。既然如此,那么参与会商决策的其他人员也负有不可推卸的责任。认定张某是滥用职权的同时,就难以否认其他与会人员行为的滥用职权性质。本案一审过程中,被告人张某及辩护人提出被告人张某滥用职权均是经过集体研究会办确定,被告人张某并不构成滥用职权犯罪。某市人民法院在判决书中认为,张某在负责某乡相关拆迁工作过程中,违反规定对部分不符合拆迁安置补偿条件的被拆迁人进行拆迁安置补偿,给国家造成经济损失,虽然拆迁补偿方案的确定经过集体会办,但是张某作为拆迁工作的直接主管和主要决策人员,对于拆迁补偿方案的确定具有决定性作用,故可以认定为责任主体,因此该辩护意见本院不予采纳。可见,一审法院在认定张某是主要决策人员的情况下,只字不提其他与会人员的责任。

关于渎职罪中这种"集体研究决定",2012年最高人民法院、最高人民检察院《关于办理渎职刑事案件适用法律若干问题的解释(一)》第五条规定:以"集体研究"形式实施的渎职犯罪,应当依照刑法分则第九章的规定追究国家机关负有责任的人员的刑事责任。对于具体执行人员,应当在综合认定其行为性质、是否提出反对意见、危害结果大小等情节的基础上决定是否追究刑事责任和应当判处的刑罚。如果径自将其他会办人员排除责任主体,这就造成了同样参与决定余某拆迁安置补偿方案的人员,没有缘由地被区别对待。如果执意对张某一人进行滥用职权罪的刑事处罚,而不对其他参与人员的责任进行说明,则这样的处罚后果将影响司法机关的司法统一性、公平性。

基于拆迁指挥部的特殊性,其在拆迁安置补偿工作中必然居于主导地位,本案中,指挥部对余某进行拆迁安置补偿并以优惠价格购买安置房,不违背某乡拆迁工作的规定,并且是按照规定的决策程序会办确定,而不是张某一人独断专行、玩弄职权。即张某在对余某部分的拆迁安置工作中没有滥用职权,其行为不符合滥用职权罪的构成要件,对于其滥用职权的行为造成国家损失28万多元的指控,不应成立。

四、案例评析

拆迁安置工作有其特殊性,在待拆房屋的产权、建设、物业、搬迁、评估等各个环节中均可能出现各种情形,因此,在实务过程中,法律、行政法规等除了一些绝对禁止事项外,对于拆迁指挥部、拆迁办会赋予协商、议价过程中便宜行事的权力,用以快速、和谐地推进拆迁安置工作。如果有些情形的处理是有关拆迁文件明确允许的,且拆迁安置补偿方案是根据拆迁文件所载明的程序进行决策的,那么这项决定就不能认为是超越职权、玩弄职权作出的,就不是所谓的"以合法形式掩盖非法目的""形式合规而实质不合规"等诸如此类的实质的滥用职权行为的结果。因此,我们需要在刑事违法性及社会危害性的判断过程中充分考量拆迁工作的特殊性和政府职能部门对拆迁进度等的要求。

案例 14
朱某涉嫌滥用职权罪

城市规划行政主管部门审批违反
"城市规划提出的规划设计要求"该承担什么责任?

马 源

一、案情简介

朱某系某市规划局原局长,2011年8月5日被某市纪委带走调查,2012年5月28日被某市人民检察院以涉嫌受贿罪拘留,2012年6月8日以受贿罪批捕。2013年1月8日,又以渎职罪立案。2013年8月8日,本案被移送某市人民检察院审查起诉。广东省某市检察院认定,2005年至2008年期间,犯罪嫌疑人朱某在担任广东省某市城乡规划局局长、党组书记期间,在"金润花园一期""万泰春天东区""万泰春天西区""龙禧花园南区"等四个项目的规划审批过程中,利用其主管某市城乡规划局全面工作的职务便利,为多家房地产公司的房地产报建项目在办理规划、审批手续的过程中提供便利和帮助,非法收受上述公司送给的现金共计人民币111万元、港币44万元。

二、论证焦点

城市规划行政主管部门审批违反"城市规划提出的规划设计要求"是否属于滥用职权?

三、专家研判

起诉意见书认为:2005年至2008年期间,犯罪嫌疑人朱某在"金润花园一期""万泰春天东区""万泰春天西区""龙禧花园南区"等四个项目的规划审批过程中,明显违反《中华人民共和国城市规划法》《广东省城市控制性详细规划管理条例》《某市经济特区城市规划条例》《国务院关于加强国有土地资产管理的通知》等有关规定,未报经某市人民政府批准,越权审批提高上述四个项目建筑容积率,分别将项目从原规划条件容积率 2.0 提高至 2.383,从容积率 2.0 提高到 2.8,从容积率 3.5 提高到 3.8,从容积率 2.0 提高至 2.312,共增加项目建筑面积 36 709.844 平方米,经广东弘实资产评估房地产土地估价有限公司评估,上述四个项目用地容积率变更前后的土地使用权总价值差额为人民币 2 836.35 万元,但该四个项目经越权审批提高容积率按基准地价标准仅补交土地款人民币共计 834.071 5 万元,造成国家经济损失共计人民币 2 002.278 5 万元。

据此认为,朱某身为国家机关工作人员,越权审批提高"金润花园一期""万泰春天东区""万泰春天西区""龙禧花园南区"项目建筑容积率,造成国家经济损失共计人民币 2 002.278 5 万元,严重损害社会公共利益,社会影响恶劣,情节特别严重,根据《中华人民共和国刑法》第三百九十七条之规定,构成滥用职权罪。

《中华人民共和国刑法》第三百九十七条规定:"国家机关工作人员滥用职权或者玩忽职守,致使公共财产、国家和人民利益遭受重大损失的,处三年以下有期徒刑或者拘役;情节特别严重的,处三年以上七年以下有期徒刑。"据《最高人民法院、最高人民检察院关于办理渎职刑事案件适用法律若干问题的解释(一)》第一条,具有下列情形之一的,应当认定为刑法第三百九十七条规定的"情节特别严重":(二)造成经济损失 150 万元以上的;(四)造成特别恶劣社会影响的;(五)其他特别严重的情节。

滥用职权罪构成要件包括三个要素:一是行为主体必须为国家机关工作人员,二是有滥用职权的行为,三是致使公共财产、国家和人民利益遭受重大损失。刑法上的滥用职权罪,是指国家机关工作人员超越职权,违法决定、处理其无权决定、处理的事项,或者违反规定处理公务,致使公共财产、国家和人民利益遭受重大损失的犯罪。滥用职权罪客观方面表现为违反或者超越法律规定的权限和程序而使用手中的职权,致使公共财产、国家和人民利益遭受重大损失的行为。滥用职权的行为,必须是行为人手中有"权",并且滥用权力与危害结果有直接的因果关系。如果行为人手中并无此权力,或者虽然有权但行使权力与危害结果没有直接的因果关系,则不能构成本罪,而应当按照其他规定处理。滥用职权只有"致使公共财产、国家和人民利益遭受重大损失"的,才能构成犯罪。是否造成"重大损失"是区分罪与非罪的重要标准,未造成重大损失的,属于一般工作过失的渎职行为,可以由有关部门给予批评教育或者行政处分。

侦查机关认为朱某在四个房地产项目的审批过程中,明显违反法律法规,未经市政府审批,越权审批提高容积率,造成巨大经济损失,情节特别严重,社会影响恶劣。

但起诉意见书认定朱某涉嫌滥用职权犯罪依法不能成立,理由如下:

1. 本案朱某涉案行为,属于一般职权范围之内的合法职务行为,并不属于一般职权范围之外的滥用职权行为。

滥用职权应是滥用国家机关工作人员的一般职务权限,而国家机关工作人员的一般职务权限,不仅包括法定的职务权限,而且包括根据惯例、基于国情等形成的职务权限。在本案中,朱某行使的就是根据惯例、基于国情等形成的一般职务权限,并不属于滥用职权的范畴,也不存在致使公共财产、国家和人民利益遭受重大损失的事实,且朱某涉案行为与所指控的重大损失,并不存在刑法意义上的因果关系。因此,朱某涉案行为不构成滥用职权罪。

第一,关于阳台悬挑实体面积不纳入建筑面积计算容积率的做法,导致容积率提高的问题,关于住宅用地或居住用地兼容临街商铺的问题,均属于某市历史遗留问题,均属于某市规划局、某市国土局、某市政府等政府部门遵循规划审批行政惯例所形成的,属于一般职权范围之内的合法职务行为,并不属于职权范围之外的滥用职权行为。涉案的"金润花园一期""万泰春天东区""万泰春天西区""龙禧花园南区"四个项目,都存在容积率提高的问题,但是不是因阳台悬挑实体面积没有纳入建筑面积计算容积率所导致的,阳台悬挑实体面积计入建筑面积导致容积率提高了多少,本案均没有查明,而是单凭容积率提高的事实,就认定朱某一人有罪,这明显是办案机关对规划局一般职务权限认定错误所产生的结论。

相关笔录证据均证实:阳台悬挑实体面积没有纳入建筑面积计算容积率,可建设面积不超过用地合同约定建筑面积的20%,属于规划局、国土局均认可的一贯做法,是某市持续近20年的规划审批惯例。① 朱某2013年6月26日笔录,问:按照建设部的有关规定,阳台、悬挑实体面积是否应纳入计算容积率?答:按某市规划管理的惯例,一直没有将阳台、悬挑实体面积纳入计算。所以2008年我发现这个情况后,迅速组织,上报市政府请求停止这种做法。② 林某某2013年5月27日笔录:一直到2007年底,局的业务会议纪要(第27次)还决定修建性详细规划的容积率应严格按照原批准的用地条件容积率控制,但修建性规划容积率不包括阳台、悬挑实体面积,阳台、悬挑实体面积的比例留在下次审批阶段(建工科)确定。③ 赵某笔录:可建筑面积不超过设计科出具面积的20%,设计科都认可。④ 徐某某2013年5月23日笔记:到建管科审批的建筑方案时,才把阳台、悬挑实体一并计入建筑面积计算容积率。问:规划局内部关于调整容积率内部做法是否形成文件或领导指示?答:这是我们工作长期形成的内部做法,没有具体文件和领导指示。类似笔录卷宗里还有很多,这里不再一一列举。

第二，关于住宅用地或居住用地兼容临街商铺的问题，同样属于某市规划审批的行政惯例，事实上，全国各地都曾存在类似规划审批的情况。相关笔录证据可证实这一点：① 朱某 2013 年 6 月 26 日笔录，问：经审查，上述"万泰春天东区""龙禧花园南区""金润花园一期"项目都存在兼容商业铺面的问题，你的审批是否合法？答：市里很多项目审批时都有兼容商业铺面，这是国家规范中要求的，是以前一种惯例，在国家新版的用地分类标准出台之前，这方面的管理一直很混乱。新的用地分类标准出台之后才开始规范，在用地和规划设计管理上才提出明确的兼容管理。② 赵某笔录：一直以来我们都不反对建商铺。

第三，某市国土局认可某市规划局的做法。具体证据包括以下内容。

金润花园项目：①《某市国土局关于潮汕房地产开发有限公司 19 街区用地超建容积率及部分用地改变用途的批复》：同意容积率由 2.0 增加至 2.383 以及用地中的 253.09 平方米从原住宅用地变更为综合用地。发文日期是 2005 年 8 月 15 日。②《某市国土局关于某市潮汕房地产开发有限公司金润花园项目用地超建容积率等补交地价款的批复》，发文日期是 2008 年 10 月 22 日。万泰春天东区项目：①《某市国土局关于增加建筑容积率及部分用地改变功能补交地价款的通知》：同意容积率由 2.0 增加至 2.8。发文日期是 2006 年 4 月 4 日。②《某市规划局关于核收建设项目增容、兼容土地用途等有关地价款问题的函》。发文日期是 2006 年 3 月 23 日。万泰春天西区项目：①《某市规划局关于核收建设项目增容、兼容土地用途等有关地价款问题的函》。发文日期是 2007 年 9 月 13 日。②《某市国土局关于超容积率补交地价款的通知》：同意核定建筑容积率 3.8。发文日期是 2007 年 9 月 25 日。龙禧花园南区：①《某市规划局关于核收建设项目增容、兼容土地用途等有关地价款问题的函》。发文日期是 2006 年 10 月 27 日。②《某市国土局关于增加建筑容积率补交地价款的批复》：同意容积率增加至 2.312，要求补交地价款 75.116 0 万元。发文日期是 2006 年 11 月 30 日。③《某市国土局关于龙光（集团）有限公司"龙禧花园南区"住宅用地部分改变用途的批复》：要求补交地价款 49.328 0 万元。发文日期是 2008 年 11 月 20 日。

第四，某市政府认可某市规划局、国土局未将阳台、悬挑实体面积计入建筑面积计算容积率的一贯做法。相关证据包括：① 朱某 2012 年 6 月 12 日笔录："……市政府审批同意继续按照这个惯例，由我局执行。直到 2010 年下半年，市长在规划委员会上提出提供 20% 的容积率作为悬挑阳台面积的惯例不能再继续执行了。"② 根据相关市政府领导批示，时任某市副市长苏某某（主管规划局）批示："应鼓励和允许城市楼房向高层化发展。对已取得房地产开发资格的项目,要按照特区城市规划条例实施近十年来的审批做法办理。否则,将会出现执行上的前后不一致,而引起审批不公。"时任某市市长黄某某批示:"请某光同志阅批,按规定实事求是办理。"(见某市政府领导批示呈阅表。)可见,在2010年之前,某市政府一直认可未将阳台、悬挑实体面积计入建筑面积计算容积率的一贯做法。

第五,某市规划局内部均认可未将阳台、悬挑实体面积计入建筑面积计算容积率及建筑面积未超20%的一贯做法。相关证据如下:① 林某某2013年5月27日笔录:一直到2007年底,某局的业务会议纪要(第27次)还决定修建性详细规划的容积率应严格按照原批准的用地条件容积率控制,但修建性规划容积率不包括阳台、悬挑实体面积,阳台、悬挑实体面积的比例留在下审批阶段(建工科)确定;② 赵某某笔录:可建筑面积不超过设计科出具面积的20%,设计科都认可。整个卷宗内容均可证明该事实,这里不再一一列举。

综上所述,涉案行为是某市规划局、国土局依照规划审批管惯例审批的,属于规划局一般职权范围之内的合法职务行为,并不属于滥用职权的范畴。

2. 涉案四个项目是基于规划审批惯例、行政审批行为的一般职权,应认定为合法的规划审批行为;即便是存在规划审批不规范的地方,也不属于刑事责任的范畴。

下列证据可证实,涉案四个项目的规划审批,属于规划局、国土局等政府部门及其工作人员基于共同决策、规划审批惯例等因素共同作出的。① 龙禧花园南区项目,赵某某笔录:但最后工程科出具审批的建筑面积比修建性详细规划方案增加了很多,估计是停车场和底层架空层不计容积率的缘故。可计容积率面积也超过设计科审批的修建性详细规划方案,但并没有超过20%。② 万泰春天东区项目,徐某某2013年5月23日笔录:万泰春天东区项目用地出让合同时的容积率是2.0,后来经规划管理科(2006年调整为规划设计科)审批修建性详细规划同意容积率调整到2.53(阳台、悬挑实体没有计入),建管科根据批准的修建性规划审查建筑方案,将阳台、悬挑实体计入容积率,具体增加多少在施工图阶段确定。③ 金润花园一期项目,徐某某2013年5月23日笔录:金润花园一期项目用地出让合同时的容积率是2.0,后来经规划管理科审批修建性详细规划同意容积率调整到2.08(阳台、悬挑实体没有计入),建管科根据批准的修建性规划审查建筑方案,将阳台、悬挑实体计入建设面积,容积率增至2.383。④ 万泰春天西区项目,徐某某2013年5月23日笔录:阳台悬挑的建筑面积没有计入容积率3.31里面,然后由建工科审批时将阳台、悬挑实体面积计入建筑面积再确定容积率。⑤ 陆某某2013年5月24日笔录:在我经办的审批环节中,龙禧花园南区、万泰春天西区的修建性详细规划审查有提交局业务会议研究。这两个项目有局业务会议纪要。2013年7月11日:是否上业务会议讨论,以查证书证为准。⑥徐某某2013年5月23日笔录:2007年后(具体月份记不清楚),实行业务会议审批制度。⑦刘某某2013年5月24日笔录:2006年到2011年局业务会议制度一直有执行。2006年2月至2006年5月,我局在项目规划审批过程中曾实行会签制度。相关笔录还有很多,这里不再一一列举。

3. 朱某涉案行为,属于合法的规划审批行为,并不存在滥用职权的事实。

本案不存在朱某利用职权向相关部门或下属工作人员采取暗示、授意、打招呼、批条子、指定、强令等方式,作出任何违反法律、法规及其他政策性规定或者议事规则的规划许可审批。

整个第四卷卷宗材料中,徐某某等多名证人的证言都证实:涉案四个项目的规划审批,并非朱某一人决定,或以口头或书面要求相关人员办理的,而是基于审批惯例、集体决策审批所致。

滥用职权就其字面来看,所谓"滥用",只能指积极的作为,即明知是逾越职权的行为而为之。但在本案中,《起诉意见书》是认为未报经市政府批准擅自改变容积率,但实际是朱某上报市政府要求停止按照惯例变更容积率,但是市政府没有同意。在本案中,朱某之所以上报市政府,就因为规划局不按惯例审批被企业"投诉滥用职权"。因涉及持续近20年的规划审批惯例,规划局按惯例审批,现在朱某却被指控滥用职权;当时,朱某不按惯例审批,规划局被企业投诉"滥用职权",结果市政府却支持企业的诉求。规划局及朱某如何审批都被指控"滥用职权",因此,本案是否滥用职权的责任,更多是由于制度造成的,不能归责于个人。

此外,朱某并没有滥用职权的主观故意,最多能认定为一般工作过失。工作过失一般是由于政策规定不明确,或者是行为人业务水平、工作能力有限等原因,以致行为人决策不当,没有达到正确行使职权,也即所谓的好心做坏事,事与愿违,行为人主观上不具有罪过。工作失误虽然致使公共财产、国家和人民利益遭受重大损失,应该批评教育,甚至给予相关处分,但不应以滥用职权罪追究刑事责任。在本案中,政策不明确是主因,国家规定和地方持续近20年的审批惯例有冲突是主因,而朱某并没有滥用职权的主观故意,即便是没有达到正确行使职权,那也是工作失误造成的,绝非犯罪行为,不应承担刑责。

4. 朱某对涉案项目的审批行为不具有违法性。

最高人民检察院《关于人民检察院直接受理立案侦查案件标准的规定(试行)》中:"滥用职权罪是指国家机关工作人员超越职权,违法决定、处理其无权决定、处理的事项,或者违反规定处理公务,致使公共财产、国家和人民利益遭受重大损失的行为。"《中华人民共和国立法法》第八条规定:"下列事项只能制定法律:……(四)犯罪和刑罚。"《中华人民共和国立法法》第九条规定:"本法第八条规定的事项尚未制定法律的,全国人民代表大会及其常务委员会有权作出决定,授权国务院可以根据实际需要,对其中的部分事项先制定行政法规,但是有关犯罪和刑罚、对公民政治权利的剥夺和限制人身自由的强制措施和处罚、司法制度等事项除外。"《中华人民共和国刑法》第九十六条规定:"本法所称违反国家规定,是指违反全国人民代表大会及其常务委员会制定的法律和决定,国务院制定的行政法规、规定的行政措施、发布的决定和命令。"

根据上述法律规定,刑法意义上的违法行为,是指行为人违反全国人大及其常委会制定的法律以及国务院制定的行政法规,不包括地方性法规和规章。

《起诉意见书》认为朱某作为规划部门负责人未经市政府批准,越权审批提高建筑项目容积率,造成国家经济损失2 000余万元,构成滥用职权犯罪。其依据是《中华人民共和国城市规划法》《广东省城市控制性详细规划管理条例》《某市经济特区城市规划条例》《国务院关于加强国有土地资产管理的通知》规定。根据《中华人民共和国城市规划法》第三十二条规定:"……城市规划行政主管部门根据城市规划提出的规划设计要求,核发建筑工程规划许可证件。"1997年9月5日实施的《某市经济特区城市规划条例》第十三条对建筑容积率规定:"新区多层建筑不大于2.0,高层建筑不大于4.5;旧区多层建筑不大于2.2,高层建筑不大于5.0,高层和多层建筑综合建设的地块和小区,其容积率分别计算。"第二十二条规定:"根据城市规划,市规划主管部门可对已出让的或已使用的地块提出调整方案,报市人民政府批准后执行。"2005年3月1日施行的《广东省城市控制性详细规划管理条例》第二十一条规定:"对控制性详细规划确定的建设用地性质、建设用地使用强度和公共配套设施的规划要求进行调整的,由原组织编制控制性详细规划的城市规划行政主管部门或镇人民政府提出建议,并经县(市)城市规划委员会审议通过报原批准的人民政府同意后……进行。"第二十六条:"城市规划行政主管部门有下列情形之一的,由同级人民政府或者上一级城市规划行政主管部门责令改正,并依法追究主管领导和主管责任人的责任:(五)违反本条例第二十一条规定,擅自调整控制性详细规划的。"《国务院关于加强国有土地资产管理的通知》(国发〔2001〕15号)规定:"二、严格实行国有土地有偿使用制度,土地使用者需要改变原批准的土地用途、容积率等,必须依法报经市、县人民政府批准。"

观察上述法律及地方性法规内容,某市规划局审批建筑项目,应按照"城市规划提出的规划设计要求",不得"擅自调整控制性详细规划",不应违反《某市经济特区城市规划条例》对于建筑容积率的控制标准,否则应根据《广东省城市控制性详细规划管理条例》承担法律责任。

2013年7月12日,某市规划局出具《关于38、39、40街区控制性详细规划有关情况的说明》充分证明以下事实:首先,万泰春天西区、龙禧花园南区、万泰春天东区项目所在街区用地,尽管编制过控制性详细规划,但上述规划没有正式的审批手续。其次,2005年3月1日《广东省城市控制性详细规划管理条例》和2008年1月1日《中华人民共和国城乡规划法》颁布实施之前,国家法律法规及地方法规均未对控制性详细规划的审批作出具体的规定,当时某市对控制性详细规划管理的做法是,由市规划局依据《某市经济特区城市规划条例》,结合所在地区的控制性详细规划确定项目的容积率等规划指标。再者,"万泰春天西区""龙禧花园南区""万泰春天东区"项目容积率的审批,依照当时的做法,审批权在于规划局,改变容积率的做法,并未违反《广东省城市控制性详细规划管理条例》"不得'擅自调整控制性详细规划'"的禁止性规范。市规划局及负责人不存在《起诉意见书》所谓行政滥权行为。

此外,《中华人民共和国城市规划法》法律责任章节部分,未对城市规划行政主管部门审批违反"城市规划提出的规划设计要求"承担何种法律责任明确规范。作为地方性法规的《广东省城市控制性详细规划管理条例》不能作为本案适用法律依据。根据该《广东省城市控制性详细规划管理条例》,在处置擅自调整控制性详细规划问题上,如提高建筑容积率等,处理程序应先由同级人民政府或上一级城市规划行政主管部门责令改正。本案中,某市人民政府或广东省规划局未对《起诉意见书》认定的市规划局越权审批行为作行政认定和责令改正,相反,据在案证据材料,多年以来,规划局依照惯例审批调整建筑容积率,如实呈文上报,对此市政府清楚明知,政府公文认可其惯例审批增加容积率做法,更不用说行政处理。办案单位违反地方性法规程序规范,追究朱某滥用职权刑事责任缺乏事实与法律根据。有关《国务院关于加强国有土地资产管理的通知》通知,该通知未对规划部门越权审批提高建筑容积率法律责任作出规定,其不属法律规范性文件,不能作为适用法律依据。

综上所述,朱某涉案审批行为不具有违法性,朱某滥用职权缺乏法律根据。

5. 朱某没有滥用职权的主观故意,某市政府也认可规划局在一定范围内审批提高容积率行政惯例的行政效力。

2008年,朱某发现"审批项目修建性详细规划时不将阳台、悬挑实体面积计入容积率,建工科审批时再计入提高容积率"的行政审批惯例后,要求停止这类做法,并主动上报市政府批准,证明其不存在违法滥用职权故意。朱某作为规划局负责人,对待广东泰某房地产集团有限公司提高建筑容积率的态度及做法,充

疑案的研判

分证明其不具有滥用职权主观故意，相反是在以实际行动纠正执行多年的行政惯例。事实如下。

2008年2月，市规划局曾就广东泰某房地产集团有限公司提高建筑容积率问题向市政府发出《关于东厦南路与滨港路东北转角商品住宅项目规划许可有关问题的请示》（汕规〔2008〕31号），请示内容如下："根据国家标准规定，居住用地可以兼容商业配套等功能。建议同意项目二层商铺，并补交地价款；按照城市规划用地功能分类和我市规划设计、规划管理的惯例，可以兼容商业功能以及适当增加阳台等悬挑面积的容积率；按照我市城市规划设计、规划管理的惯例，实际容积率比规划容积率（不包括阳台等悬挑部分的面积）增加10%—20%，建议该项目实际容积率按照5.4实施，不补交地价款；在新的《某市经济特区城市规划条例》修订之前，建议对已出让的土地有关兼容、超容问题均按上述标准处理，超过此标准的，则上报市政府审批，或采取联合审批方式。"2008年4月25日，广东泰某房地产集团有限公司向某市委书记黄某某写报告，认为"从1997年8月份实施《某市经济特区城市规划条例》以来，市规划局的审批惯例，容积率是指总规平面图的规划容积率，不包括阳台及悬挑面积，按照规划局以往的审批惯例，可以对4.5以上的容积率作出许可审批"。黄某某（时任某市委书记）批复意见："按规定实事求是地处理。"其他市领导的批复意见为："对于已经取得商品房开发资格的项目，要找些特区城市规划条例实施近十年来的审批做法办理，否则将会出现执行上的前后不一致，而引起审批不公。"

2008年6月30日，市规划局再次向市政府发出《关于东厦南路与滨港路东北转角商品住宅项目规划许可有关问题的请示》（汕规〔2008〕74号），说明在规划设计、规划管理、土地管理方面，居住用地兼容商业配套等功能，以及项目规划阶段以修建性详细规划容积率控制，实施阶段可增加阳台等悬挑面积的容积率（一般为10%—20%），由国土部门增收地价款的惯例，并建议按照市场公平原则，建议对已出让的土地的兼容、超容问题均按照上述标准处理，超过此标准的，则上报市政府审批，今后出让的土地用途均明确可否兼容，容积率以项目可建面积表述。同时，市规划局向市委督查室发出《关于东厦南路与滨港路东北转角商品住宅项目规划许可有关问题的汇报》（汕规函〔2008〕451号），内容与上述汕规〔2008〕74号文一致。

2008年7月2日，某市规划局向市政府提交《关于贯彻国家节约集约用地政策，加强城市规划管理有关问题的请示》，明确提出：在此前的规划管理中，现有用地的容积率按审批惯例作为修建性详细规划控制指标，在建筑单体设计和报批时允许适当悬挑实体和阳台，增加的面积按规定补交地价款，为加强管理维护行政的连续性和社会公平,明确现有用地在规划建设时,阳台和悬挑实体等不超过原容积率20%的,由市规划行政主管部门审核,特殊情况确需超过20%的,报市政府审批。现有居住用地、住宅用地和商住用地兼容建设建筑面积不超出20%的,由市规划行政主管部门根据区位条件和交通环境等情况予以审批,特殊情况确需超过20%的,报市政府审批。

对于规划局审批提高建筑容积率的态度,2008年7月29日,市法制局书面意见是"所谓惯例应有法律依据,否则有违依法行政要求,包括容积率等规划设计条件的变更应以控制性详细规划为依据,从公平角度考虑,应慎重考虑容积率调整问题,没有特殊情况一般不作调整为宜。以上意见仅供参考"。市国土资源局的意见是:"涉及土地兼容、超容问题,属市规划部门职能,若市规划局依法批准该地块兼容、增容变更许可,我局按照变更后的规划设计条件办理土地出让变更协议的手续,按规定计收地价款。"市规划局将法制局意见理解为:法制局意见核心是解释容积率问题在规划局,市政府《关于贯彻节约、集约用地政策、加强城市规划管理的意见》已有表述。

2008年11月7日,某市人民政府办公室发出《市政府常务会议决定事项的通知》(汕府办会函〔2008〕3303号),决定原则上同意市规划局提出的《关于贯彻国家节约集约用地政策,加强城市规划管理有关问题的意见》,有关具体表述要与国家规定相衔接。

2009年2月11日,某市规划局向市政府发出《关于广东泰安房地产集团有限公司位于东厦路与滨港路东北转角商品房项目规划许可情况的报告》,报告声称:2008年11月7日,市政府常务会议通过《关于贯彻节约、集约用地政策、加强城市规划管理的意见》,规划局同意该项目建筑设计方案,修建性详细规划容积率4.44(含阳台、悬挑等实际容积率为5.4),2009年2月10日,市规划局向市国土资源局发出《关于核收建设项目增容、兼容土地用途等有关地价款问题的函》,批准容积率5.4,国土资源局同意并要求建设单位补交地价款。

从上述某市规划局对待广东泰某房地产集团有限公司提高建筑容积率问题的态度与做法,政府部门、市政府对规划局《关于贯彻国家节约集约用地政策,加强城市规划管理有关问题的请示》意见的同意,充分证明朱某不存在违法滥权审批提高容积率的主观故意,某市政府认可规划局在一定范围内审批提高容积率行政惯例的行政效力。

6. 即便是涉案四个项目存在责任问题,朱某也不是直接责任人,最多应承担领导不力的政治责任,而非由其一人独自承担全部责任。

疑案的研判

证据如下：

（朱某2013年6月26日笔录）问：经审查，万泰春天东区用地许可审批的设计条件容积率小于等于2.0，总建筑面积小于等于73 887平方米，经规划设计审批，容积率提高到2.53，总建筑面积93 643.84平方米，2006年4月11日经你签批《建设工程规划许可事项申请表》中显示该项目建筑面积128 382.9平方米，你是如何审批的？答：我认为分管领导（黄某林）已经审批同意，应该可以批准，为了提高效率，不推脱耽误时间，我就签字同意了。问：经审查，万泰春天西区项目用地出让合同时的容积率是3.5，规划设计科审批修建性详细规划同意容积率是3.31，总建筑面积小于等于14 593.3平方米。2007年9月11日，你审批的《建设工程扩初方案》中的总建筑面积是19 826平方米。2007年10月11日你审批的《建设工程规划许可事项呈批表》中的总建筑面积是20 199平方米。你是如何审批的？答：承办人、科长签批同意上报我审批，在审批表中没有明确写明容积率。我不知道是否超出容积率，他们也没有表示有问题，所以我就审批同意了。问：按规定和你的职责，审批时你是否应清楚项目容积率并依法审批？答：对于技术上的细节我依托的是工作人员和下属干部的责任心进行把关。如果他们在把关过程中向我提出存在问题，我会进行处理。如果他们没有向我提出，有一些问题会被隐藏起来。如果在哪个环节出现问题，我应该负领导责任。问：经审查，龙禧花园南区项目用地出让合同时的容积率是2.0，你在《建设用地规划审批表》中审批的容积率也是2.0，经规划设计科审批的容积率是2.0，总建筑面积不大于24 566.2平方米。2006年9月18日你审批的《建设工程规划许可事项申请表》中的总建筑面积是39 796平方米。2006年10月27日，你审批的《建设工程规划许可事项申请表》中的总建筑面积是42 492平方米，你是如何审批的？答：我不清楚。当时我并不是分管领导，分管领导送我审批，也没有提出容积率的问题，我不知道所以我就审批了。问：规划局发函给国土局关于该项目的增容、兼容补缴地价款的函是否需由你签批？答：这个是建工科负责办理的，这个不需要我签批。

7. 本案不存在因朱某滥用职权，致使公共财产、国家和人民利益遭受重大损失的事实。理由如下：

首先，土地出让金及配套设施费用等出让土地应收款项问题，属于国土局的职权范畴，不属于规划局的职权范畴，造成出让土地应收款项损失的，应由国土局承担责任，并非规划局承担责任。

其次，即便存在规划局提高涉案项目的容积率，或改变用地用途，存在住宅用地或居住用地兼容临街商铺的问题，只要规划局履行了相应的告知义务，国土局就应根据国家相关土地管理法律法规规定,计算因容积率提高和兼容临街商铺导致的土地价差,向相关房地产开发公司收取补交费用。而容积率计算标准、土地价差均应由国土局根据相关法律法规核算产生,完全属于国土局的一般职权,规划局的规划审批行为已结束,由少收地价款造成的损失,不属于规划局的责任范畴。被指控的损失,与规划局的审批行为,不具有法律上的因果关系,与朱某的审批行为,更不具有必然的因果关系。市国土资源局收到市规划局《核收建设项目增容、兼容土地用途等有关地价款的函》后,按照其职能"按照变更后的规划设计条件办理土地出让变更协议的手续,按规定计收地价款"进行四个项目审批提高容积率共收补交土地款人民币共计 834.071 5 万元,属于市国土资源局行政行为,如有错误,责任在国土资源局,与市规划局无关,更与负责人朱某无关。我们注意到,广东省某市检察院反贪局曾向某市国土资源局发出汕检反贪发〔2013〕12 号函,请求核算确认涉案四项目各自增加的建筑面积,市国土资源局复函(汕国土资函〔2013〕624 号)称:"上述四宗用地由于出让合同只明确容积率,但没有明确计容建筑面积,因此上述四个项目各自增加的建筑面积(计容建筑面积),是以规划部门函件确定的建筑面积及出让合同容积率乘以可计容土地面积之差计算。由于规划部门的函件没有体现容积率,国土部门根据规划部门核定的建筑面积和汕规函〔1998〕23 号文,汕规国通〔2002〕104 号文的有关规定计算并核收地价款。"某市国土资源局的复函内容严重违反事实,市国土资源局在给予有关单位书面通知中,对容积率变动情况作了明确认定,并据此要求补交因超建筑容积率及部分用地改变用途应补交的地价款。市国土资源局在给四项目单位批复中,除同意容积率作调整,计算出应补交的地价款,还明确其他问题仍按照《国有土地使用权转让合同》规定执行。这说明,市规划局作出调整容积率行政行为后,国土资源局与土地使用权利人就国有土地使用权转让合同条款作出修改,即便存在起诉意见书认为的容积率变动形成土地使用权价值差异损失,但属于国土资源局与土地使用权人合同法律关系,与市规划局无关,所谓损失也算不到规划局审批行为上。如前所述,2008 年 7 月 2 日,某市规划局向市政府提交《关于贯彻国家节约集约用地政策,加强城市规划管理有关问题的请示》明确提出:"在此前的规划管理中,现有用地的容积率按审批惯例作为修建性详细规划控制指标,在建筑单体设计和报批时允许适当悬挑实体和阳台,增加的面积按规定补交地价款。"这里的补交地价款即指发函市国土资源局,由后者审核决定。包括涉案四项目前后所有调整建筑容积率建设项目,补交地价款都顺应此做法。按《起诉意见书》观点,市国土资源局存在严重渎职行为,某市政府难脱干系,也有重大失职行为,造成国家经济损失何止千万?需要指出,对于建筑容积率调整后补交地价款的标准,某市政府并无明文规范。如2010年6月9日某市政府常务会议纪要十二届五十八次〔2010〕7号文有这样的描述:三、关于调整容积率补交地价款问题,确保调整容积率补交地价款管理文件尽早出台,严格依法依规办理。

最后,从基本法理角度分析,朱某的涉案行为与重大损失之间并不存在法律上的必然因果关系,不应由其担责。如果国土局不同意审批结果,可以要求企业再行审批进行更正,但实际的操作是国土局以要求企业补交差价的方式方法来解决,这说明国土局事实上已认可审批结果,也由相关企业补交了差价,并没有造成实际损失。

在《刑事审判参考》第41集登载的,包某安被控滥用职权罪一案中,案件基本事实为:1997年3月至1998年1月,被告人包某安在担任南京市劳动局局长期间,未经集体研究,擅自决定以南京市劳动局的名义,为下属企业南京正某某泰企业(集团)有限公司(以下简称正大公司)出具鉴证书,致使该公司以假联营协议的形式,先后向南京计时器厂、南京钟厂、南京长乐玻璃厂借款人民币3 700万元,造成3家企业共计人民币3 440余万元的损失。1999年至今,经南京市人民政府协调,由南京市劳动局陆续"借"给上述3家企业共计人民币1 700余万元。江苏省高级人民法院经审理认为:包某安违反规定同意鉴证的行为是一种超越职权行为,但尚构不成犯罪。故对包某安及其辩护人所提滥用职权罪名不成立的辩解、辩护意见予以采纳。最高人民法院法官认定:包某安出具鉴证书的行为与造成重大经济损失之间不具有刑法上的因果关系,其行为不符合滥用职权罪的构成要件,其对超越职权行为最终发生的结果,只能承担行政领导责任,而不是刑事责任,故二审法院依法撤销一审刑事判决中对被告人包某安犯滥用职权罪的定罪量刑部分是适当的。类似案例还包括最高人民法院中国应用法学研究所《人民法院案例选》2005年第4辑(总第54辑)翁某滥用职权抗诉案。参照上述案例,本案并非存在损失了,就可以追究朱某滥用职权的责任,而是还需证明涉案行为与所造成的重大经济损失存在法律上的必然因果关系。但在本案,并不存在这样的因果关系。

综上所述,犯罪嫌疑人朱某不存在滥用职权的行为,更不存在因滥用职权造成国家和人民利益重大损失的事实,两者之间并不存在法律意义上的必然因果关系。因此,根据本案事实无法认定朱某犯滥用职权罪。

四、案例评析

所谓"滥用",是指积极作为,即明知是逾越职权的行为而为之,或是不正当行使职权。其行为是对职权职责的违背,是对单位正当行政执法履责的违反,也是对单位意志的违背。辩护人通过本案试图说明,如果行为人的行为符合单位的意志或者惯常做法,对其行为的刑事违法性和社会危害性则需要重新评估,片面地要求某领导个人为整个单位的过错承担刑事责任明显有违罪责刑相适应。

附：法条索引

一、《中华人民共和国刑法》

第三百九十七条 国家机关工作人员滥用职权或者玩忽职守,致使公共财产、国家和人民利益遭受重大损失的,处三年以下有期徒刑或者拘役;情节特别严重的,处三年以上七年以下有期徒刑。本法另有规定的,依照规定。

国家机关工作人员徇私舞弊,犯前款罪的,处五年以下有期徒刑或者拘役;情节特别严重的,处五年以上十年以下有期徒刑。本法另有规定的,依照规定。

第四百一十条 国家机关工作人员徇私舞弊,违反土地管理法规,滥用职权,非法批准征收、征用、占用土地,或者非法低价出让国有土地使用权,情节严重的,处三年以下有期徒刑或者拘役;致使国家或者集体利益遭受特别重大损失的,处三年以上七年以下有期徒刑。

二、最高人民检察院《关于渎职侵权犯罪案件立案标准的规定》

一、渎职犯罪案件

（一）滥用职权案（第三百九十七条）

滥用职权罪是指国家机关工作人员超越职权,违法决定、处理其无权决定、处理的事项,或者违反规定处理公务,致使公共财产、国家和人民利益遭受重大损失的行为。

三、最高人民法院、最高人民检察院《关于办理渎职刑事案件适用法律若干问题的解释（一）》

第一条 国家机关工作人员滥用职权或者玩忽职守,具有下列情形之一的,应当认定为刑法第三百九十七条规定的"致使公共财产、国家和人民利益遭受重大损失":

（一）造成死亡1人以上,或者重伤3人以上,或者轻伤9人以上,或者重伤2人、轻伤3人以上,或者重伤1人、轻伤6人以上的;

（二）造成经济损失30万元以上的;

（三）造成恶劣社会影响的;

（四）其他致使公共财产、国家和人民利益遭受重大损失的情形。

具有下列情形之一的,应当认定为刑法第三百九十七条规定的"情节特别严重":

（一）造成伤亡达到前款第（一）项规定人数3倍以上的；

（二）造成经济损失150万元以上的；

（三）造成前款规定的损失后果,不报、迟报、谎报或者授意、指使、强令他人不报、迟报、谎报事故情况,致使损失后果持续、扩大或者抢救工作延误的；

（四）造成特别恶劣社会影响的；

（五）其他特别严重的情节。

第五条 国家机关负责人员违法决定,或者指使、授意、强令其他国家机关工作人员违法履行职务或者不履行职务,构成刑法分则第九章规定的渎职犯罪的,应当依法追究刑事责任。

以"集体研究"形式实施的渎职犯罪,应当依照刑法分则第九章的规定追究国家机关负有责任的人员的刑事责任。对于具体执行人员,应当在综合认定其行为性质、是否提出反对意见、危害结果大小等情节的基础上决定是否追究刑事责任和应当判处的刑罚。

四、《中华人民共和国城市规划法》

第三十二条 城市规划行政主管部门根据城市规划提出的规划设计要求,核发建筑工程规划许可证件。

五、《某市经济特区城市规划条例》

第十三条 新区多层建筑不大于2.0,高层建筑不大于4.5；旧区多层建筑不大于2.2,高层建筑不大于5.0,高层和多层建筑综合建设的地块和小区,其容积率分别计算。

第二十二条 根据城市规划,市规划主管部门可对已出让的或已使用的地块提出调整方案,报市人民政府批准后执行。

六、《广东省城市控制性详细规划管理条例》

第二十一条 （四）对控制性详细规划确定的建设用地性质、建设用地使用强度和公共配套设施的规划要求进行调整的。

第二十六条 城市规划行政主管部门有下列情形之一的,由同级人民政府或者上一级城市规划行政主管部门责令改正,并依法追究主管领导和直接责任人的责任。（五）违反本条例第二十一条规定,擅自调整控制性详细规划的。

七、《中华人民共和国野生动物保护法》

第二十七条 禁止出售、购买、利用国家重点保护野生动物及其制品。因科学研究、人工繁育、公众展示展演、文物保护或者其他特殊情况,需要出售、购买、利用国家重点保护野生动物及其制品的,应当经省、自治区、直辖市人民政府野生动物保护主管部门批准,并按照规定取得和使用专用标识,保证可追溯,但国务院对批准机关另有规定的除外。实行国家重点保护野生动物及其制品专用标识的范围和管理方法,由国务院野生动物保护主管部门规定。出售、利用非国家重点保护野生动物的,还应当依法附有检疫证明。

八、《中华人民共和国土地管理法》

第五十三条 经批准的建设项目需要使用国有建设用地的,建设单位应当持法律、行政法规规定的有关文件,向有批准权的县级以上人民政府土地行政主管部门提出建设用地申请,经土地行政主管部门审查,报本级人民政府批准。

第五十四条 建设单位使用国有土地,应当以出让等有偿使用方式取得;但是,下列建设用地,经县级以上人民政府依法批准,可以以划拨方式取得:
(一)国家机关用地和军事用地;
(二)城市基础设施用地和公益事业用地;
(三)国家重点扶持的能源、交通、水利等基础设施用地;
(四)法律、行政法规规定的其他用地。

九、《江苏省土地管理条例》

第二十三条 因建设需要征用农民集体所有土地、使用国有土地的,实行统一征地、统一供地。建设占用土地,建设单位或者个人应当持法律、行政法规规定的有关批准文件,向土地行政主管部门提出用地申请,由县级以上人民政府依照法定的审批权限和程序批准。

第二十五条 具体建设项目需要占用土地利用总体规划确定的国有未利用地的,按照以下审批权限办理:
(一)一公顷以下的,在县行政区域内,由县人民政府批准;在市辖区行政区域内,由设区的市人民政府批准。
(二)一公顷以上、五公顷以下的,由设区的市人民政府批准。
(三)五公顷以上的,由省人民政府批准。
(四)国家重点建设项目、军事设施以及国务院规定的其他建设项目用地,

报国务院批准。农村集体经济组织使用本集体经济组织所有的未利用地进行非农业建设的,按前款规定的审批权限办理。

具体建设项目使用存量建设用地和已批准农用地转用、土地征用范围内的土地的,由土地所在地设区的市、县人民政府批准,并报省人民政府土地行政主管部门备案。

十、《江苏省〈土地管理法〉实施办法》

第四章 国家建设用地

第二十条 国家建设需要征用集体所有土地和使用国有土地的,建设单位应当按照《土地管理法》第二十二条、第二十三条的规定,持县级以上人民政府根据基本建设程序规定批准的初步设计和规划部门确定的选址定点等文件,向县级以上土地管理部门申请用地。在土地管理部门主持下,由建设单位、被征地单位和有关单位,拟定征地方案和补偿、安置协议,报经县级以上人民政府批准后,办理征地有关手续,划拨土地。

被征地单位和建设用地单位应当严格执行补偿、安置协议,保证将被征用的土地及时交付使用。建设单位必须严格按照批准的选址定点、用地数量、范围和用途进行施工。工程结束时,应及时报请土地管理部门会同有关部门进行验收。符合批准用地规定的,由县级以上人民政府发给土地使用证书。

防洪抢险、紧急军事行动等特殊情况需要使用的土地,经县级以上人民政府同意,可以先用后办报批手续。其他任何单位和个人,不得先用后批。

十一、最高人民检察院《关于人民检察院直接受理立案侦查案件立自标准的规定(试行)》

(十九)非法批准征用、占用土地案(第410条)

非法批准征用、占用土地罪是指国家机关工作人员徇私舞弊,违反土地管理法规,滥用职权,非法批准征用、占用土地,情节严重的行为。涉嫌下列情形之一的,应予立案:

1. 一次性非法批准征用、占用基本农田0.67公顷(10亩)以上,或者其他耕地2公顷(30亩)以上,或者其他土地3.33公顷(50亩)以上的;

2. 12个月内非法批准征用、占用土地累计达到上述标准的;

3. 非法批准征用、占用土地数量虽未达到上述标准,但接近上述标准且导致被非法批准征用、占用的土地或者植被遭到严重破坏,或者造成有关单位、个人直接经济损失20万元以上的;

4. 非法批准征用、占用土地,影响群众生产、生活,引起纠纷,造成恶劣影响或者其他严重后果的;

十二、最高人民检察院《关于渎职侵权犯罪案件立案标准的规定》

(二十一)非法批准征用、占用土地案(第四百一十条)

非法批准征用、占用土地罪是指国家机关工作人员徇私舞弊,违反土地管理法、森林法、草原法等法律以及有关行政法规中关于土地管理的规定,滥用职权,非法批准征用、占用耕地、林地等农用地以及其他土地,情节严重的行为。

涉嫌下列情形之一的,应予立案:

1. 非法批准征用、占用基本农田10亩以上的;

2. 非法批准征用、占用基本农田以外的耕地30亩以上的;

3. 非法批准征用、占用其他土地50亩以上的;

4. 虽未达到上述数量标准,但造成有关单位、个人直接经济损失30万元以上,或者造成耕地大量毁坏或者植被遭到严重破坏的;

5. 非法批准征用、占用土地,影响群众生产、生活,引起纠纷,造成恶劣影响或者其他严重后果的;

6. 非法批准征用、占用防护林地、特种用途林地分别或者合计10亩以上的;

7. 非法批准征用、占用其他林地20亩以上的;

8. 非法批准征用、占用林地造成直接经济损失30万元以上,或者造成防护林地、特种用途林地分别或者合计5亩以上或者其他林地10亩以上毁坏的;

9. 其他情节严重的情形。

十三、《全国人大常委会关于〈中华人民共和国刑法〉第二百二十八条、第三百四十二条、第四百一十条的解释》

[释义]本法律解释是对刑法有关条文中"违反土地管理法规"和刑法第四百一十条中"非法批准征用、占用土地"的含义所作的阐释。

本法律解释是与《中华人民共和国刑法修正案(二)》同时通过的。国务院为了制止毁林开垦和乱占滥用林地的违法行为,于2001年5月23日向全国人大常委会提出了《关于提请审议〈中华人民共和国刑法第三百四十二条、第四百一十条修正案(草案)〉》的议案。议案第二条提请将刑法第四百一十条修改为"国家机关工作人员违反土地管理法规、森林管理法规,非法批准征用、占用土地,或者非法审核批准开垦林地、占用林地并改作他用,或者非法低价出让国有土地使用权,情节严重的,处三年以下有期徒刑或者拘役;致使国家或者集体利益遭受特别重大损失的,处三年以上七年以下有期徒刑",即在罪状表述中增加"违反森林管理法规"和"非法审核批准开垦林地、占用林地并改作他用"的内容。全国人大常委会和法律委员会在审议过程中认为,刑法第四百一十条的规定已包括了非法批准征用、占用林地的情况,可以不做修改。鉴于国务院法制办、国家林业局反映,由于对刑法第四百一十条规定的"土地管理法规"和"非法批准征用、占用土地"的含义理解不一致,实践中对一些非法批准征用、占用林地构成犯罪的行为没有适用刑法第四百一十条追究刑事责任。为了解决实践中存在的对法律理解上不一致的问题,法律委员会建议全国人大常委会,根据立法法的有关规定,采用法律解释的方式对该条的含义进一步予以明确,以利于对这类犯罪的打击。同时,法律委员会考虑到除刑法第四百一十条外,刑法第二百二十八条、第三百四十二条也规定了"违反土地管理法规",其含义与刑法第四百一十条是相同的,也应一并明确。

本解释主要明确了四个问题:

第一,刑法中土地管理法规的含义。刑法中规定"土地管理法规"的条文有第二百二十八条、第三百四十二条、第四百一十条。这些条文中规定的"土地管理法规"是按照土地法这个法律部门划分的,并不仅指《中华人民共和国土地管理法》,它还包括其他法律中有关土地管理的规定以及国务院有关土地管理的行政法规。《中华人民共和国土地管理法》是土地管理的基本法律,根据该法第四条的规定,土地包括农用地、建设用地和未利用地,其中农用地又包括耕地、林地、草地、农田水利用地、养殖水面等。因此,林地属于土地的重要组成部分。森林法以及国务院森林法实施条例等森林管理法律、法规中都有关于林地管理的规定,这些规定也都属于土地管理法规的组成部分。此外,草原法、矿产资源法等法律中关于土地管理的规定以及国务院根据上述法律制定的实施细则等行政法规以及其他行政法规中有关土地管理的规定,均属于本条中土地管理法规的范围。违反土地管理法规,就是指违反上述法律、法规关于土地管理的规定。

第二,刑法第四百一十条规定的国家机关工作人员的含义。刑法第四百一十条中规定的国家机关工作人员是指负有土地管理职权的国家机关中从事土地管理工作的人员。需要特别明确的一点是,这里的国家工作人员是包括各级人民政府的林业主管机关工作人员的。国务院提出对刑法第四百一十条的修改的建议的主要目的也是为了解决这一问题。全国人大常委会经过讨论认为刑法第四百一十条是包括林业主管机关在内的,因此不需要作修改。

此外,国务院林业主管部门反映,实践中有一些地方的非林业主管机关及其工作人员也非法批准单位或者个人占用林地进行毁林开垦或者养殖等活动,造成林地大量毁坏,对于这种行为是否也应当按照刑法第四百一十条的规定追究刑事责任,实践中存在不同认识。从刑法的规定看,刑法第四百一十条是对依法行使土地管理职权的国家机关及其工作人员违反土地管理法规,非法批准征用、占用土地构成犯罪的规定,对于土地管理机关以外的其他国家机关及其工作人员超越职权范围,非法批准其他单位或者个人占用土地的行为,不应当适用刑法第四百一十条。其他本不具有或者不直接行使土地管理职权的国家机关及其工作人员,超越其本身所具有的职权非法批准占用土地的行为实际上属于对其本身所具有的职权的滥用。上述国家机关工作人员滥用职权,非法批准占用土地,致使公共财产、国家和人民利益遭受重大损失的,应当依照刑法第三百九十七条的规定,以滥用职权罪追究刑事责任。

第三,刑法第四百一十条规定的"非法批准"的含义。关于土地的使用,土地管理法规规定了严格的审批制度。任何单位和个人进行建设需要占用土地的,必须依法申请批准。申请使用的土地属于农民集体所有的土地的,除兴办乡镇企业或者村民建设住宅经依法批准使用本集体经济组织农民集体所有土地,或者乡(镇)村公共设施和公益事业建设经依法批准使用农民集体所有的土地的以外,必须首先办理国家土地征用手续,将该集体土地征用为国家所有。对于因建设征用土地的审批程序和条件,土地管理法规作了明确的规定。非法批准是指违反土地管理法规规定的关于土地征用、占用审批程序、条件,非法准许单位或者个人征用或者占用土地的行为。

国务院林业主管机关反映,实践中一些地方司法机关,在林业机关工作人员违法办理林地征用审核同意手续的行为是否属于刑法第四百一十条规定的"非法批准征用、占用土地"的问题上,他们的认识不一致。上述规定中的批准应作广义理解,是指国家机关及其工作人员行使职权的行为,即指依法享有土地管理职权的国家机关,包括各级土地管理机关、林业主管部门及其工作人员,审核、批准单位或者个人征用、占用土地,包括林地的行为。整个土地征用、使用审核、批准的各个环节都属于土地征用、占用的审批。根据土地管理法和森林法有关林地管理的规定,勘察、开采矿藏和修建道路、水利、电力、通讯等工程,需要占用或者征用林地的,用地单位应当首先向县级以上人民政府林业主管部门提出用地申请,经审核同意后,按照国家规定的标准预交森林植被恢复费,领取使用林地审核同意书。用地单位凭使用林地审核同意书依法办理建设用地审批手续。占用或者征用林地未经林业主管部门审核同意的,土地行政主管部门不得受理建设用地申请。需要临时占用林地的,应当经县级以上人民政府林业主管部门批准。林业主管部门依照上述规定进行的审核同意的过程,属于国家土地管理法规规定的林地征用、占用审批程序的组成部分。林业主管部门及其工作人员在审核过程中,违反土地管理法规规定的程序和条件,违法准许单位或者个人征用、占用林地的,属于刑法第四百一十条规定的非法批准征用、占用土地,情节严重,构成犯罪的,应当依法追究刑事责任。

第四,"土地"的含义。根据《中华人民共和国土地法》第四条的规定,刑法第四百一十条规定的"非法批准征用、占用土地"中的土地包括农用地、建设用地和未利用地。其中农用地是指直接用于农业生产的土地,包括耕地、林地、草地、农田水利用地、养殖水面等。建设用地是指建造建筑物、构筑物的土地,包括城乡住宅和公共设施用地、工矿用地、交通水利设施用地、旅游用地、军事设施用地等。未利用地是指农用地和建设用地以外的土地。

需要特别说明的是,本解释是全国人大常委会在审议国务院提请审议的关于修改刑法第三百四十二条、第四百一十条的议案的过程中,经过讨论作出的。国务院提出的对刑法第四百一十条的修改建议的主要目的是为了追究一些地方林业主管机关工作人员在涉及林地转用、征用、占用的审核、批准过程中,违法审核同意林地转用或者非法批准占用林地的行为。全国人大常委会在讨论过程中认为,刑法第四百一十条规定的"非法批准"本身是包括各级林业主管机关工作人员非法办理林地转用审核和林地占用手续的行为的,因此不需要对刑法第四百一十条作修改,但是为了统一实践中在此问题上的不同认识,有必要通过立法解释予以明确,即各级人民政府林业主管机关的工作人员,在土地征用过程中,违反土地管理法规,非法审核同意征用林地或者批准占用林地,情节严重的,也应当依照刑法第四百一十条的规定追究刑事责任。同时,全国人大常委会还认为,为了切实保护耕地、林地以外的其他土地资源,防止实践中有关部门对于刑法第四百一十条中的土地的含义产生其他不一致的认识,有必要一并明确该条中的"土地"除了包括耕地、林地以外,还包括草地、农田水利用地、养殖水面等其他农用地以及建设用地、未利用地。

十四、最高人民法院《关于审理破坏土地资源刑事案件具体应用法律若干问题的解释》

第四条 国家机关工作人员徇私舞弊,违反土地管理法规,滥用职权,非法批准征用、占用土地,具有下列情形之一的,属于非法批准征用、占用土地"情节严重",依照刑法第四百一十条的规定,以非法批准征用、占用土地罪定罪处罚:

(一)非法批准征用、占用基本农田十亩以上的;

(二)非法批准征用、占用基本农田以外的耕地三十亩以上的;

(三)非法批准征用、占用其他土地五十亩以上的;

(四)虽未达到上述数量标准,但非法批准征用、占用土地造成直接经济损失三十万元以上;造成耕地大量毁坏等恶劣情节的。

第五条 实施第四条规定的行为,具有下列情形之一的,属于非法批准征用、占用土地"致使国家或者集体利益遭受特别重大损失":

(一)非法批准征用、占用基本农田二十亩以上的;

(二)非法批准征用、占用基本农田以外的耕地六十亩以上的;

(三)非法批准征用、占用其他土地一百亩以上的;

(四)非法批准征用、占用土地,造成基本农田五亩以上,其他耕地十亩以上严重毁坏的;

(五)非法批准征用、占用土地造成直接经济损失五十万元以上等恶劣情节的。

第六条 国家机关工作人员徇私舞弊,违反土地管理法规,非法低价出让国有土地使用权,具有下列情形之一的,属于"情节严重",依照刑法第四百一十条的规定,以非法低价出让国有土地使用权罪定罪处罚:

(一)出让国有土地使用权面积在三十亩以上,并且出让价额低于国家规定的最低价额标准的百分之六十的;

(二)造成国有土地资产流失价额在三十万元以上的。

第七条 实施第六条规定的行为,具有下列情形之一的,属于非法低价出让国有土地使用权,"致使国家和集体利益遭受特别重大损失":

(一)非法低价出让国有土地使用权面积在六十亩以上,并且出让价额低于国家规定的最低价额标准的百分之四十的;

(二)造成国有土地资产流失价额在五十万元以上的。

第九条 多次实施本解释规定的行为依法应当追诉的,或者一年内多次实施本解释规定的行为未经处理的,按照累计的数量、数额处罚。

十五、最高人民法院《关于审理破坏林地资源刑事案件具体应用法律若干问题的解释》

为依法惩治破坏林地资源犯罪活动,根据《中华人民共和国刑法》《中华人民共和国刑法修正案(二)》及全国人民代表大会常务委员会《关于〈中华人民共和国刑法〉第二百二十八条、第三百四十二条、第四百一十条的解释》的有关规定,现就人民法院审理这类刑事案件具体应用法律的若干问题解释如下:

第一条 违反土地管理法规,非法占用林地,改变被占用林地用途,在非法占用的林地上实施建窑、建坟、建房、挖沙、采石、采矿、取土、种植农作物、堆放或排泄废弃物等行为或者进行其他非林业生产、建设,造成林地的原有植被或林业种植条件严重毁坏或者严重污染,并具有下列情形之一的,属于《中华人民共和国刑法修正案(二)》规定的"数量较大,造成林地大量毁坏",应当以非法占用农用地罪判处五年以下有期徒刑或者拘役,并处或者单处罚金:

(一)非法占用并毁坏防护林地、特种用途林地数量分别或者合计达到五亩以上;

(二)非法占用并毁坏其他林地数量达到十亩以上;

(三)非法占用并毁坏本条第(一)项、第(二)项规定的林地,数量分别达到相应规定的数量标准的百分之五十以上;

(四)非法占用并毁坏本条第(一)项、第(二)项规定的林地,其中一项数量达到相应规定的数量标准的百分之五十以上,且两项数量合计达到该项规定的数量标准。

第二条 国家机关工作人员徇私舞弊,违反土地管理法规,滥用职权,非法批准征用、占用林地,具有下列情形之一的,属于刑法第四百一十条规定的"情节严重",应当以非法批准征用、占用土地罪判处三年以下有期徒刑或者拘役:

(一)非法批准征用、占用防护林地、特种用途林地数量分别或者合计达到十亩以上;

(二)非法批准征用、占用其他林地数量达到二十亩以上;

(三)非法批准征用、占用林地造成直接经济损失数额达到三十万元以上,或者造成本条第(一)项规定的林地数量分别或者合计达到五亩以上或者本条第(二)项规定的林地数量达到十亩以上毁坏。

第三条 实施本解释第二条规定的行为,具有下列情形之一的,属于刑法第四百一十条规定的"致使国家或者集体利益遭受特别重大损失",应当以非法批准征用、占用土地罪判处三年以上七年以下有期徒刑:

(一)非法批准征用、占用防护林地、特种用途林地数量分别或者合计达到二十亩以上;

(二)非法批准征用、占用其他林地数量达到四十亩以上;

(三)非法批准征用、占用林地造成直接经济损失数额达到六十万元以上,或者造成本条第(一)项规定的林地数量分别或者合计达到十亩以上或者本条第(二)项规定的林地数量达到二十亩以上毁坏。

第四条 国家机关工作人员徇私舞弊,违反土地管理法规,非法低价出让国有林地使用权,具有下列情形之一的,属于刑法第四百一十条规定的"情节严重",应当以非法低价出让国有土地使用权罪判处三年以下有期徒刑或者拘役:

(一)林地数量合计达到三十亩以上,并且出让价额低于国家规定的最低价额标准的百分之六十;

(二)造成国有资产流失价额达到三十万元以上。

第五条 实施本解释第四条规定的行为,造成国有资产流失价额达到六十万元以上的,属于刑法第四百一十条规定的"致使国家和集体利益遭受特别重大损失",应当以非法低价出让国有土地使用权罪判处三年以上七年以下有期徒刑。

第六条 单位实施破坏林地资源犯罪的,依照本解释规定的相关定罪量刑标准执行。

第七条 多次实施本解释规定的行为依法应当追诉且未经处理的,应当按照累计的数量、数额处罚。

十六、最高人民法院《关于审理破坏草原资源刑事案件应用法律若干问题的解释》

第三条 国家机关工作人员徇私舞弊,违反草原法等土地管理法规,具有下列情形之一的,应当认定为刑法第四百一十条规定的"情节严重":

(一)非法批准征收、征用、占用草原四十亩以上的;

(二)非法批准征收、征用、占用草原,造成二十亩以上草原被毁坏的;

(三)非法批准征收、征用、占用草原,造成直接经济损失三十万元以上,或者具有其他恶劣情节的。

具有下列情形之一,应当认定为刑法第四百一十条规定的"致使国家或者集体利益遭受特别重大损失":

(一)非法批准征收、征用、占用草原八十亩以上的;

(二)非法批准征收、征用、占用草原,造成四十亩以上草原被毁坏的;

(三)非法批准征收、征用、占用草原,造成直接经济损失六十万元以上,或者具有其他特别恶劣情节的。

第三部分

骗取财产类案件

案例 15
夏某诈骗案

公务人员利用便利拿钱为他人办事,事情没办成算诈骗?

马 源

一、案情简介

2018年10月,马某找吴某买房落户,但限于政策变化无法落户N地区,于是希望中介吴某代为找人帮忙办理落户。被害人吴某向夏某询问是否有关系能够帮助马某办理外地户口落户N地区,后夏某将一微信昵称为"同行者"的人推送给吴某,称这是N地区市公安局分局户籍领导的微信,该微信实际为夏某本人使用。夏某在没有办理外地户口落户N地区的能力的情况下,冒充公安局分局户籍领导,以办理外地户口落户N地区为由向吴某索要钱财,共计人民币67 252元。

二、争议焦点

请托事项没办成是否能推定行为人有非法占有的故意?

三、专家研判

(一)本案有别于传统意义上的诈骗案件,作案动机不符合常识、常理、常情

1. 夏某在案发前属于公安机关工作人员,并非起诉意见书所述的无业。其身份特殊,该身份对于办理户籍业务具有优势和便利,对本案行为的定性有重要影响。

2. 夏某是国内名牌大学的法学毕业生,在N地区市公安局工作,是在公安系统内工作多年的办事员,丈夫也是派出所民警。对于这样一个有着公安背景以及法律专业知识的嫌疑人而言,为了区区几万元铤而走险,犯罪成本高,作案动机不符合常识、常理、常情。

（二）客观上，夏某为成功办理户籍的条件而努力，不存在诈骗的故意

夏某在接受请托后做了努力，向公安局有关人员了解落户政策，向中介机构了解办证条件，积极促成办证落户成功。即使是通过自己的渠道让客户满足落户条件，而跟客户说是通过关系办理，也不能认定是诈骗。

（三）夏某具有办理户籍失败后退款的意愿，不能认定为诈骗

1. 根据目前在案证据，夏某以"同行者"的身份在微信聊天过程中表达了办理户籍不成欲退钱的意思。

2. 夏某在办理户籍失败后多次与吴某联系，表达了退款的意思，客观上不存在将钱据为己有的意图。

（四）即使认为夏某构成犯罪，也应当认为5万元对价的内涵是多次履行合同的预付款，不能认定为犯罪数额

双方约定的5万元付款对象是附条件的，办理户籍业务不仅仅是这一次，而是不限次数不限人数。不能仅因为部分人办理不了户籍业务就认为行为人侵占预付款，只能认为双方约定的条件或者时间尚未成就。

（五）本案部分关键事实尚未查清

本案中，马某的自然人情况影响夏某行为的定性。马某为办理落户找到吴某，希望吴某为他找人帮忙，按照N地区市目前的户籍政策，如果是正常办理落户马某的自然人情况与落户的差距多大尚不清楚，不能简单认定夏某就具有诈骗的故意。

四、案例评析

现实中有很多请托办事失败的案件，请托人大多数以诈骗为由进行报案，而受托人在请托事项中大多会夸大甚至虚构自己的办事能力及资源。对此需明确两个问题：一是请托人是基于其对受托人本身办事能力的信任还是基于其虚构的身份而交付财产，进而判断受害人是否基于错误认识而交付财产；二是受托人是否有能力和意愿完成请托事项，以及在接受请托后是否尽力完成请托事项，不能认为结果不如请托人所愿就构成诈骗。

案例 16
顾某涉嫌诈骗、高利转贷案

无证据证明在贷款中实际谋取违法所得，不构成高利转贷罪

马 源

一、案情简介

从 2011 年 1 月份开始，姜某因做工程需要资金向顾某借钱，月息不等，2012 年 1 月份之后，利息降为月息 1.8%。姜某向顾某出具 6 张借条(2012 年 1 月 10 日 3 500 万元、2012 年 3 月 13 日 1 000 万元、2012 年 4 月 22 日 1 150 万元、2012 年 4 月 23 日 800 万元、2012 年 4 月 26 日 1 000 万元、2012 年 8 月 8 日 500 万元)，上述借款均有银行的转账记录予以证实，借条上担保人签名处均盖有担保单位江苏联华置业有限公司(下称联华公司)的章印，2012 年 8 月 8 日双方对账后确认：截至 2012 年 8 月 8 日姜某尚欠顾某 7 950 万元借款。

2015 年 7 月顾某分两次向 F 县人民法院起诉姜某和联华公司(第一次起诉 3 500 万元、第二次起诉 4 450 万元)，要求姜某归还借款 7 950 万元借款本金及利息 4 797.5 万元，联华公司承担连带清偿责任。同年 7 月 24 日，C 市 F 县人民法院查封了联华公司开发的位于滨海县城的博士苑小区 418 套住宅。一审期间，应联华公司要求，F 县人民法院委托 N 市 J 司法鉴定所对 6 张借条上的字迹、印文与样本字迹、印文是否同时期形成进行鉴定，2016 年 4 月 22 日 N 市 J 司法鉴定所出具文件检验鉴定意见书，鉴定意见为：受材料条件有限，无法对检材字迹、印文与样本字迹、印文是否同时期形成出具鉴定意见；6 张借条上的字迹是同时期形成，6 张借条上的印文是同时期形成。2016 年 8 月 24 日，F 县人民法院出具(2015)阜城民初字第 1122 号、1123 号民事判决书，判决姜某归还顾某本金 3 419.006 万元和 4 444.020 9 万元，并按月息 1.8%支付从借款之日至实际还款之日的利息，联华公司承担连带清偿责任。联华公司不服，上诉至 C 市中级人民法院。2016 年 10 月 10 日，联华公司在二审期间向 H 县公安局控告姜某、顾某诈骗，联华公司认为该担保印章是姜某、顾某擅自添加，不是联华公司

的真实意思表示,2016年10月26日,H县公安局决定对姜某涉嫌诈骗罪立案侦查;2017年1月22日,H县公安局决定对顾某等人涉嫌诈骗罪立案侦查。

为了正确分析本案相关事实以及法律适用等问题,辩护人特邀请全国著名的刑事法专家,就本案进行了研究和论证。

二、争议焦点

1. H县公安局对姜某、顾某等人涉嫌诈骗罪一案是否具有刑事管辖权?
2. 关于顾某在刑事立案前,H县公安局分别于2017年1月17日、1月18日9:00—10:40形成的讯问笔录、1月18日11:20—12:25形成的询问笔录,是否符合非法证据排除?
3. 两份鉴定意见能否作为合法有效的证据使用?
4. 顾某是否构成诈骗罪?
5. 顾某是否构成高利转贷罪?

三、专家研判

(一)根据目前现有资料,应当认为H县公安局对本案具有管辖权

2012年公安部第127号令关于《公安机关办理刑事案件程序规定》第十五条规定:"刑事案件由犯罪地的公安机关管辖。如果由犯罪嫌疑人居住地的公安机关管辖更为适宜的,可以由犯罪嫌疑人居住地的公安机关管辖。犯罪地包括犯罪行为发生地和犯罪结果发生地。犯罪行为发生地,包括犯罪行为的实施地以及预备地、开始地、途经地、结束地等与犯罪行为有关的地点;犯罪行为有连续、持续或者继续状态的,犯罪行为连续、持续或者继续实施的地方都属于犯罪行为发生地。犯罪结果发生地,包括犯罪对象被侵害地、犯罪所得的实际取得地、藏匿地、转移地、使用地、销售地。居住地包括户籍所在地、经常居住地。经常居住地是指公民离开户籍所在地最后连续居住一年以上的地方。"

本案中联华公司在民事案件二审期间向H县公安局控告姜某、顾某诈骗,认为该担保印章是姜某、顾某擅自添加,而非联华公司的真实意思表示,H县公安局也对姜某和顾某以涉嫌诈骗罪立案侦查。根据《公安机关办理刑事案件程序规定》,犯罪结果发生地包括犯罪对象被侵害地,而本案联华公司以受害人的身份进行报案,联华公司的注册地在H县,应当认为本案"犯罪对象被侵害地"是在H县。本案虽属于未遂犯罪,也应当认为给"被害人"潜在的侵害危险是在H县,所以,H县公安局对本案有管辖权。

（二）关于顾某在刑事立案前，H县公安局形成的讯问笔录和询问笔录，不能作为刑事案件诉讼证据使用

1. 非法证据是指因不符合法定形式或取得的程序违法而不具有可采性的证据材料。根据《中华人民共和国刑事诉讼法》及相关法律规定，证据的合法性必须符合以下四个条件：① 证据必须具有合法形式。② 证据必须是由法定人员依照法定程序收集和运用。③ 证据必须有合法的来源。④ 证据须经法定程序查证属实。顾某在刑事立案前，H县公安局形成的讯问笔录和询问笔录过程中可能存在违规办案的情形，但不能据此直接认定顾某在此期间形成的讯问笔录和询问笔录属于非法证据。

2. H县公安局以"对账"的名义通知顾某到H公安局城中派出所接受讯问和询问，其间共被留置38小时。但是根据目前在案证据，H县公安局办案人员并未出示传唤顾某的相关法律文书，同时查阅本案全部案卷材料，也没有发现H县公安局对顾某传唤、传讯的合法手续。根据《中华人民共和国刑事诉讼法》相关规定，对于不需要逮捕、拘留的犯罪嫌疑人，可以传唤到指定的地点或者他的住所、所在单位进行讯问，但是应当出示人民检察院或者公安机关的证明文件。据此规定，传唤的目的是保证刑事诉讼活动有计划进行，及时处理案件，传唤必须使用法定的诉讼文书。H县公安局没有传唤、传讯的合法手续，缺乏传唤的法律基础和依据，存在非法限制人身自由的情形。同时，顾某在身体无异样的情况下，2017年1月17日进入审讯室后被送往H县人民医院抢救治疗，侦查机关亦无法提供同步录音录像，在此期间作出的证言可以认为是非法证据，要求排除。

3. 根据法律规定，公安机关在刑事案件立案之前进行初查形成的证据材料，是为立案提供材料。刑事案件立案后，公安机关需对初查期间形成的言词证据进行转化或者固定，进而形成诉讼证据。根据《中华人民共和国刑事诉讼法》的规定，刑事案件诉讼证据需符合法律规定的形式，而目前的刑事诉讼证据体系无法纳入刑事案件立案侦查以前形成的调查笔录。本案中，顾某在刑事立案前，H县公安局分别于2017年1月17日、1月18日9:00—10:40形成的讯问笔录、1月18日11:20—12:25形成的询问笔录，未经过刑事立案后固定和转化，不符合法律规定的诉讼证据形式要求，不能直接作为诉讼证据使用，审判阶段应予以排除。

（三）W 江南司法鉴定所出具的司法鉴定意见书不能作为刑事案件证据使用；西南政法大学司法鉴定中心出具的鉴定意见书不具有证明力

1. W 江南司法鉴定所出具的司法鉴定意见书不能作为刑事案件证据使用

（1）W 江南司法鉴定所出具的司法鉴定意见书属于对南京 J 司法鉴定意见的重新鉴定，按照《司法鉴定程序通则》第三十二条二款规定，重新鉴定的鉴定人中应当至少有一名具有相关专业高级专业技术职称，而 W 江南司法鉴定所的两名鉴定人均是中级及以下技术职称，鉴定人的资质不符合法律规定。

（2）《司法鉴定程序通则》第二十三条规定：司法鉴定人员进行鉴定，应当依下列顺序遵守和采用该专业领域的技术标准、技术规范和技术方法：① 国家标准；② 行业标准和技术规范；③ 该专业领域多数专家认可的技术方法。该规定删除了原来司法鉴定机构可以自行制定有关技术规范的规定，而 W 江南司法鉴定所违反该规定，仍然引用其自行制定的 JNFECWX－C－06－2013 标准。

2. 对西南政法大学司法鉴定中心出具的鉴定意见的真实性和准确性表示质疑

（1）关于鉴定的检材样本的质疑。

西南政法大学司法鉴定中心使用的样本均为本案利害关系人联华公司提供，既无公安机关的取证手续，也未经过本案被告人的确认和质证，无法保证真实性和有效性，违反一般的质证程序。

本案并非没有可替代、经过双方确认的检材，例如，经过盐城市中级人民法院确认的多份借条及《借款保证合同》；经过姜某与被害单位认可的协议。因此，检材样本的选取有失客观、公正。

本案要求鉴定的内容是文书制作时间分析的鉴定，并非笔迹鉴定，可以不需要提供样本进行对比分析。

（2）关于鉴定技术方法的质疑。

《司法鉴定程序通则》第二十三条规定，在没有国家标准、行业标准的情况下，应采用该专业领域多数专家认可的技术方法。文书制作时间鉴定通常采用拉曼光谱法，也是目前比较先进和准确的鉴定方法。但是，西南政法大学司法鉴定中心采用的是气相色谱—质谱（GC—MS）联用分析方法。根据权威解释，该方法常用于医学、生物、食品、石油化工、电力等领域的相关鉴定，少见于文书制作时间分析的鉴定。

（3）关于鉴定准确性的质疑。

由于检材与样本在纸张、墨水、油墨、保持环境等方面的不同都会对鉴定结果产生决定性影响，而本案利害关系人提供的检材样本，无法直接证明是否为当时所写，那么对于西南政法大学司法鉴定中心出具的鉴定意见也就无法保证其真实性和准确性。

由于技术原因,文书制作时间的鉴定准确性无法保证,所以在刑事案件中一般少用、慎用。

(4) 西南政法大学司法鉴定中心出具的鉴定意见缺乏必备内容。

根据中国国家认证认可监督管理委员会、司法部《司法鉴定机构资质认定评审准则》第5.8.1条规定,司法鉴定文书至少包含的信息中,鉴定方法和依据是必备信息,而西南政法大学司法鉴定中心鉴定文书中仅是"依据文书检验基本原理"即作出鉴定结论,没有列出任何鉴定依据文件。司法部颁布的46个技术规范中也没有文件制作时间鉴定的技术规范。《文书鉴定通用规范》(SF/Z JD0201001—2010)4.4.2"检验/鉴定方法"中,也没有文书制作时间鉴定方法。

(四) 目前在案证据不能证明顾某构成诈骗罪

根据《中华人民共和国刑法》第二百六十六条规定,诈骗罪是指以非法占有为目的,用虚构事实或者隐瞒真相的方法,骗取数额较大的公私财物的行为。根据起诉书指控,顾某与姜某串通,通过在借条上擅自添加担保印章,导致法院判决联华公司需要对姜某的债务承担连带责任。

(1) 若姜某无法偿还顾某的欠款,在担保合法有效的前提下,联华公司需对姜某的债务承担连带责任。据此可以认为,此时的受益人应属姜某。而要认定顾某构成诈骗罪的共犯,需要证明顾某在明知姜某无法偿还债务的情况下,与姜某合谋在借条上私自加盖印章,致使联华公司承担债务的连带清偿责任。根据本案被告人的供述,本案中借条形成时间对于证明顾某与姜某是否有串通的事实具有重要作用。

(2) 根据目前在案证据,无证据证明顾某与姜某串通擅自加盖印章。

顾某与姜某的债权债务关系合法有效,顾某要求姜某提供担保符合法律规定和一般常理;从债权人的利益归属来看,顾某要求有实力的第三方提供担保即可,无需指定特定人提供担保。

顾某与姜某的供述均表示二人曾就担保问题进行协商,而对于担保单位的确定顾某进行建议但无决定权。

在对债权债务提供担保过程中,借条和担保印章均是债务人姜某提供,顾某作为债权人事实上并不清楚,也不需要清楚借条和担保印章形成的过程。即使姜某确实存在偷盖印章的行为,在无证据证明顾某明知并与之串通的情况下,作为债权人无需对姜某的违法行为承担责任。

本案被告人顾某与姜某的供述和辩解稳定、一致,也无其他证据证明双方就加盖印章进行串通,无法证明顾某具有诈骗的主观故意,认定顾某构成诈骗罪证据不足。

（五）若无证据证明顾某在国家开发银行的贷款中实际谋取了违法所得，则顾某不构成高利转贷罪

根据《中华人民共和国刑法》第一百七十五条的规定，高利转贷罪是指以转贷牟利为目的，套取金融机构信贷资金再高利转贷给他人，违法所得数额较大的行为。本罪在客观上表现为以转贷牟利为目的，套取金融机构信贷资金高利转贷他人数额较大的行为。易言之，借款人在依正常程序依法贷得金融机构信贷资金之后，以转贷牟利为目的，将贷款高利转贷他人。

F县兴谷农村小额借款有限公司（以下简称小贷公司）主营业务是对外发放贷款，该项业务真实、合法。本案中顾某并未实际谋取非法所得。小贷公司根据《江苏省政府办公厅关于开展农村小额贷款组织试点工作的意见（试行）》（苏政办发〔2007〕142号）的政策精神，根据自身相关部门对小贷公司贷款规模的要求，以12家单位的名义向国家开发银行申请贷款4 000万元，国家开发银行审查后认为符合贷款条件，遂向小贷公司发放了该笔贷款。小贷公司收到贷款后，按国家开发银行要求向该12家用款单位发放了贷款。但是在国家开发银行贷款到期时，12家用款单位未能归还，小贷公司亦无钱垫付，顾某个人设法筹资4 011.65万元代为偿还。在该笔贷款过程中顾某并未实际谋取非法所得，反而因该笔贷款产生亏损。

根据刑法规定，高利转贷罪属结果犯，只有在转贷行为取得违法所得数额较大的情形下，才构成犯罪。小贷公司在该笔贷款中可能存在违规经营的情况，但顾某个人在该笔贷款中未获取非法所得，不构成高利转贷罪。

四、案例评析

辩护人通过本案论证试图说明，在刑事民事交叉案件中，如果行为人在民事法律关系中尚不存在注意义务，在刑事法律关系中也不可能存在作为义务。而高利转贷罪属结果犯，只有在转贷行为取得违法所得数额较大的情形下，才构成犯罪。小贷公司在该笔贷款中可能存在违规经营的情况，但行为人个人在该笔贷款中未获取非法所得，不构成高利转贷罪。

案例 17
李某居间诈骗案

居间并取得财物是否构成诈骗？

董玉泉

一、案情简介

（一）诈骗罪

2007年4月至2008年2月，被告人李某冒充中央军委办公厅现役军人、某领导秘书，以帮助某市联合实业集团公司办理土地手续为名，先后11次骗取联合实业集团公司董事长韩某人民币共计978万元。破案后，追回580余万元赃款、赃物，已返还韩某，其余赃款已挥霍。

（二）冒充军人招摇撞骗罪

2007年8月至2008年3月，被告人李某冒充中央军委办公厅现役军人、某领导秘书，被告人李某军（李某潞）冒充国务院机关事务管理局机关服务局副处长、现役军人，以帮助办事及承包总参兵种部天津种猪场、销售消防设备为由，在北京市海淀区万寿路万寿茶馆内，先后骗取北京天龙万安消防装备科技有限公司董事长颜某人民币共计140万元。

二、争议焦点

1. 被告人李某居间为韩某办理土地置换并取得财物的行为能否构成诈骗罪？

2. 被告人李某为颜某打听土地置换事项、居间办理总参兵种部天津种猪场承包以及销售消防设备并取得财物的行为能否构成诈骗罪？

三、专家研判

（一）被告人李某居间为韩某办理土地置换并取得财物的行为不构成诈骗罪

1. 本案现有事实和证据不足以认定被告人李某系以虚假的军人身份骗得韩某的信任，并使其陷于错误认识。

尽管本案有韩某、杨某新、李某岭等证实李某曾冒充军人身份，且在其家中亦搜查出假军官证，但不能据此认定被告人李某系以虚假的军人身份骗得韩某的信任，并使其陷于错误认识。

首先，杨某新、李某岭等只能证明李某曾自称现役军人，但却不能证明李某系向韩某冒充军人身份而骗得其信任，从而使其陷于错误认识而自愿交付财物。韩某作为与本案具有利害关系的被害人，其指控缺乏必要的证据支持与印证。

其次，被告人李某之所以得到韩某的信任，主要不在于其是否具有军人的身份，而是其办事能力。在李某为某市联合实业发展有限公司办理位于天津市东丽区的国防用地置换事宜中，韩某已见识到被告人李某在军队中的活动能量，才再次委托其协助办理位于某市的国防用地置换事宜，并口头约定了居间委托的报酬。在办理此项国防用地置换过程中，李某也确实起到了决定性的作用，不仅居间牵线韩某与军方相关负责人员的谈判事宜，还直接促成《军用土地转换协议》的正式签订。正是在实际办事的过程中，韩某充分感受到了李某的活动能力，才在没有确定李某身份的情况下，仍对李某有求必应，且不附加任何条件，甚至其公司还正式与李某签订了为期三年的劳动合同。

2. 本案尚无足够证据表明韩某陷入了错误认识，并因此而自愿交付财物。

通常而言，在诈骗犯罪中，行为人实施欺骗行为是要让对方陷入错误认识然后交付财产。对方的错误与行为人的欺诈行为之间必须有刑法上的因果关系。同时，在欺诈行为与对方交付财产之间，对方的错误又是必不可少的中介环节，即必须是由于欺诈行为使对方陷入错误认识从而交付财产，才能构成诈骗罪。易言之，对方的错误与交付财产之间同样要有因果关系，否则，即便对方交付了财产，也不构成诈骗罪。具体到本案而言，即使能够认定被告人李某曾向韩某冒充现役军人身份，也不足以就此认定韩某因此陷入了错误认识，并基于此自愿向李某交付财物。

首先，本案现有证据不足以证明被告人李某冒充现役军人的身份旨在使韩某陷入错误认识，以骗取其财物。至于李某是否利用现役军人身份骗取了对方的财产，一审判决并未就此加以证明。

其次，本案相关事实表明，韩某对于被告人李某非现役军人的身份可能是有

认知的,但并未因此陷入错误认识。一则,对于现役军人是按照军籍来管理的,其原户口须被销户。既然是韩某安排人帮着将被告人李某的户口从河南原籍迁到某市,又怎么还认为李某系现役军人?再则,如果李某果真具有军人身份且为中央军委某领导的秘书,从常理来说,李某又怎能与韩某的公司签订为期三年的劳动合同,且不引起韩某的怀疑?况且,在土地置换过程中,韩某与李某两家有着一年有余过从甚密的交往,彼此有相当的了解,李某的真实身份又有多少被掩盖的可能?韩某是否知道李某的真实身份,事关被告人李某冒充军人身份的行为是否使其陷于错误认识,也直接关系到李某的行为是否构成犯罪的问题,因此,司法机关应着力查证。至少本案现有事实和证据不能排除此一"合理可能"。

此外,即便韩某因李某的虚假身份陷入错误认识,这与其后续交付财物的行为之间是否具有刑法上的因果关系也缺乏必要的证据支持。换言之,本案现有证据不足以证明韩某是基于对李某虚假身份的错误认识而自愿向其交付财物。尽管韩某的确曾多次向李某给付财物,李某对此亦从未否认,但是,韩某之所以交付财物更可能并非出于对李某身份的错误认识,而是基于对其实实在在的办事能力的信赖,是为了促成军用土地置换协议并据此获得数以亿计的巨额利润而自愿付出的必要代价。

3. 被告人李某代表某市联合实业集团有限公司实际参与了军用土地置换事宜。

与会专家指出,司法实践中在具体认定诈骗罪时,应当将行为人居间收钱后实际办事的案件与收钱根本不办事的案件区别开来。一般而言,后者是典型的诈骗,而前者则不能以诈骗论处,因为其不仅欠缺非法占有之主观目的,也不符合诈骗罪的基本逻辑构造。具体到本案而言,被告人李某实际参与了土地置换事宜,并起到了直接的作用。

首先,本案有足够证据证明被告人李某实际居间参与了军用土地置换事宜,并起到了决定性的作用,一审法院对此已明确予以认可。保定市中级人民法院、保定市人民检察院以及李某的辩护人调取的解某文、王某明、张某元等的证人证言均已证实:被告人李某在获得某市联合实业集团有限公司及韩某的聘任、委托后,基于双方签署的劳动合同,代表该公司实际参与了军用土地置换事宜,并最终促成军方与某市联合实业集团有限公司签署了《土地置换协议》。在此过程中,李某发挥了至关重要的关键性作用。直到李某被韩某举报而身陷囹圄,他都在坚持为完成受托事项不懈努力。一审判决在认定李某实际参与了土地置换事宜的同时,却又认为李某是"以办理土地转换手续为名"骗取韩某的财物,这无疑是自相抵牾的。

其次，上述《土地置换协议》已报总后营房部作最后程序性审批，之所以久拖未决，完全归咎于韩某对被告人李某的举报，使得该置换协议被军方搁置。因此，土地置换事宜未能办成，与被告人李某并无关联。

此外，尽管某市人民政府曾向总参兵种部房地产管理处致函，介绍规划局局长黄某冬同志和某区政府主任徐某航同志前往商洽土地置换事宜，但却未起到实质性作用。一审判决认定，黄、徐二人"后来介绍韩某与部队协商，部队经请示后与韩某签订协议"。这一证言与被告人李某在土地置换过程中所起的作用并不矛盾，因为正是因为有李某后续的居间协商推动，才最后促成《土地置换协议》的签订。不能因为黄、徐均表示不认识李某，便否定李某在后续协商过程中的关键性作用。

4. 不能基于被告人李某未将从韩某处取得的钱物用于办理土地置换事项，而认定其构成诈骗罪。

一审判决虽然认定李某确实参与了《土地置换协议》的签订，但却认为解某文等人的证言不足以证明李某将钱物用于办理这些事项，不足以否定其诈骗的事实。换言之，被告人李某未将从韩某处所取得财物用于办理土地置换事项，是一审判决认定其构成诈骗罪的关键理由。而这显然有违刑法的基本理论，与诈骗罪的基本特征不符。

专家们一致指出，在居间人收钱后实际办事的案件中，行为人收钱后具体如何使用该费用通常与诈骗罪的构成与否无涉。因为双方已基于委托关系形成居间合同，居间人为委托人提供居间服务，并因此获取报酬，彼此之间所达成的是双务、有偿的诺成合同。在提供居间服务的过程中，居间人有权要求委托人支付从事居间活动支出的费用。即便居间人不适当地将部分费用据为己有，充其量也只是合同纠纷，不能构成诈骗罪。

具体到本案而言，被告人李某也承认从韩某处取得人民币 978 万元，但辩称其中 500 万元是借款，其余用于办理土地手续的费用以及韩某等人的消费。诚然，在经费的用途上，李某的供述与韩某的陈述之间是有分歧的。但是，作为提供委托服务的居间人，李某有权要求委托人韩某支付相关活动费用，因为要求其完全自费为韩某办事显然是荒谬的。既然土地置换事宜经李某运作已进入签约、审批阶段，相应的花费是必然存在的，而且其中部分花费无法证明完全是现实国情使然，不能因此苛责于居间人。一审判决在未能查明相关事实的情况下，将涉案 978 万元全部认定为诈骗数额，明显有失妥当。而且，李某辩称 500 万元是借款，虽为对方当事人韩某所否认，但考虑到双方之间居间合同的存在，该借款即具有预支劳务费的性质，从合理性上讲也并非毫无可能。

退言之,即使李某借款以及与韩某共同消费的理由不能成立,这至多也只是合同纠纷,完全可以通过民事途径追偿,不能仅因涉案数额巨大便贸然以诈骗罪追究刑事责任。

5. 本案现有事实与证据不足以认定被告人李某具有非法占有的主观目的。

诈骗罪的行为人在主观上必须具备非法占有的目的。而本案中,被告人李某始终否认自己有骗取韩某钱物的非法占有目的,而坚持认为双方之间是拿钱办事的委托关系。李某实际参与土地置换并直接促成《土地置换协议》的签订之事实,也足以说明本案与实践中拿钱不办事的案件有质的区别,其根本不具有非法占有的目的。而且,被告人李某在为黄某林、林某海等办不成事后全额退款之举,也从侧面印证其不具有非法占有的目的。

(二)本案现有证据不足以认定被告人李某为颜某打听土地置换事项、居间办理总参兵种部天津种猪场承包以及销售消防设备并取得财物的行为构成诈骗罪

与会专家指出,在涉及颜某的案件中,一审法院所列举并经庭审质证的证据基本围绕李某的虚假军人身份而展开,姑且不论其中部分证人证言的证明力如何,单就李某是否利用该身份行骗之核心事实而言,没有任何证据能够证明。其实,即便被告人李某有冒充现役军人身份之举,但他是否以此为手段使颜某陷入错误认识,并因此而自愿交付财物,必须有足够的证据加以印证。否则,便不能认定为诈骗罪。就此而论,一审判决是存在疏漏的。而且,一审法院认定被告人李某、李某军(李某潞)构成诈骗颜某的共同犯罪,但却未对二人如何形成共同诈骗故意、是否有共同诈骗行为作任何说明,更缺乏必要的事实和证据支持,同样多有不妥。在此基础上,与会专家对所涉三起案件逐一进行了论证。

1. 本案现有证据不足以认定被告人李某为颜某打听土地置换事宜并收取10万元的行为构成诈骗罪。

根据颜某的陈述,其给付10万元让李某兄弟帮朋友打听上海一块军用土地置换事项,而李某兄弟拿钱后再未提过这事,也没有还钱。而根据被告人李某的供述和辩解,此笔10万元是颜某托李某为朋友打听土地置换事宜其朋友所给的好处费,并非颜某给的。而且,他曾找过后勤部营房部某局长等打听,其中刑事案件法律文书共花费了8万多元,还剩下1万多元自己花了。后来颜某向他要了10万多元的各种票据,此事就算了了。尽管在10万元是源自颜某还是其朋友以及此事如何了结问题上两者有分歧,但这并不影响对李某行为的定性。本案能否准确定性,关键便在于李某究竟是否为颜某实际打听了土地置换事项。

而本案一审法院在未能查明相关事实的基础上，仅凭几份不相关的证据便以诈骗罪定性，缺乏必要的证据支撑。

2. 被告人李某居间为颜某办理总参兵种部天津种猪场承包事宜并收取80万元的行为不构成诈骗罪。

被告人李某辩称，其已着手办理种猪场承包事宜，只是因为案发而使计划落空。而这一辩解有总参军训和兵种部房管处张某元处长的证言相印证。在李某原审辩护律师赵某、秦某所作的《调查笔录》以及保定市中级人民法院法官孟某、齐某等于所作的《询问笔录》中，张某元处长证实，总后营房部某局长于2007年底带着张某元和李某等一行多人去考察天津种猪场，李某可能想承包这块地。这也足以说明，被告人李某并非收钱不办事，而是在实际运作种猪场承包事宜。一审判决认定其构成诈骗罪，既与刑法基本理论不符，也没有基本的证据佐证。

3. 本案现有证据不足以认定被告人李某居间为颜某销售消防设备并收取50万元的行为构成诈骗罪。

被告人李某辩称，自己已着手联系消防设备销售事宜，同样因为收钱后很短时间便案发而致计划落空。这一辩解不仅有合理性，也有其律师当庭提供的武警干部程某的书证予以佐证。况且，本案现有事实与证据根本无法证明被告人李某在主观上具有非法占有之目的。

李某假冒军警人员的身份或职称进行诈骗，损害了国家机关的威信及正常活动，应当从重处罚。但是在个案中要区分受害人是否因行为人虚构的身份而陷入错误认识，并因此交付财物。

四、案例评析

司法实践中在具体认定诈骗罪时，应当将行为人居间收钱后实际办事的案件与收钱根本不办事的案件区别开来。一般而言，后者是行为人没能力也不想实际办事，所以是典型的诈骗；而前者是行为人有能力或者想办事，只是做了努力之后没办成，则不能以诈骗论处，因为其不仅欠缺非法占有之主观目的，也不符合诈骗罪的基本逻辑构造。

案例18
张某合同诈骗案

以虚假提货单骗逃铁路运费,是合同诈骗还是民事欺诈?

周连勇、马源

一、案情简介

2014年12月30日,X市铁路公安处就张某涉嫌合同诈骗罪一案向X市铁路运输检察院移送审查起诉,《起诉意见书》指控:2013年1月某国际货运代理有限公司在与某国际多式联运有限公司签订连云港至阿拉山口、连云港至霍尔果斯运输协议后,犯罪嫌疑人张某利用铁路运输部门出口货物与过境货物运输价格的差异,为偷逃铁路运输费用,于2013年1月至2014年4月间,授意该公司操作部主管李某安排公司员工使用电脑软件伪造提货单的手段,将出口集装箱运输伪造成过境集装箱运输,共计涉嫌套过境的集装箱1 735个,偷逃铁路运费7 927 501.3元。

担任本案犯罪嫌疑人张某辩护人的律师认为,犯罪嫌疑人张某涉嫌合同诈骗罪,在事实、证据及法律适用方面均存在严重问题。因此,律师事务所于2015年5月28日特委托部分从事刑事法学研究的专家学者、刑辩律师,对张某案件的事实、证据及法律适用问题进行论证。

二、争议焦点

1. 根据《起诉意见书》中认定的证据,对张某构成合同诈骗罪的指控能否成立?
2. 如果指控能够成立,本案的犯罪数额如何认定?

三、专家研判

围绕《起诉意见书》中的指控,与会专家进行了细致的分析和深入的讨论后认为:

（一）根据本案《起诉意见书》中认定的证据，不能证明犯罪嫌疑人张某具有合同诈骗的客观行为

本案中《起诉意见书》认定，张某"……授意该公司操作部主管李某安排公司员工使用电脑软件伪造提货单的手段，将出口集装箱运输伪造成过境集装箱运输……"，可见，《起诉意见书》中指控张某等犯罪嫌疑人采取伪造提货单的手段实施诈骗，从而构成合同诈骗罪。然而，与会专家经过讨论认为，本案现有证据无法证明上述指控。

一是《起诉意见书》中指控张某等"伪造提货单"，但是在本案现有证据中，并没有将指控所使用的提货单，与按照指控逻辑应当存在的真实的提货单对比，也没有对涉案提货单的真伪进行司法鉴定，因此涉案提货单是否被伪造无法得到证明。

公安机关移送审查起诉的材料中，对提货单的伪造行为，主要通过犯罪嫌疑人的供述加以认定。根据同案犯罪嫌疑人李某的供述，制作假提货单是吴某所教，吴某通过QQ发送给李某一份真实的提货单扫描件和一张运单电子档，然后通过画图软件对真实的提货单进行修改，形成假提货单。李某还供述了自行制作假提货单的方式、方法。公安机关据此指控，本案中存在伪造提货单的行为，犯罪嫌疑人根据真实的提货单修改制作了虚假的提货单。

然而，对于犯罪嫌疑人伪造提货单的行为，《起诉意见书》中仅依据犯罪嫌疑人的供述加以认定，缺乏其他的证据加以印证。具体来说，侦查机关仅提取到卷中所列的提货单，但是并没有将在案的提货单与按照指控逻辑应当存在的真实的提货单进行对比，也没有提取到伪造提货单的电脑、模板等犯罪工具，更没有对提货单的真伪进行司法鉴定。因此，本案现有证据无法证明涉案提货单是被伪造的假提货单。

此外，侦查机关的案卷中仅存在2013年1月至6月的提货单，并未搜集2013年6月至10月的提货单，因此不能证明2013年6月至10月期间，某国际货运代理有限公司存在伪造假提货单、从事套过境活动。那么，《起诉意见书》中指控某国际货运代理有限公司在2013年6月至10月以伪造假提货单的方式从事套过境活动，更加没有基本的证据加以证明。

二是对于《起诉意见书》中认定的海关出口货物报关单、货票、货运中心连云港营业部出具的铁路集装箱运费价格证明表、某国际货运代理有限公司与某国际多式联运有限公司签订的连云港至阿拉山口、连云港至霍尔果斯运输协议等证据，与犯罪嫌疑人是否采取伪造提货单的手段实施诈骗行为不具有关联性，上述证据对于合同诈骗行为是否存在没有证明作用。

除提货单外,本案侦查机关还搜集到以下证据。从连云港海关调取海关出口货物报关单1 715份;从上海铁路局X市货运中心连云港营业部调取的货票共1 715份,以及某集装箱公司出具的《某国际货运代理有限公司2013年1月至10月发车信息统计表》《某国际货运代理有限公司2013年1月至10月发车信息统计表的说明》;货运中心连云港营业部出具的铁路集装箱运费价格证明表;某国际货运代理有限公司与某国际多式联运有限公司签订的连云港至阿拉山口、连云港至霍尔果斯运输协议。与会专家认为,上述证据与犯罪嫌疑人是否使用伪造的提货单实施合同诈骗行为没有关联性。

具体来说,按照《铁道部关于过境中国铁路国际联运货物运送费用核收暂行规定》第五条:"对经港口转发运以及经国境站接入(交出)转运的国际联运货物,港口站(国境站)应认真审核,严格把关。凡是以过境货物报关单向海关申报并在国际货协运单加盖'海关监管货物'戳记的,均视为过境货物。"因此,过境货物需要填报"过境货物报关单",而非出口货物报关单。从指控犯罪的角度来说,只有存在伪造的出口货物报关单,才能证明涉案货物的属性从单纯的出口被伪造为过境货物,由此才可能存在骗取运输费用的问题。显然,出口货物报关单并不能证明这一关键环节,它对于合同诈骗行为是否存在没有证明作用。

另外,本案中的海关出口货物报关单的申报单位为连云港苏豪国际物流有限公司、连云港鲸华物流有限公司,它们与某国际货运代理有限公司是何关系,是否为某国际货运代理有限公司委托报关,本案现有证据同样无法证明。

对于侦查机关指控犯罪中的货票,以及某集装箱公司出具的《某国际货运代理有限公司2013年1月至10月发车信息统计表》《某国际货运代理有限公司2013年1月至10月发车信息统计表的说明》,同样与某国际货运代理有限公司是否使用伪造的提货单实施合同诈骗行为没有关联性。根据国际货运的基本流程和单据要求,货票只能是提取货物的凭证,其与货物是单纯的出口还是过境运输没有关系,因此货票本身无法证明某国际货运代理有限公司是否存在伪造单证套过境的行为,其对合同诈骗行为证明作用。另外,本案中货票托运人一栏载明托运人为某国际多式联运有限公司上海分公司,其与某国际货运代理有限公司是何关系,是否为某国际货运代理有限公司委托运输,同样没有相关的证据证明。

《起诉意见书》中列举的最后两项证据,即货运中心连云港营业部出具的铁路集装箱运费价格证明表,以及某国际货运代理有限公司与某国际多式联运有限公司签订的连云港至阿拉山口、连云港至霍尔果斯运输协议,它们分别只能证明出口货物与过境货物运费的差额,以及某国际货运代理有限公司与某公司之间存在运输协议,它们对于某国际货运代理有限公司是否使用伪造的提货单实施合同诈骗行为没有任何证明价值,对于本案争议的关键问题缺乏最基本的关联性。

综合以上分析,与会专家们认为,在过境货物运输的具体操作过程中,相关的单据应当包括提货单和运单,这是区别出口运输和过境运输的关键证据。但是在本案现有证据中,除了2013年1月至6月的部分提货单外,没有其他证据与本案《起诉意见书》指控的"套过境"行为有关;然而,上述提货单是否系伪造,缺乏必要的证据加以证明。因此,本案现有证据仅能证明某国际货运代理有限公司以出口货物报关,铁路部门以过境货物予以承运;至于究竟是铁路运输部门在承运时疏于审核,还是某国际货运代理有限公司故意隐瞒,缺乏必要的证据予以证明,尚未达到刑诉法规定的"事实清楚,证据确实充分"的定罪标准。

(二)本案现有证据不能证明犯罪嫌疑人张某具有非法占有的主观目的

根据刑法规定和刑法学界的基本共识,合同诈骗罪属于故意犯罪,并且应当具有非法占有他人财物的主观目的。是否具有非法占有目的,是区分能否构成合同诈骗罪的关键点。

本案中,对于是否具有非法占有目的,只有犯罪嫌疑人张某的供述与此相关。根据犯罪嫌疑人张某2014年6月29日供述:"因为当时的市场比较混乱,大家都是用'出口套过境'的手法,同样是出口运输,如果我不用'出口套过境'的手法会导致我的运费比别人多3 000元左右。客户肯定会选择别家的公司。为了维持我们的客户,所以我也用这种手法,致使我的运费也低。""我没有谋取到任何利益,我只是为了不让客户流失。"可见,张某主观上是为了多拉拢货源,并非直接想骗逃铁路运费。

除此之外,没有其他证据能够证明犯罪嫌疑人具有非法占有的目的。按照《中华人民共和国刑事诉讼法》第五十三条的规定,"对一切案件的判处都要重证据,重调查研究,不轻信口供。只有被告人供述,没有其他证据的,不能认定被告人有罪和处以刑罚;没有被告人供述,证据确实、充分的,可以认定被告人有罪和处以刑罚。"因此,在只有犯罪嫌疑人的供述与此问题相关、没有其他证据可以证明的情况下,无法认定犯罪嫌疑人具有非法占有铁路运费的主观目的。

(三)关于犯罪数额计算问题

1. 关于统计表中集装箱的所有人和使用人问题。

从公安机关的证据卷来看,是以集装箱号作为计算涉嫌犯罪数额依据的,但如何确认涉案的集装箱的所有人和使用人是某国际货运代理有限公司,公安机关没有相应的证据证明。

2. 某国际货运代理有限公司的涉案金额计算问题。

(1) 2013年1月至5月的涉案金额应从某国际货运代理有限公司剥离。

根据指控,伪造提货单和运单是本案涉嫌犯罪的行为,根据本案的证据显示,2013年1月至5月期间的过境运输,均是上海某国际物流有限公司借用某国际货运代理有限公司的名义,并实施了伪造提货单和运单的行为。而某国际货运代理有限公司是根据上海某国际物流有限公司的报价,支付的包干费,也没有指使上海某国际物流有限公司伪造提货单和运单,因此将此期间的涉案金额计算在某国际货运代理有限公司的涉案金额内,没有事实依据和法律依据。

上述事实有青岛某国际物流有限公司职员吴某、顾某、李某的证人证言证实。

吴某在询问笔录中证实:"2012年8月份公司指派我维持某国际货运代理有限公司这个客户,主要从事某国际货运代理有限公司的具体业务操作。于2013年5月份(具体时间我记不住了),某国际货运代理有限公司不委托我们公司办理业务后我就不负责某国际货运代理有限公司的业务办理了。""某国际货运代理有限公司主要是按照我们公司提供的报价单招揽客户,招揽到客户后某国际货运代理有限公司将信息整理后进行报关,报关审核后某国际货运代理有限公司就将审核通关后提供的报关单以及申报单提供给我们公司,之后的一切流程就由我们公司负责操作。""我们公司在接到某国际货运代理有限公司提供的单据后,针对某国际货运代理有限公司的出口运输的货物,伪造一份提货单以及伪造一份运单。在伪造好提货单以及运单后,将伪造的单据通过外勤人员送到码头。就把原本出口运输的货物变成过境运输的货物了。"问:"你公司将某国际货运代理有限公司的出口运输货物改成过境运输的货物时,用的哪家公司的名义?"答:"运单上填写的发货人应该是某国际货运代理有限公司。"问:"谁让你们在2013年之后用某国际货运代理有限公司名义发货的?"答:"是我们操作部经理顾某。"

"为什么要将某国际货运代理有限公司出口运输的货物变成过境运输的货物?"顾某答:"公司老板朱某要求的。""谁让你们以某国际货运代理有限公司名义发货的?""公司老板朱某要求的。"

"谁伪造提货单以及运单修改的?"李某答:"是我负责的。""谁让你伪造提货单以及修改运单达到'出口套过境'运输的?""我们公司日常工作流程就是这样的,我也就这样做的,也是这样伪造提货单以及制作、修改运单的。""是谁让你们以某国际货运代理有限公司的名义去发货?""是公司高层让我们这样发货的,具体是谁我不知道。"

以上供述与张某、李某的供述一致,可以证明:某国际货运代理有限公司在2013年1月至5月期间只是承揽货源,某国际物流有限公司则在2013年1月至5月期间在其老板朱某要求下,伪造提货单、水路运单,以某国际货运代理有限公司的名义从事"套过境"业务。

因此,将该部分业务计算在某国际货运代理有限公司涉嫌的犯罪数额以内是错误的。

(2) 某国际货运代理有限公司支付给某联运公司的费用应当先行抵扣铁路运费。

某国际货运代理有限公司和某联运公司约定由某联运公司代办铁路发运手续,垫付铁路运费,因此,某国际货运代理有限公司共计向某联运公司支付的代理费用应先行冲抵铁路运费,应按照出口货物运费价减去某联运公司收到的代理费,而公安机关是按照出口货物运费价减去过境货物运费价,没有考虑到某国际货运代理有限公司实际支付的费用,加重了某国际货运代理有限公司的法律责任。

根据《连云港至霍尔果斯国际集装箱班列运输代理协议》《连云港至阿拉山口国际集装箱班列运输代理协议》约定的包干费用,某联运公司以代理费的名义向某国际货运代理有限公司收取。某国际货运代理有限公司支付给某联运公司的代理费合计 27 961 654 元,其中至阿拉山口的代理费金额为 20 638 864 元,至霍尔果斯的代理费金额为 7 322 790 元。根据某联运公司出具的《关于我公司与连云港某物流公司等二十六家客户有关情况的说明》,截至2014年7月8日,某国际货运代理有限公司近拖欠某联运公司包干费至阿拉山口的 10 706 元,至霍尔果斯的结清。

按照铁路出具的统计表,同期,出口货物运费价款合计为 23 290 299.6 元。代理费金额 27 961 654 元减去出口货物运费价款合计为 23 290 299.6 元,差额为 4 671 354.4 元,即代理费金额超过同期口货物运费价款。

某联运公司的过境自备箱包干费用包括铁路运杂费、转关费、代理费等,而某国际货运代理有限公司支付的过境集装箱包干费超过同类出口货物集装箱的运费。按照有利于犯罪嫌疑人的原则,包干费应先行冲抵出口货物的运费,那么,某国际货运代理有限公司即不存在骗逃铁路运费的犯罪事实。

(3) 对某国际货运代理有限公司的涉案金额是否需要鉴定的问题。

对某国际货运代理有限公司的涉案金额,我们认为应当经过具有鉴定资质的第三方进行司法会计鉴定,而不能仅凭公安机关自行计算的数字作为涉案金额,更不能估计判案,必须做到事实清楚、证据确凿。

（四）关于本案的定罪和量刑

1. 关于本案定性为合同诈骗罪，本身即存在诸多争议，罪与非罪的争论可谓泾渭分明。即使定罪，也只能适用合同诈骗罪中的"其他方法"这一兜底条款。但这一兜底条款"以其他方法骗取对方当事人财物的"中的"其他方法"同样应达到与该条款中其他情形相同（刑法惩罚）的社会危害性程度，而不应将《中华人民共和国刑法》第二百二十四条未列举的情形统统归于"其他方法"，任意扩大"其他方法"的范围；该条款属弹性条款，本身并没有具体的规定，是立法者在采用列举式立法条款中为了防止列举情形未穷尽的情况下的一种补救手段，它实际是授予了司法机关一种补充解释权。但要适用这一条款，很明显地需要一个司法解释来明确该条款的具体内容。也就是说必须要由全国人大常委会或最高人民法院就此作出一个立法或司法解释。目前，全国人大常委会或最高人民法院对此条款并无专门解释。

2. 按照刑法的规定，合同诈骗罪的本质特征是犯罪分子通过欺骗行为使被害人上当，从而让被害人"自愿"将自己的财物交给犯罪分子，即将被害人的财物转移占有到犯罪分子的控制之下，但本案中，财物一直控制在本方手上，只是应支付对价但未支付，财物的所有权并没有发生转移。此种情况下，是否构成合同诈骗罪，值得商榷。

3. 本案侵害的对象究竟是财物还是劳务。关于财物的范围，《中华人民共和国刑法》第九十一条、第九十二条已分别对公共财产和公民私人所有的财产进行了明确规定，但不包括财产性利益和劳务。铁路部门承担的是运输服务，与托运人之间是运输合同关系，《中华人民共和国合同法》第二百八十八条规定："运输合同是承运人将旅客或者货物从起运地点运输到约定地点，旅客、托运人或者收货人支付票款或者运输费用的合同。"因此，铁路部门履行的是运送行为，即承运人必须实施的将物品或旅客从一定场所运送至另一场所的行为。故从行为人所侵害的对象讲，其所骗取的不是铁路的财物，而是铁路所提供的劳务，而对骗取劳务的行为，现行《中华人民共和国刑法》并没有明确规定。

4. 本案中涉及的国际联运过境运输方式，在连云港地区具有普遍性，涉案企业二十多家，这说明在政策以及管理方面存在不少问题，这一点在定罪和量刑时应予以充分考虑。

5. 本案在尚未采取民事和行政手段进行救济的情况下，即运用刑罚手段，有失偏颇。《中华人民共和国铁路法》第十九条规定："托运人因申报不实而少交的运费和其他费用应当补交，铁路运输企业按照国务院铁路主管部门的规定加收运费和其他费用。"考虑到铁路法对于与铁路运输有关的若干刑事罚则都作了详尽的规定,而对于骗逃铁路运费的行为并没有规定刑事罚则。我们认为立法者正是考虑了骗逃铁路运费行为的社会危害性程度,故将其排除在刑法调整之外。再结合《中华人民共和国合同法》第三百零四条规定的托运人申报不实承担损害赔偿责任的规定,可以认为,我国刑法并未明文规定骗逃铁路运费属犯罪行为,而铁路法和合同法都对此作了由托运人承担赔偿责任的规定。因此,我们认为考究立法原意,骗逃铁路运费行为不应由刑法来调节,不属于犯罪行为。

根据律师事务所提供的有关材料,通过以上分析、论证,我们认为:本案现有证据无法证明犯罪嫌疑人张某构成合同诈骗罪,《起诉意见书》中的指控不能成立。在目前的法律规定下,骗逃铁路运费的行为以犯罪论处,其法律依据不够明确充分。骗逃铁路运费的行为应属于民事法律调整的范畴,是一种民事欺诈行为,而非一种犯罪行为。

四、案例评析

托运人以获取非法利益为目的,在签订和履行铁路货物运输合同的过程中,采用匿报品名、少报多装等隐瞒事实真相的欺骗手段少交运费,这种行为肯定是一种合同欺诈行为。但刑法关于合同诈骗罪规定的前四种具体情形,实际要求是遭受的重大损失通过民事诉讼方式不能得以弥补,有着严重的社会危害性,因此具有刑事可罚性;同时,该条款第五项并不会因为没有表明"具体情形"而削减其社会危害性程度的分量,贸然套用可能有违罪刑法定原则。

案例 19
郑某涉嫌集资诈骗案

以发展会员方式促销商品是集资诈骗吗?

马 源

一、案情简介

2015年4月23日,被告人郑某因涉嫌集资诈骗罪被某县公安局刑事拘留。2015年8月28日,某县公安局认定被告人郑某因涉嫌集资诈骗罪向某县人民检察院移送审查起诉。某县人民检察院退回补充侦查两次后,于2016年1月21日向人民法院提起公诉。

为了正确地评价被告人郑某的法律责任,本案律师于2016年8月27日在南京委托七名从事刑事法学研究的专家学者、刑辩律师,对该案件的实体及法律问题进行论证,并出具法律意见书。

二、争议焦点

1. 被告人郑某被控集资诈骗罪,该指控罪名是否成立?
2. 被告人郑某是否参与了路某等人变相卖酒的经营行为?

三、专家研判

围绕起诉书中的指控,与会专家进行了细致的分析和深入的讨论后认为:

(一) 被告人郑某的行为不符合集资诈骗罪的犯罪构成

1. 在客观上,被告人的行为是一种变相促销商品的商业交易行为,而不是非法集资的行为。

众所周知,商业交易与集资活动本质界限在于,商业交易中接受资金方以赚取交易利润为目的,而非法集资中接受资金方以筹集资金为目的。从本案事实来看,被告人郑某等人以8 400元购买两单酒(或以4 200元购买1单,再推荐他人购买1单)成为会员而后享受六期或六周分红15 180元的销售模式,似乎是一种借售酒之名而实施的筹措资金行为,但事实情况并非如此。

首先,在营销模式上,本案被告人主要是通过发展会员成为客户(自己购买)或者经销商(推荐他人购买),以达到促销酒的目的。

其次,在分红的模式上,被告人所采取的主要以现金,并辅之以酒或者未来股份替代现金分红的方案也充分表明被告人的行为旨在销售酒,而非集资。在此,以第一批会员交纳的会员费、四期分红及后期分红出现困难而采取的补救方案事实来分析,会员虽然只获得了四期分红 3 666 元,但根据公司所采取的用酒替代现金的分红方案,会员能够获得与其应得余下两期分红的相应数量的酒产品。如此一来,被告人表面上是对会员分红,但实际上是变相地销售了自己公司的酒。由此,本案中被告人的行为实质上是"借分红之名行变相销酒之实",亦即通过发展会员成为客户或者经销商,以达到酒的销售目的,这实际上是一种变相销酒的行为,而非融资或者集资行为。

2. 在主观上,被告人不具有非法占有之目的。

本案被告人的行为虽存在一定的欺诈因素(主要是隐瞒了变相销售酒的真实目的及最终不能兑现现金分红的承诺),但这并非意味着被告人主观上具有非法占有他人财产的目的。

首先,本案中被告人所承诺的"回报"具有真实性。这是因为,本案被告人起初一直都按照之前承诺的分红方案兑现分红,只是在后来发现起初的现金分红方案难以兑现、公司难以为继时,被告人及时更改分红模式即用酒或者可能上市的公司股份进行分红,这表明被告人主观上并不具有占有他人财产之目的。如果被告人只是意图非法占有他人财产的话,后来也就无需采取用酒或者未来公司股份分红的补救方案。

其次,本案中,在一些会员要求退单时,被告人予以退单的做法,也表明了被告人主观上不存在非法占有的目的。

再次,2014 年 12 月被告人实施的分红行为也不能证明行为人主观上具有非法占有他人财产之目的。如上所述,本案被告人的行为本质上是一种"借分红之名而行销酒之实"的行为,亦即通过发展会员成为客户或者经销商,来达到销酒的目的。所以,被告人虽然于 2014 年 12 月进行了分红,但这主要是他们按照此前承诺的分红比例进行的分红,而非对会员的财产进行占有,因为他们自始至终都是要进行分红的,只不过分红的方案在后期发生了变更。

(二)现有证据难以证明郑某参与了其他人变相卖酒的经营行为

1. 郑某是否提议设立 J 公司及是否是该公司的股东,证据上存在疑问。

首先,关于谁提议设立公司的问题,从另案涉案被告人的供述来看,存在着郑某提议、四名股东共同商定、耿某峰提出及不清楚谁提议等多种不同的提法，而郑某本人表示否认，由此难以确定郑某就是设立J公司的提议人。

其次，关于郑某是否是J公司的股东问题。从J公司工商登记资料来看，可以证实郑某不是J公司的股东。

再次，至于郑某是否是J公司的隐名股东，郑某本人表示否定，至于涉案另案被告人所做的相关供述或是前后矛盾，或是听他人说的。这些前后矛盾的供述或者传闻证据不能直接证明郑某是J公司的股东。

2. 郑某是否参与J公司的销售分红模式的确定及经营存在疑问。

关于郑某是否提供或者决定J公司的前期销售分红模式，涉案另案被告人的供述前后不一致，且相互矛盾，在郑某本人也做否认供述的情况下，难以证明郑某实际参与了J公司的销售分红模式的讨论和决定。对于J公司后期调整分红方案，是由某教授制定后经涉案另案被告人同意的，本案被告人郑某并没有参与。

上述事实表明，对于本案被告人郑某是否提议设立J公司、是否实际参与J公司经营方案的讨论、决定及经营活动，在证据上都存在着疑问，由此不能证明被告人郑某参与了其他人变相卖酒的经营行为。相反，从C公司与J公司签订代理合同及C公司、J公司的财务资料、供销货物单据等证据来看，两者之间呈现为一种单纯的供销业务关系。

根据律师事务所提供的有关材料，通过以上分析、论证，有关刑事法律专家认为：被告人郑某的行为不符合集资诈骗罪的犯罪构成，现有证据难以证明郑某参与了其他人变相卖酒的经营行为，起诉书指控郑某涉嫌集资诈骗罪不能成立。

四、案例评析

商业交易与集资活动的本质界限在于，商业交易中接受资金方以赚取交易利润为目的，而非法集资中接受资金方以筹集资金为目的。本案中行为人通过采取发展会员成为客户（自己购买）或者经销商（推荐他人购买），最终达到促销酒的目的，其并非单纯为筹集资金以作其他用途，所以对是否定为诈骗罪应进行综合的考量。

案例 20
中国首例电子商务被控传销案

是电子商务的先进创新,还是骗术高明的传销?

董玉泉

一、案情简介

2010年6月,江西省南昌市工商局以江西精彩生活投资有限公司涉嫌传销,向南昌市公安局移送案件。同年6月29日南昌市公安局对江西精彩生活投资有限公司立案,对公司正常经营行为予以监管;2010年11月10日,南昌市公安局经过调查取证,司法审计鉴定认为,无法认定江西精彩生活投资有限公司的行为有"骗取财物"的情形;决定撤销对此案的立案。中共江西省委政法委员会研究认为,对江西精彩生活投资有限公司的撤销案件的定性意见一致,南昌市公安局将案件退回工商局。

2011年7月,山东聊城莘县公安局拘留加盟渠道商刘某华、童某,检察机关审查认为不构成犯罪,不予批捕。当地公安局在两人缴纳660余万元"取保金"后释放。2012年4月,由于工商机关坚持本案是传销犯罪,不断向工商总局反映,南昌市公安局改变原来定性,拘捕本案8人,查封精彩公司近12亿元账上保证金户头现金资产和该公司在广东价值近6亿元的房产,同时对电子结算银行中的近6亿元流动资金进行监管。"太平洋直购网"交易在公安局监管下一直正常进行。2012年11月29日,南昌市检察院向南昌市中级人民法院提起公诉。公诉机关认为,被告人唐某南、刘某华、程某英等8人借助太平洋直购官方网,以开展电子商务为名,要求参加者以购买商品或缴纳保证金的方式获得加入资格,并按照一定顺序组成层级,直接或间接以发展人员数量作为计酬依据,引诱参加者继续发展他人参加,在全国范围内大肆发展渠道商,并骗取巨额保证金,违反了刑法的相关规定,应当以组织、领导传销活动罪追究其刑事责任。

律师事务所邀请了5名国内外刑法学家、民法专家对太平洋直购官方网站BMC模式的法律关系及其经营行为是否构成传销进行了论证。

二、争议焦点

BMC 模式是电子商务的先进创新,还是骗术高明的传销?

三、专家研判

《中华人民共和国刑法修正案(七)》规定了"组织、领导传销罪"。按照该规定,传销活动是组织、领导以推销商品、提供服务等经营活动为名,要求参加者以缴纳费用或者购买商品、服务等方式获得加入资格,并按照一定顺序组成层级,直接或者间接以发展人员的数量作为计酬或者返利依据,引诱、胁迫参加者继续发展他人参加,骗取财物,扰乱经济社会秩序的行为。实践中,判断一种行为是不是构成犯罪,应当按照主客观相一致的刑法原则,从犯罪构成要件的整体性、统一性要求去综合考虑,只有在全部符合犯罪构成要件的情况下才能认定某一行为构成犯罪。对照这一关于传销的规定,与会专家认为 BMC 商业模式与传销活动有明显区别。

1. 传销行为的根本特征是以推销商品和服务为名、行欺诈之实。

传销活动的组织者并不能为参加者提供真实的服务和商品,也不具备真实的经营背景和经营能力,其所提供的"商品和服务"只是为掩盖其行为性质而制造的一种假象,是为了骗取财物收取"入门费"的一个由头,其所提供的"商品和服务"也不可能是货真价实的,而是名不副实的。在传销活动中,参加者也不可能按照自己的真实意愿选择消费,而是必须购买名不副实的"商品和服务"。因此,能否为消费者和参与者提供真正的商品和服务,是判断一种商业模式是不是传销活动的根本标准。按照精彩生活公司对 BMC 商业模式的描述,作为电子商务平台的太平洋网是真实地在为消费者推销商品和提供服务。如前所述,太平洋网能为消费者提供 2 000 多万种商品和服务,几乎涵盖社会生活衣食住行的各个方面,任何一个消费者都可以选择自己所需要的商品和服务。并且普通消费者通过太平洋网进行消费,确实可以获得更多的优惠和实惠。这样,按照主客观相一致的刑法原则,就不能认为 BMC 商业模式是以推销商品和服务为名,行欺诈之实。

2. BMC 模式中的返利来源和传销活动不同。

在传销活动中,行为人要求参加者以缴纳费用或者购买商品、服务等方式获得加入资格,直接或者间接以发展人员的数量作为计酬或者返利根据,其所谓的"返利"来源就是参加者的"入门费"。由于传销活动的组织者不能提供真正的商品和服务,也就不可能具有真实的商业利润,所以只有靠不断扩大参加者队伍、不断收取入门费作为"返利"来源。而在 BMC 商业模式中,各方分配的利益是供应商真正的商业利润,只不过供应商把独享的利润进行了分割而已。

3. BMC 模式中的返利根据与传销活动不同。

与前述问题紧密相连,由于传销组织不能提供真正的商品和服务,没有真实的商业利润,是靠参加者的入门费作为"返利"来源的,因此一个组织者发展的参加者越多,其收益也就越高,于是组织者也就不断地发展参加者,一个商家可以无限地、永远地从其直接和间接发展的下家中获得现实利益,也就是靠"人头"取费。而在 BMC 商业模式中,某一级渠道商的利润是固定的,其预定的 PV 量无论几经转手,该固定利润只能在渠道商和消费者之间进行分配,不存在发展下家越多、收益越高的问题。前一个渠道商把自己预定的 PV 量转移给下一个渠道商时,其不能从下一个渠道商处获得任何利益,只能从太平洋网获得利润差价。

4. BMC 商业模式中的组织形式以及该组织形式在利益分配时所起的作用与传销组织不同。

如前所述,在传销活动中,参加者是"按照一定顺序组成层级"的,最顶尖的组织者对其直接发展的所有参加者和间接发展的所有参加者(指参加者发展的参加者)永远具有上、下家的关系,一个上家对其直接和间接发展的所有下家也永远具有上、下家关系,并且上家永远可以从其直接发展和间接发展的下家中享受利益。而在 BMC 商业模式中,不存在以直接或者间接以发展人员的数量作为计划或者返利依据的问题,PV 量的转移不同于买卖,一个渠道商只能在自己预定的 PV 量中获得利益,并且这种利益是从太平洋网获得的,而不是通过"卖给"下家获得的,这里不存在从"下家的下家"获得现实利益的问题。因此,一个渠道商与其推荐的渠道商也就不存在利益上的上、下家关系。

与会专家注意到,在 BMC 商业模式中,为了保护渠道商的推广积极性,太平洋网规定上一个渠道商对其直接或者间接推荐的任何渠道商也具有一定的"层级"关系,也就是说,上一个渠道商直接和间接发展任何渠道商的 PV 量都可以视为该上一个渠道商的 PV 量。但是,在这种"层级"关系中,上一个渠道商并不能从其直接或者间接发展的渠道商中获得任何现实利益,只是通过这种层级关系取得了更高级别渠道商的资格,取得了享受更高返利比例的资格,如果要把这种资格转换为现实的利益,该上一个渠道商只有进行消费才能取得,而不是从其直接或间接发展的渠道商中直接获得利益。因此 BMC 模式中的"层级"组织形式的作用与传销活动明显不同。

5. BMC 商业模式中的保证金与传销行为中的"入门费"也有不同。

二者的主要区别在于:保证金的作用是保证渠道商履约,而入门费的作用则

是传销组织者的利益来源;保证金的金额是根据其预定的PV量的多少确定的,而"入门费"是以取得入门资格为限的恒定、统一的金钱量;保证金可以退还,而入门费不能退还;保证金是渠道商在充分了解风险提示内容后在理性状态下缴纳的,且在冷静期内仍可以返回,而入门费则是参加者在被诱骗,甚至是被胁迫状态下缴纳的。

最后,与会专家认为,作为一种新的商业模式,BMC模式涉及的法律关系及法律性质问题比较复杂,社会各方对该商业模式涉及的法律关系和法律性质存在不同认识是正常的。在有关部门没有对BMC商业模式的性质进行界定的情况下,行政执法机关和司法机关不宜对该商业模式按照传销活动来对待。

四、案例评析

行为人的经营行为是否有真实的货物等交易内容,是认定构成诈骗或者传销的重要依据。交易的真实性、实现交易内容的能力、商业盈利模式等是判断其行为性质的关键因素。随着现代商业的发展,现行法律无法、也不可能对所有的贸易手段和模式进行涵摄,但作为犯罪的本质特征和诈骗犯罪的基本构成要件是不会发生变化的,在新型商业模式中准确厘清构成要件才能做到罪刑法定。

附：法条索引

一、《中华人民共和国刑法》

第一百九十二条 以非法占有为目的，使用诈骗方法非法集资，数额较大的，处五年以下有期徒刑或者拘役，并处二万元以上二十万元以下罚金；数额巨大或者有其他严重情节的，处五年以上十年以下有期徒刑，并处五万元以上五十万元以下罚金；数额特别巨大或者有其他特别严重情节的，处十年以上有期徒刑或者无期徒刑，并处五万元以上五十万元以下罚金或者没收财产。

第二百六十六条 诈骗公私财物，数额较大的，处三年以下有期徒刑、拘役或者管制，并处或者单处罚金；数额巨大或者有其他严重情节的，处三年以上十年以下有期徒刑，并处罚金；数额特别巨大或者有其他特别严重情节的，处十年以上有期徒刑或者无期徒刑，并处罚金或者没收财产。本法另有规定的，依照规定。

第二百二十四条 有下列情形之一，以非法占有为目的，在签订、履行合同过程中，骗取对方当事人财物，数额较大的，处三年以下有期徒刑或者拘役，并处或者单处罚金；数额巨大或者有其他严重情节的，处三年以上十年以下有期徒刑，并处罚金；数额特别巨大或者有特别严重情节的，处十年以上有期徒刑或者无期徒刑，并处罚金或者没收财产：

（一）以虚构的单位或者冒用他人名义签订合同的；

（二）以伪造、变造、作废的票据或者其他虚假的产权证明作担保的；

（三）没有实际履行能力，以先履行小额合同或者部分履行合同的方法，诱骗对方当事人继续签订和履行合同的；

（四）收受对方当事人给付的货物、货款、预付款或者担保财产后逃匿的；

（五）以其他方法骗取对方当事人财物的。

组织、领导以推销商品、提供服务等经营活动为名，要求参加者以缴纳费用或者购买商品、服务等方式获得加入资格，并按照一定顺序组成层级，直接或者间接以发展人员的数量作为计酬或者返利依据，引诱、胁迫参加者继续发展他人参加，骗取财物，扰乱经济社会秩序的传销活动的，处五年以下有期徒刑或者拘役，并处罚金；情节严重的，处五年以上有期徒刑，并处罚金。

二、最高人民法院《关于审理诈骗案件具体应用法律的若干问题的解释》

三、根据《决定》第八条规定,以非法占有为目的,使用诈骗方法非法集资的,构成集资诈骗罪。

"诈骗方法"是指行为人采取虚构集资用途,以虚假的证明文件和高回报率为诱饵,骗取集资款的手段。

"非法集资"是指法人、其他组织或者个人,未经有权机关批准,向社会公众募集资金的行为。

行为人实施《决定》第八条规定的行为,具有下列情形之一的,应当认定其行为属于"以非法占有为目的,使用诈骗方法非法集资":

(1) 携带集资款逃跑的;
(2) 挥霍集资款,致使集资款无法返还的;
(3) 使用集资款进行违法犯罪活动,致使集资款无法返还的;
(4) 具有其他欺诈行为,拒不返还集资款,或者致使集资款无法返还的。

个人进行集资诈骗数额在 20 万元以上的,属于"数额巨大";个人进行集资诈骗数额在 100 万元以上的,属于"数额特别巨大"。

单位进行集资诈骗数额在 50 万元以上的,属于"数额巨大";单位进行集资诈骗数额在 250 万元以上的,属于"数额特别巨大"。

三、最高人民检察院、公安部《关于经济犯罪案件追诉标准的规定》

四十一、集资诈骗案(刑法第 192 条)

以非法占有为目的,使用诈骗方法非法集资,涉嫌下列情形之一的,应予追诉:

1. 个人集资诈骗,数额在十万元以上的;
2. 单位集资诈骗,数额在五十万元以上的。

四、最高人民法院、最高人民检察院《关于办理诈骗刑事案件具体应用法律若干问题的解释》

第一条 诈骗公私财物价值三千元至一万元以上、三万元至十万元以上、五十万元以上的,应当分别认定为刑法第二百六十六条规定的"数额较大"、"数额巨大"、"数额特别巨大"。

五、最高人民法院《关于审理诈骗案件具体应用法律的若干问题的解释》（法发〔1996〕32号）

为依法惩治诈骗犯罪活动，根据《中华人民共和国刑法》（以下简称《刑法》）和《全国人民代表大会常务委员会关于惩治破坏金融秩序犯罪的决定》（以下简称《决定》）的有关规定，现就审理诈骗案件的几个具体问题解释如下：

一、根据《刑法》第一百五十一条和第一百五十二条的规定，诈骗公私财物数额较大的，构成诈骗罪。

个人诈骗公私财物2千元以上的，属于"数额较大"；个人诈骗公私财物3万元以上的，属于"数额巨大"。

个人诈骗公私财物20万元以上的，属于诈骗数额特别巨大。诈骗数额特别巨大是认定诈骗犯罪"情节特别严重"的一个重要内容，但不是唯一情节。诈骗数额在10万元以上，又具有下列情形之一的，也应认定为"情节特别严重"：

（1）诈骗集团的首要分子或者共同诈骗犯罪中情节严重的主犯；

（2）惯犯或者流窜作案危害严重的；

（3）诈骗法人、其他组织或者个人急需的生产资料，严重影响生产或者造成其他严重损失的；

（4）诈骗救灾、抢险、防汛、优抚、救济、医疗款物，造成严重后果的；

（5）挥霍诈骗的财物，致使诈骗的财物无法返还的；

（6）使用诈骗的财物进行违法犯罪活动的；

（7）曾因诈骗受过刑事处罚的；

（8）导致被害人死亡、精神失常或者其他严重后果的；

（9）具有其他严重情节的。

单位直接负责的主管人员和其他直接责任人员以单位名义实施诈骗行为，诈骗所得归单位所有，数额在5万至10万元以上的，应当依照《刑法》第一百五十一条的规定追究上述人员的刑事责任；数额在20万至30万元以上的，依照《刑法》第一百五十二条的规定追究上述人员的刑事责任。

对共同诈骗犯罪，应当以行为人参与共同诈骗的数额认定其犯罪数额，并结合行为人在共同犯罪中的地位、作用和非法所得数额等情节依法处罚。

已经着手实行诈骗行为，只是由于行为人意志以外的原因而未获取财物的，是诈骗未遂。诈骗未遂，情节严重的，也应当定罪并依法处罚。

各省、自治区、直辖市高级人民法院可根据本地区经济发展状况，并考虑社会治安状况，在"2千元至4千元"、"3万元至5万元"的幅度内，分别确定本地区执行的个人诈骗"数额较大"、"数额巨大",以及单位实施诈骗,追究有关人员刑事责任,参照本条第四款规定的数额,确定适用《刑法》第一百五十一条或者第一百五十二条的具体数额标准,并报最高人民法院备案。

对于多次进行诈骗,并以后次诈骗财物归还前次诈骗财物,在计算诈骗数额时,应当将案发前已经归还的数额扣除,按实际未归还的数额认定,量刑时可将多次行骗的数额作为从重情节予以考虑。

行为人进行诈骗犯罪活动,案发后扣押、冻结在案的财物及其孳息,如果权属明确的,应当发还给被害人;如果权属不明确的,可按被害人被骗款物占扣押、冻结在案的财物及其孳息总额的比例发还被害人;如果能够确定扣押、冻结在案的财物及其孳息不属于已查明的被害人所有,但又无法发还未查明被害人的,应当依法上缴国库。

行为人将诈骗财物已用于归还个人欠款、贷款或者其他经济活动的,如果对方明知是诈骗财物而收取,属恶意取得,应当一律予以追缴;如确属善意取得,则不再追缴。

本解释中使用的货币数额是指人民币的数额。审理具体案件涉及外币的,应当依照行为发生时国家外汇管理局公布的外汇牌价折算成人民币。

本解释所称"以上"包括本数在内。

六、最高人民法院《关于审理非法集资刑事案件具体应用法律若干问题的解释》

第四条 以非法占有为目的,使用诈骗方法实施本解释第二条规定所列行为的,应当依照刑法第一百九十二条的规定,以集资诈骗罪定罪处罚。

使用诈骗方法非法集资,具有下列情形之一的,可以认定为"以非法占有为目的":

(一)集资后不用于生产经营活动或者用于生产经营活动与筹集资金规模明显不成比例,致使集资款不能返还的;

(二)肆意挥霍集资款,致使集资款不能返还的;

(三)携带集资款逃匿的;

(四)将集资款用于违法犯罪活动的;

(五)抽逃、转移资金、隐匿财产,逃避返还资金的;

(六)隐匿、销毁账目,或者搞假破产、假倒闭,逃避返还资金的;

(七)拒不交代资金去向,逃避返还资金的;

(八)其他可以认定非法占有目的的情形。

集资诈骗罪中的非法占有目的,应当区分情形进行具体认定。行为人部分非法集资行为具有非法占有目的的,对该部分非法集资行为所涉集资款以集资诈骗罪定罪处罚;非法集资共同犯罪中部分行为人具有非法占有目的,其他行为人没有非法占有集资款的共同故意和行为的,对具有非法占有目的的行为人以集资诈骗罪定罪处罚。

第五条 集资诈骗的数额以行为人实际骗取的数额计算,案发前已归还的数额应予扣除。行为人为实施集资诈骗活动而支付的广告费、中介费、手续费、回扣,或者用于行贿、赠与等费用,不予扣除。行为人为实施集资诈骗活动而支付的利息,除本金未归还可予折抵本金以外,应当计入诈骗数额。

七、《全国法院审理金融犯罪案件最高人民法院工作座谈会纪要》

(三)关于金融诈骗罪

1. 金融诈骗罪中非法占有目的的认定

金融诈骗犯罪都是以非法占有为目的的犯罪。在司法实践中,认定是否具有非法占有为目的,应当坚持主客观相一致的原则,既要避免单纯根据损失结果客观归罪,也不能仅凭被告人自己的供述,而应当根据案件具体情况具体分析。根据司法实践,对于行为人通过诈骗的方法非法获取资金,造成数额较大资金不能归还,并具有下列情形之一的,可以认定为具有非法占有的目的:

(1)明知没有归还能力而大量骗取资金的;

(2)非法获取资金后逃跑的;

(3)肆意挥霍骗取资金的;

(4)使用骗取的资金进行违法犯罪活动的;

(5)抽逃、转移资金、隐匿财产,以逃避返还资金的;

(6)隐匿、销毁账目,或者搞假破产、假倒闭,以逃避返还资金的;

(7)其他非法占有资金、拒不返还的行为。但是,在处理具体案件的时候,对于有证据证明行为人不具有非法占有目的的,不能单纯以财产不能归还就按金融诈骗罪处罚。

2. 贷款诈骗罪的认定和处理。贷款诈骗犯罪是目前案发较多的金融诈骗犯罪之一。审理贷款诈骗犯罪案件,应当注意以下两个问题:

一是单位不能构成贷款诈骗罪。根据刑法第三十条和第一百九十三条的规定,单位不构成贷款诈骗罪。对于单位实施的贷款诈骗行为,不能以贷款诈骗罪定罪处罚,也不能以贷款诈骗罪追究直接负责的主管人员和其他直接责任人员的刑事责任。但是,在司法实践中,对于单位十分明显地以非法占有为目的,利用签订、履行借款合同诈骗银行或其他金融机构贷款,符合刑法第二百二十四条规定的合同诈骗罪构成要件的,应当以合同诈骗罪定罪处罚。

二是要严格区分贷款诈骗与贷款纠纷的界限。对于合法取得贷款后,没有按规定的用途使用贷款,到期没有归还贷款的,不能以贷款诈骗罪定罪处罚;对于确有证据证明行为人不具有非法占有的目的,因不具备贷款的条件而采取了欺骗手段获取贷款,案发时有能力履行还贷义务,或者案发时不能归还贷款是因为意志以外的原因,如因经营不善、被骗、市场风险等,不应以贷款诈骗罪定罪处罚。

3. 集资诈骗罪的认定和处理:集资诈骗罪和欺诈发行股票、债券罪、非法吸收公众存款罪在客观上均表现为向社会公众非法募集资金。区别的关键在于行为人是否具有非法占有的目的。对于以非法占有为目的而非法集资,或者在非法集资过程中产生了非法占有他人资金的故意,均构成集资诈骗罪。但是,在处理具体案件时要注意以下两点:一是不能仅凭较大数额的非法集资款不能返还的结果,推定行为人具有非法占有的目的;二是行为人将大部分资金用于投资或生产经营活动,而将少量资金用于个人消费或挥霍的,不应仅以此便认定具有非法占有的目的。

4. 金融诈骗犯罪定罪量刑的数额标准和犯罪数额的计算。金融诈骗的数额不仅是定罪的重要标准,也是量刑的主要依据。在没有新的司法解释之前,可参照 1996 年《最高人民法院关于审理诈骗案件具体应用法律的若干问题的解释》的规定执行。在具体认定金融诈骗犯罪的数额时,应当以行为人实际骗取的数额计算。对于行为人为实施金融诈骗活动而支付的中介费、手续费、回扣等,或者用于行贿、赠与等费用,均应计入金融诈骗的犯罪数额。但应当将案发前已归还的数额扣除。

八、最高人民法院、最高人民检察院《关于办理诈骗刑事案件具体应用法律若干问题的解释》

第二条 诈骗公私财物达到本解释第一条规定的数额标准,具有下列情形之一的,可以依照刑法第二百六十六条的规定酌情从严惩处:

(一)通过发送短信、拨打电话或者利用互联网、广播电视、报刊杂志等发布虚假信息,对不特定多数人实施诈骗的;

(二)诈骗救灾、抢险、防汛、优抚、扶贫、移民、救济、医疗款物的;

(三)以赈灾募捐名义实施诈骗的;

(四)诈骗残疾人、老年人或者丧失劳动能力人的财物的;

（五）造成被害人自杀、精神失常或者其他严重后果的。

诈骗数额接近本解释第一条规定的"数额巨大""数额特别巨大"的标准，并具有前款规定的情形之一或者属于诈骗集团首要分子的，应当分别认定为刑法第二百六十六条规定的"其他严重情节""其他特别严重情节"。

第三条 诈骗公私财物虽已达到本解释第一条规定的"数额较大"的标准，但具有下列情形之一，且行为人认罪、悔罪的，可以根据刑法第三十七条、刑事诉讼法第一百四十二条的规定不起诉或者免予刑事处罚：

（一）具有法定从宽处罚情节的；
（二）一审宣判前全部退赃、退赔的；
（三）没有参与分赃或者获赃较少且不是主犯的；
（四）被害人谅解的；
（五）其他情节轻微、危害不大的。

九、最高人民法院《关于常见犯罪的量刑指导意见》

（七）诈骗罪

1. 构成诈骗罪的，可以根据下列不同情形在相应的幅度内确定量刑起点：

（1）达到数额较大起点的，可以在一年以下有期徒刑、拘役幅度内确定量刑起点。

（2）达到数额巨大起点或者有其他严重情节的，可以在三年至四年有期徒刑幅度内确定量刑起点。

（3）达到数额特别巨大起点或者有其他特别严重情节的，可以在十年至十二年有期徒刑幅度内确定量刑起点。依法应当判处无期徒刑的除外。

2. 在量刑起点的基础上，可以根据诈骗数额等其他影响犯罪构成的犯罪事实增加刑罚量，确定基准刑。

十、最高人民法院、最高人民检察院、公安部《关于办理电信网络诈骗等刑事案件适用法律若干问题的意见》

二、依法严惩电信网络诈骗犯罪

（一）根据《最高人民法院、最高人民检察院关于办理诈骗刑事案件具体应用法律若干问题的解释》第一条的规定，利用电信网络技术手段实施诈骗，诈骗公私财物价值三千元以上、三万元以上、五十万元以上的，应当分别认定为刑法第二百六十六条规定的"数额较大""数额巨大""数额特别巨大"。

二年内多次实施电信网络诈骗未经处理，诈骗数额累计计算构成犯罪的，应当依法定罪处罚。

(二)实施电信网络诈骗犯罪,达到相应数额标准,具有下列情形之一的,酌情从重处罚:

1. 造成被害人或其近亲属自杀、死亡或者精神失常等严重后果的;
2. 冒充司法机关等国家机关工作人员实施诈骗的;
3. 组织、指挥电信网络诈骗犯罪团伙的;
4. 在境外实施电信网络诈骗的;
5. 曾因电信网络诈骗犯罪受过刑事处罚或者二年内曾因电信网络诈骗受过行政处罚的;
6. 诈骗残疾人、老年人、未成年人、在校学生、丧失劳动能力人的财物,或者诈骗重病患者及其亲属财物的;
7. 诈骗救灾、抢险、防汛、优抚、扶贫、移民、救济、医疗等款物的;
8. 以赈灾、募捐等社会公益、慈善名义实施诈骗的;
9. 利用电话追呼系统等技术手段严重干扰公安机关等部门工作的;
10. 利用"钓鱼网站"链接、"木马"程序链接、网络渗透等隐蔽技术手段实施诈骗的。

(三)实施电信网络诈骗犯罪,诈骗数额接近"数额巨大""数额特别巨大"的标准,具有前述第(二)条规定的情形之一的,应当分别认定为刑法第二百六十六条规定的"其他严重情节""其他特别严重情节"。

上述规定的"接近",一般应掌握在相应数额标准的百分之八十以上。

(四)实施电信网络诈骗犯罪,犯罪嫌疑人、被告人实际骗得财物的,以诈骗罪(既遂)定罪处罚。诈骗数额难以查证,但具有下列情形之一的,应当认定为刑法第二百六十六条规定的"其他严重情节",以诈骗罪(未遂)定罪处罚:

1. 发送诈骗信息五千条以上的,或者拨打诈骗电话五百人次以上的;
2. 在互联网上发布诈骗信息,页面浏览量累计五千次以上的。

具有上述情形,数量达到相应标准十倍以上的,应当认定为刑法第二百六十六条规定的"其他特别严重情节",以诈骗罪(未遂)定罪处罚。

上述"拨打诈骗电话",包括拨出诈骗电话和接听被害人回拨电话。反复拨打、接听同一电话号码,以及反复向同一被害人发送诈骗信息的,拨打、接听电话次数、发送信息条数累计计算。

因犯罪嫌疑人、被告人故意隐匿、毁灭证据等原因,致拨打电话次数、发送信息条数的证据难以收集的,可以根据经查证属实的日拨打人次数、日发送信息条数,结合犯罪嫌疑人、被告人实施犯罪的时间、犯罪嫌疑人、被告人的供述等相关证据,综合予以认定。

(五)电信网络诈骗既有既遂,又有未遂,分别达到不同量刑幅度的,依照处罚较重的规定处罚;达到同一量刑幅度的,以诈骗罪既遂处罚。

(六)对实施电信网络诈骗犯罪的被告人裁量刑罚,在确定量刑起点、基准刑时,一般应就高选择。确定宣告刑时,应当综合全案事实情节,准确把握从重、从轻量刑情节的调节幅度,保证罪责刑相适应。

(七)对实施电信网络诈骗犯罪的被告人,应当严格控制适用缓刑的范围,严格掌握适用缓刑的条件。

(八)对实施电信网络诈骗犯罪的被告人,应当更加注重依法适用财产刑,加大经济上的惩罚力度,最大限度剥夺被告人再犯的能力。

诈骗犯罪中"非法占有目的"的认定
王先杰诈骗案(《刑事审判参考》指导案例第1065号)

裁判摘要:"以非法占有为目的"不仅是诈骗罪的构成要素之一,更是区分诈骗罪与民事纠纷(欺诈)的根本界限。区分诈骗罪与民事纠纷(欺诈),应当综合考量以下三个方面:(1)行为人事前有无归还能力,如行为人的资产负债情况等;(2)行为人事中有无积极归还或者消极不归还行为或者表现,如行为人编造事实或者隐瞒真相拖延归还被害人的财产等;(3)行为人事后处分财物及对他人财产损失的态度,如行为人是否通过实施诈骗行为排除被害人对其财产的控制并将其财产转归行为人或第三人名下,是否将被害人的财物用于双方约定的用途,抑或是消费、还债等个人用途,是否具有转移财产、隐匿财产、拒不交代财物的真实去向等欲使被害人财物无法收回的行为等。

本案系由民间借贷引发、假借国家公权力实施诈骗犯罪的案例,不仅异于普通诈骗案件,而且与典型的诉讼诈骗案件亦有所区别。案件审理过程中,主要应审视以下三个方面的问题:

(一)司法实践中如何区分普通的民事纠纷(欺诈)与诈骗罪

"以非法占有为目的"不仅是诈骗罪的构成要素之一,更是区分诈骗罪与民事纠纷(欺诈)的根本界限。本案审理过程中,行为人及其辩护人均提出本案是一起普通借贷引发的民事纠纷,行为人至多构成民事欺诈,并不构成诈骗罪。此种观点混淆了民事纠纷(欺诈)与诈骗罪间的界限:两者不是非此即彼的排斥关系,不能因为客观上存在交易关系就断然否认诈骗罪的成立。两者的根本区别在于民事纠纷(欺诈)不具有非法占有的目的,只是由于客观原因,一时无法偿还;诈骗罪是以非法占有为目的,不是因为客观的原因不能归还,而是根本不打算偿还。

一般认为,所谓非法占有目的,是指以将公私财物非法转为自己或第三者不法所有为目的。"以非法占有为目的"的主观性相当强,不可能通过客观事实直接证明,如何准确加以判断是司法实践中的难点。根据主客观相一致的原则,"以非法占有为目的"的认定既要避免单纯根据损害后果进行客观归罪,也不能仅凭行为人自己的供述证明,而必须坚持在客观基础上的主观判断,即在查明客观事实的前提下,根据一定的经验法则或者逻辑规则,推定行为人的主观目的。结合金融诈骗类犯罪的相关司法解释,并充分考虑诈骗罪与金融诈骗类犯罪的共性,我们认为,应当主要从以下三个方面进行判断:(1)行为人事前有无归还能力,如行为人的资产负债情况等;(2)行为人事中有无积极归还或者消极不归还行为或者表现,如行为人编造事实或者隐瞒真相拖延归还被害人的财产等;(3)行为人事后处分财物及对他人财产损失的态度,如行为人是否通过实施诈骗行为排除被害人对其财产的控制并将其财产转归行为人或第三人名下,是否将被害人的财物用于双方约定的用途,抑或是消费、还债等个人用途,是否具有转移财产、隐匿财产、拒不交代财物的真实去向等欲使被害人财物无法收回的行为等。司法实践中,非法占有目的的认定应在综合考量上述事实的基础上推定而得。需注意的是,行为人仅具有上述一种情形,如将被害人的财物用于个人还债等个人用途,并不意味着其一定具有非法占有目的,只有结合其他事实,如该还债行为导致其最终不能归还财物给被害人等,才可认定行为人具有非法占有目的。

本案中,被告人王先杰事前已身负巨额债务,名下房产均被查封,其并无注册成立新公司的资本,更无设立投资公司后所需的运营条件。王先杰与被害人约好垫资代为办理工商注册登记手续后,便将开办新公司以及将有资金转入其新开立的个人账户的消息披露给债权人及相关银行,使人民法院在被害人刚将垫资款打入约定账户后不久便根据债权人的申请对此款项予以冻结。综合上述事实,王先杰可以预见也应当预见到,在身负众多债务、涉及多起民事诉讼、名下房产均被人民法院查封的情况下,其将新开户银行卡的申请单等资料向债权人披露,甚至主动复印后提供给债权人,并告知卡上资金进入的时间,会导致该笔垫资款经债权人申请由人民法院冻结。上述客观行为足以反映出王先杰要求被害人垫资的真实目的并非注册成立新的公司,也根本没有打算归还被害人的垫资款,而是意图通过人民法院的公权力,冻结上述款项,用于偿还其个人债务,应认定其具有非法占有目的。

(二)假借国家公权力类诈骗案件中"财产取得"的认定

诈骗罪(既遂)的基本构造为行为人实施欺骗行为—对方(受骗者)产生(或

继续维持)错误认识—对方基于错误认识处分财产—行为人或第三者取得财产—被害人遭受财产损害。一般而言,被害人基于错误认识处分财产的行为与行为人或第三者取得财产的结果同时发生,两者之间不仅具有时间上的先后性,而且具有逻辑上的相斥性——处分意味着未取得,取得意味着已处分。一般认为,根据处分对象的不同,取得财产的判断标准亦有所区别:就财物而言,取得财产的最低限度是取得财物的占有,占有的取得当然不具有法律的效力,只是一种事实上的支配、控制;就财产性利益而言,取得财产意味着行为人或第三者获得(或享用)了财产性利益,存款债权便属于后者。

在本案中,行为对象具有财物与财产性利益的交叉属性;被害人基于错误认识,将垫资款项打入被告人王先杰的个人银行账户,但为预防不测,被害人始终实际掌控着打入垫资款项的银行卡和用于开卡的身份证,王先杰实质上并不能处置该垫资款项,反而是被害人可以利用银行卡、用于开卡的身份证和自己的身份证等实际处置该笔款项,该笔款项的实际占有者仍为被害人,名义占有者为王先杰,但其并无实质处分权。此时,并不能认定王先杰已经取得了财产。王先杰为了实现其实际处置该笔款项的目的,借助了国家公权力——法院强制执行措施,意图根据民事诉讼法第二百四十二条的规定,民事诉讼法第二百四十二条第一款规定:"被执行人未按执行通知履行法律文书确定的义务,人民法院有权向有关单位查询被执行人的存款、债券、股票、基金份额等财产情况。人民法院有权根据不同情形扣押、冻结、划拨、变价被执行人的财产……"由法院通过执行措施将被害人的钱款扣划给执行申请人,只有当法院通过强制执行措施将该钱款扣划给执行申请人,行为人才实际取得了被害人的财产。

(三)假借国家公权力强制执行类诈骗案件中"既遂"的认定

一般而言,诈骗案件只涉及行为人与被害人,涉案财产也只会在两者之间流转,被害人的损害意味着行为人的取得,反之亦然。但是,在有第三者介入的情况下,取得财产与财产损害便不具有同质性。换言之,此时被害人的财产损害并不必然意味着行为人或第三者取得财产,也不能简单地以行为人或第三者是否取得财产来判断被害人是否遭受财产损害。第三者根据角色的不同可以分为两类:一是与被害人或行为人具有利害关系的第三者,如受被害人或行为人支配的第三者;二是独立的第三者,如人民法院等。第一种情形中,涉案财产虽然受被害人和行为人之外的第三者掌控,但鉴于该第三者系受被害人或行为人所支配,故财产实际上仍处于被害人或行为人控制之下,被害人财产的损害与行为人财产的取得与传统诈骗并无实质差异。第二种情形中,因为独立的第三者介入,涉案财产可能脱离被害人和行为人的占有,处于暂时"悬空"的状态,如人民法院基于公权力将涉案财物予以扣押、冻结时,财产已经超出被害人和行为人的占有范畴,在名义上的占有人和私法上的实际占有人之间,又加入了公法上的占有人,且后者权力明显强于前两者权力。此时,作为实际占有人的被害人丧失了对财物的占有,但是失去占有并不意味着损害的发生,也不意味着犯罪的既遂。

本案中,人民法院根据执行申请人的申请,对于被申请执行人的银行款项既可以冻结,也可以划拨,不论哪一种方式,其结果均会导致涉案财产脱离被害人和被告人王先杰的控制,但并不意味着被害人必然遭受财产损害。本案中,法院只是冻结相应款项,涉案财物尚处于国家公权力控制之下,被害人只是暂时失去了处分权,并未实际遭受财产损害。被害人得知款项被冻结后立即报案,相关法院并未将已冻结的款项发放给申请执行人,也未进行其他处理,因此,王先杰的诈骗行为处于未完成状态,属于因案发等意志以外的因素未完成,系未遂。如果人民法院已将相应款项划拨,不论是发放给申请执行人,抑或是作其他处理,被害人财产损害均已实际发生,行为人的行为即构成诈骗罪的既遂。

综上,被告人王先杰在明知无力偿还巨额债务的情况下,意图通过虚构注册公司的事实骗取他人垫付资金以偿还债务,当其无法实际占有涉案财产时,又假借国家公权力强制执行相应财产,以达到诈骗资金偿还债务的非法目的,其行为已构成诈骗罪(未遂)。

俞辉合同诈骗案
(《刑事审判参考》指导案例第169号)

裁判摘要:构成诈骗犯罪,要求行为人主观上必须具有非法占有的目的。如果行为人通过诈骗的方法非法获取资金,造成数额较大的资金不能归还,同时具有非法占有目的的七种情形之一的,应认定行为人主观上具有非法占有的目的。

构成诈骗犯罪,要求行为人主观上必须具有非法占有的目的。最高人民法院2001年1月21日印发的《全国法院审理金融犯罪案件工作座谈会纪要》(以下简称《审理金融犯罪纪要》),明确了可以认定为具有非法占有目的的七种情形,即"(1)明知没有归还能力而大量骗取资金的;(2)非法获取资金后逃跑的;(3)肆意挥霍骗取的资金的;(4)使用骗取的资金进行违法犯罪活动的;(5)抽逃、转移资金、隐匿财产,以逃避返还资金的;(6)隐匿、销毁账目,或者搞假破产、假倒闭,以逃避返还资金的;(7)其他非法占有资金、拒不返还的行为"。司法实践中,如果行为人通过诈骗的方法非法获取资金,造成数额较大的资金不能归还,同时具有上述情形之一的,应认定行为人主观上具有非法占有的目的,其行为属于诈骗性质。

十一、最高人民法院、最高人民检察院、公安部《关于办理组织领导传销活动刑事案件适用法律若干问题的意见》

一、关于传销组织层级及人数的认定问题

以推销商品、提供服务等经营活动为名,要求参加者以缴纳费用或者购买商品、服务等方式获得加入资格,并按照一定顺序组成层级,直接或者间接以发展人员的数量作为计酬或者返利依据,引诱、胁迫参加者继续发展他人参加,骗取财物,扰乱经济社会秩序的传销组织,其组织内部参与传销活动人员在三十人以上且层级在三级以上的,应当对组织者、领导者追究刑事责任。

组织、领导多个传销组织,单个或者多个组织中的层级已达三级以上的,可将在各个组织中发展的人数合并计算。

组织者、领导者形式上脱离原传销组织后,继续从原传销组织获取报酬或者返利的,原传销组织在其脱离后发展人员的层级数和人数,应当计算为其发展的层级数和人数。

办理组织、领导传销活动刑事案件中,确因客观条件的限制无法逐一收集参与传销活动人员的言词证据的,可以结合依法收集并查证属实的缴纳、支付费用及计酬、返利记录,视听资料,传销人员关系图,银行账户交易记录,互联网电子数据,鉴定意见等证据,综合认定参与传销的人数、层级数等犯罪事实。

二、关于传销活动有关人员的认定和处理问题

下列人员可以认定为传销活动的组织者、领导者:

(一)在传销活动中起发起、策划、操纵作用的人员;

(二)在传销活动中承担管理、协调等职责的人员;

(三)在传销活动中承担宣传、培训等职责的人员;

(四)曾因组织、领导传销活动受过刑事处罚,或者一年以内因组织、领导传销活动受过行政处罚,又直接或者间接发展参与传销活动人员在十五人以上且层级在三级以上的人员;

(五)其他对传销活动的实施、传销组织的建立、扩大等起关键作用的人员。

以单位名义实施组织、领导传销活动犯罪的,对于受单位指派,仅从事劳务性工作的人员,一般不予追究刑事责任。

三、关于"骗取财物"的认定问题

传销活动的组织者、领导者采取编造、歪曲国家政策,虚构、夸大经营、投资、服务项目及盈利前景,掩饰计酬、返利真实来源或者其他欺诈手段,实施刑法第二百二十四条之一规定的行为,从参与传销活动人员缴纳的费用或者购买商品、

服务的费用中非法获利的,应当认定为骗取财物。参与传销活动人员是否认为被骗,不影响骗取财物的认定。

四、关于"情节严重"的认定问题

对符合本意见第一条第一款规定的传销组织的组织者、领导者,具有下列情形之一的,应当认定为刑法第二百二十四条之一规定的"情节严重":

(一)组织、领导的参与传销活动人员累计达一百二十人以上的;

(二)直接或者间接收取参与传销活动人员缴纳的传销资金数额累计达二百五十万元以上的;

(三)曾因组织、领导传销活动受过刑事处罚,或者一年以内因组织、领导传销活动受过行政处罚,又直接或者间接发展参与传销活动人员累计达六十人以上的;

(四)造成参与传销活动人员精神失常、自杀等严重后果的;

(五)造成其他严重后果或者恶劣社会影响的。

五、关于"团队计酬"行为的处理问题

传销活动的组织者或者领导者通过发展人员,要求传销活动的被发展人员发展其他人员加入,形成上下线关系,并以下线的销售业绩为依据计算和给付上线报酬,牟取非法利益的,是"团队计酬"式传销活动。

以销售商品为目的、以销售业绩为计酬依据的单纯的"团队计酬"式传销活动,不作为犯罪处理。形式上采取"团队计酬"方式,但实质上属于"以发展人员的数量作为计酬或者返利依据"的传销活动,应当依照刑法第二百二十四条之一的规定,以组织、领导传销活动罪定罪处罚。

六、关于罪名的适用问题

以非法占有为目的,组织、领导传销活动,同时构成组织、领导传销活动罪和集资诈骗罪的,依照处罚较重的规定定罪处罚。

犯组织、领导传销活动罪,并实施故意伤害、非法拘禁、敲诈勒索、妨害公务、聚众扰乱社会秩序、聚众冲击国家机关、聚众扰乱公共场所秩序、交通秩序等行为,构成犯罪的,依照数罪并罚的规定处罚。

七、其他问题

本意见所称"以上""以内",包括本数。

本意见所称"层级"和"级",系指组织者、领导者与参与传销活动人员之间的上下线关系层次,而非组织者、领导者在传销组织中的身份等级。

对传销组织内部人数和层级数的计算,以及对组织者、领导者直接或者间接发展参与传销活动人员人数和层级数的计算,包括组织者、领导者本人及其本层级在内。

十二、最高人民检察院、公安部《关于公安机关管辖的刑事案件立案追诉标准的规定(二)》

第七十八条 组织、领导以推销商品、提供服务等经营活动为名,要求参加者以缴纳费用或者购买商品、服务等方式获得加入资格,并按照一定顺序组成层级,直接或者间接以发展人员的数量作为计酬或者返利依据,引诱、胁迫参加者继续发展他人参加,骗取财物,扰乱经济社会秩序的传销活动,涉嫌组织、领导的传销活动人员在三十人以上且层级在三级以上,对组织者、领导者,应予立案追诉。

十三、《中华人民共和国刑事诉讼法》

第五十三条 对一切案件的判处都要重证据,重调查研究,不轻信口供。只有被告人供述,没有其他证据的,不能认定被告人有罪和处以刑罚;没有被告人供述,证据确实、充分的,可以认定被告人有罪和处以刑罚。

证据确实、充分,应当符合以下条件:
(一)定罪量刑的事实都有证据证明;
(二)据以定案的证据均经法定程序查证属实;
(三)综合全案证据,对所认定事实已排除合理怀疑。

十四、最高人民法院关于适用《中华人民共和国刑事诉讼法的司法解释》

第六十四条 应当运用证据证明的案件事实包括:
(一)被告人、被害人的身份;
(二)被指控的犯罪是否存在;
(三)被指控的犯罪是否为被告人所实施;
(四)被告人有无刑事责任能力,有无罪过,实施犯罪的动机、目的;
(五)实施犯罪的时间、地点、手段、后果以及案件起因等;
(六)被告人在共同犯罪中的地位、作用;
(七)被告人有无从重、从轻、减轻、免除处罚情节;
(八)有关附带民事诉讼、涉案财物处理的事实;
(九)有关管辖、回避、延期审理等的程序事实;
(十)与定罪量刑有关的其他事实。
认定被告人有罪和对被告人从重处罚,应当适用证据确实、充分的证明标准。

第七十八条 证人当庭作出的证言,经控辩双方质证、法庭查证属实的,应当作为定案的根据。

证人当庭作出的证言与其庭前证言矛盾,证人能够作出合理解释,并有相关证据印证的,应当采信其庭审证言;不能作出合理解释,而其庭前证言有相关证据印证的,可以采信其庭前证言。

经人民法院通知,证人没有正当理由拒绝出庭或者出庭后拒绝作证,法庭对其证言的真实性无法确认的,该证人证言不得作为定案的根据。

第八十三条 审查被告人供述和辩解,应当结合控辩双方提供的所有证据以及被告人的全部供述和辩解进行。

被告人庭审中翻供,但不能合理说明翻供原因或者其辩解与全案证据矛盾,而其庭前供述与其他证据相互印证的,可以采信其庭前供述。

被告人庭前供述和辩解存在反复,但庭审中供认,且与其他证据相互印证的,可以采信其庭审供述;被告人庭前供述和辩解存在反复,庭审中不供认,且无其他证据与庭前供述印证的,不得采信其庭前供述。

第四部分

其他类型案件

案例 21
吕某涉嫌过失杀人案

防御性推搡过程中致人摔倒死亡是故意还是过失?

周连勇、董玉泉

一、案情简介

某日中午 11 时,在瑞金路 2 号摩托车配件商店门口,个体水果摊贩杨某(男,71 岁)与店主吕某(男,46 岁)发生矛盾被吕某推倒跌地,经送军区总医院抢救无效死亡。经鉴定,杨某符合因外力作用下跌倒枕部着地致严重颅脑损伤死亡。

检察院指控:被告人吕某与被害人杨某为摆摊发生矛盾双方在拉扯中致被害人杨某后脑着地昏迷,经抢救无效死亡,其行为已构成过失杀人罪。

一审 N 市某区人民法院认定,被告人吕某因过失剥夺他人生命,其行为已构成过失杀人罪,被告人系自首,依照《中华人民共和国刑法》第一百三十三条第六十三条第三十一条之规定,判处有期徒刑二年,并赔偿经济损失 7 000 元,附带民事诉讼。原告不服,提起上诉。

二审 N 市中级人民法院经审理认定,原审法院对被告人吕某的定罪量刑及责令其经济赔偿的数额均是正确的,裁定驳回上诉,维持原判。

被害人家属对此不服,提出申诉。被害人家属认为本案定性错误,应为故意伤害致人死亡。

二、争议焦点

吕某的行为构成故意伤害罪还是过失致人死亡罪(过失杀人罪)?

三、专家研判

（一）对本案的定性

一、二审法院认定被告人吕某的行为构成过失杀人罪（过失致人死亡罪）的定性准确。

1. 本案案发起因。

本案案发起因，系被害人杨某欲在被告人吕某所经营的"飞马摩托车配件商店"门前人行道上摆摊，作为店主的吕某出面阻止遭到被害人的拒绝，被告人吕某用脚挪动被害人带来的物品激怒了被害人，被害人杨某遂举起自带的方板凳砸向被告人，在被告人接住阻止后，杨某第二次举起方板凳砸向被告人。被告人接住方板凳并与被害人左右拉夺方板凳并形成僵持，紧接着被告人发力将双手接住的方板凳向前推并松手，导致被害人后退的过程中被横放在地上的木板绊倒，仰面跌倒在地上，后脑着地。经鉴定，被害人杨某符合因外力作用下跌倒枕部着地致严重颅脑损伤死亡。

对于本案案发起因，被告人吕某的供述和辩解，与杨某、蒋某、樊某、黄某、王某、张某、马某的证人证言能够相互印证，可以予以认定。

本案系被害人欲占道经营引起，在被作为店主的被告人阻止后竟举起方板凳砸向被告人，引发和扩大进一步的冲突。在本案中，被害人有过错在先，被害人的言行在本案发生过程中一定程度上直接影响被告人主观因素、行为方式和手段，起到推动和强化被告人实施下一步行为的作用，具有可责性。有过错的被害人应当根据过错责任的大小对自己遭受的损害担负一定的责任，从而表明被告人的主观恶性相对较小。

在这种情况下，被害人行为的性质和程度影响对被告人行为的定性，此时评价行为人的行为应与主动进攻模式下被告人主观恶性较大的情形有所区别。

2. 客观行为方面。

客观上，被告人吕某与被害人仅有拉夺、推搡的行为，但其行为并非对被害人连续性的伤害行为，对其行为有控制性；吕某的行为是带有一般性伤害意图的冲突行为，不构成"故意伤害"，不能因为出现伤亡结果就认定被告人的行为属于"故意伤害"行为。

（1）故意伤害罪中的伤害行为是伤害他人身体健康的行为，一般表现为两种情况：一种是对人体组织完整性的破坏，一种是对人体器官机能的损害。而一般的殴打行为，通常只造成人体暂时性的疼痛或神经轻微刺激，并不伤及人体的健康。有时殴打行为与伤害行为在外表形式及后果方面没有什么区别，在这种情况下甄别行为人的行为性质不能仅以后果为标准,不能简单地认为造成伤害他人身体甚至死亡结果的就是故意伤害罪,而没有造成伤害的就是一般殴打行为。而应结合全案情况,坚持罪刑法定与责任主义的原理,考察主观客观各方面的因素,看行为人是否具有伤害他人的故意,是有意伤害他人,还是只出于一般殴打的意图而意外致人伤害或死亡。

(2) 本案中,被害人虽然出现伤亡的后果,但不能据此认为被告人的行为就当然地属于故意伤害罪中的"伤害"行为。对于被告人能否定性为故意伤害罪的"故意伤害",应当从以下几个方面重点考虑:

第一,双方的关系以及冲突起因。如前所述,本案案发前被告人与被害人并不相识,完全是因为日常生活中偶发的矛盾使得两人产生交集;同时,两人也不存在不可调和的矛盾和仇怨。本案冲突起因,如前所述,系被害人欲占道经营引起,在被作为店主的被告人阻止后竟举起板凳砸向被告人,引发和扩大进一步的冲突。

第二,被告人的行为是否是连续性的伤害行为,对其行为是否有克制。应当认为,被告人吕某的行为仅是针对被害人行为作出的应对和反应,并非连续性的伤害行为,被告人对其行为有克制。被告人吕某在本案发生过程中,先后有接住板凳、夺板凳、推的行为(被告人的供述和辩解,杨某、蒋某、樊某、黄某、王某、张某、马某的证人证言可以证实),但各行为之间并不连续。被告人两次接住板凳并与被害人夺板凳也是针对被害人行为为避免自己受到伤害的防御性行为,不具有攻击性。从被告人举动看,其前后行为之间间隔被害人的一系列行为,被告人的行为也都是针对被害人的行为产生的应对。

而从被害人前后两次举起方板凳的行为来看,被告人前面的行为并未给被害人造成伤害。致其后退并被绊倒在于最后的推搡的行为,而该行为是在被害人两次举起凳子欲砸被告人,而被告人夺凳子未成功的情况下实施的,本身是不想跟被害人继续纠缠,被告人对其行为有一定克制。

第三,被告人行为的作用部位和力度。

首先,被告人没有殴打被害人(被告人的供述和辩解,蒋某、樊某、黄某、王某的证人证言可以证实)。关于被害人前额血肿,系被害人跌倒时手里的方板凳磕碰导致(被告人的供述和辩解,蒋某、樊某、黄某、王某的证人证言可以证实)。被害人小腿处和手肘处瘀伤,符合被木板绊倒后摔倒受力所致,并非被告人的伤害行为导致。

其次,根据被告人的供述和辩解以及证人证言,致被害人后退并被绊倒在于被告人最后有一个推搡的行为,而推搡行为是在被告人接住方板凳并抢夺方板凳未成功的情形下实施的。从另一个角度看,被告人是曾经当过拳击教练的青壮年,而被害人是年迈的老人,如果被告人使用了较大强度的力量,被害人手中的方板凳会很轻易被夺下,不会发生双方推来推去的情形,这也从侧面证实被告人在案发时并未使用较大强度的力量,被告人注意控制自身的力度。

3. 主观过错方面。

被告人吕某无伤害被害人的故意,主观上仅是为拉夺板凳、摆脱纠缠,对被害人遭受的结果具有过失的主观过错。

(1) 被告人不具有故意伤害的故意。

本案系日常生活中偶发矛盾引起,被告人其与被害人并无其他重大冲突矛盾;被告人的行为本身是避免自身受到伤害的防御性动作,不具有攻击性;对被害人有威胁的行为仅是一个推搡行为,但该行为主观上是为了不再与被害人继续纠缠,被告人的行为有节制;被告人将被害人送至医院救治,不希望伤害、死亡结果发生。

综上,从被告人客观行为、主观动机及与被害人的关系来看,致被害人伤害或死亡并非其拉夺、推搡方板凳所积极追求或放任的结果,即导致被害人死亡的结果并非其故意的内容。

(2) 被告人吕某不希望伤害甚至死亡的结果发生,不具有故意伤害的间接故意。

间接故意系明知自己的行为可能发生危害社会的结果,并且放任这种结果发生的心理状态。间接故意属于故意犯罪的一种,其与过失犯罪最关键的区别是,间接故意虽没有积极追求危害社会结果的发生,但危害结果的发生并未与其意志相悖;而过失犯罪中危害结果的发生却并非行为人的内心期望。虽然被告人吕某与被害人发生冲突并拉夺、推搡被害人砸过来的板凳,但其仅是朴素地希望自己不受伤害、不再继续与被害人纠缠;同时,从被害人跌倒后被告人主动将其送至医院救治的行为表现看,被告人本身不愿意也不想造成被害人死亡的结果,虽然因意外发生的情况使得被害人发生严重的伤亡后果,但不能因此推定被告人具有故意伤害的间接故意。

(3) 被告人应当预见其用力推年迈的被害人可能致其重伤的后果,因鲁莽草率之下没有预见,主观上有过失。

被害人系年逾古稀的老人,被告人在明知被害人年迈的情况下仍与其拉夺板凳并推搡。一般来说,在受到外力仰面向后跌倒的情况下,人体条件反射会抬高脖颈避免后脑着地,导致身体臀部和背部着地受力。但年迈的老人在遭到一名壮年男子推搡后,被告人应当预见其可能受伤甚至死亡,其因鲁莽草率没有预见,主观上有过失。

4. 因果关系及刑事责任方面。

(1) 被害人在遭到外力后退过程中,因绊倒致身体后仰枕部着地致严重颅脑损伤死亡,被告人发力推搡的行为与被害人伤亡结果之间有木板绊倒在这一介入因素可能对因果关系的判断产生影响。根据被告人的供述,其犯罪行为发生前已经发现有横靠的木板,那么对于推搡被害人的行为其应当预见可能发生被绊倒的情形,但其因草率鲁莽没有预见到,所以,介入因素不影响因果关系的判断,被害人的死亡结果与行为人的行为有因果关系。

(2) 被害人杨某符合因外力作用下跌倒枕部着地致严重颅脑损伤死亡,但其伤亡后果并不是被告人推搡行为直接导致,还有更重要的因素是被害人被木板绊倒导致失去重心,属于多因一果的情况。

(3) 虽然被害人的死亡结果与被告人的行为有因果关系,但该结果并不在被告人行为主观的认识范围,依据主客观相一致的原则,应当认定被告人吕某的行为构成过失杀人罪(过失致人死亡罪)。

(二) 法律适用方面

本案应适用1979年《中华人民共和国刑法》。

1979年《中华人民共和国刑法》第一百三十三条(过失杀人罪):过失杀人的,处五年以下有期徒刑;情节特别恶劣的,处五年以上有期徒刑。本法另有规定的,依照规定。第一百三十四条(故意伤害罪):故意伤害他人身体的,处三年以下有期徒刑或者拘役。犯前款罪,致人重伤的,处三年以上七年以下有期徒刑;致人死亡的,处七年以上有期徒刑或者无期徒刑。本法另有规定的,依照规定。

而1997年即现行《中华人民共和国刑法》第二百三十三条(过失致人死亡罪):过失致人死亡的,处三年以上七年以下有期徒刑;情节较轻的,处三年以下有期徒刑。本法另有规定的,依照规定。

根据本案案卷材料的显示,被告人吕某的犯罪行为系发生于1994年9月20日,而目前我国刑法系1997年10月1日施行,这就涉及我国刑法溯及力的问题。经过阅读相关案卷材料和查阅相关法律条文后,本案律师认为,被告人吕某案应适用我国1979年刑法第一百三十三条的规定,也就是在五年以下予以量刑。

(三) 关于本案量刑

被告人吕某在案发后主动至公安机关投案;并主动交代犯罪事实,其关于犯罪事实的供述和辩解稳定,与其他证人证言可以相互印证,属于如实供述自己的罪行。被告人吕某应当认为成立自首，依照1979年刑法第六十三条的规定，可以从轻处罚。

综上，一、二审法院认定被告人吕某的行为构成过失杀人罪（过失致人死亡罪）的定性准确、量刑适当。

四、案例评析

暴力性致人死伤案件中的罪名确定一直是一个疑难问题，从现实案例来看，对于造成死伤案件的定性也大多是对被告人不利的。辩护人通过本案的论证试图说明，不能因为出现伤亡结果就认定被告人的行为属于"故意伤害"行为。对于矛盾冲突的原因、行为人是否有持续性伤害行为、行为人的伤害部位和力度、主观过错是故意还是过失等因素，均需审慎对待。

案例 22
杨某涉嫌销售假药案

为他人代购生物试剂及可能实际被用于人体,是否构成销售假药?

马 源

一、案情简介

2012年以来,邹某伙同黎某租用广州市某区 C 街 8 号作为工场秘密制造戊巴比妥。制造出戊巴比妥后,何某积极协助其丈夫邹某,在网上"化工群"内发布出售戊巴比妥的信息,并通过电话、QQ、微信等方式联系购货下家。

被告人杨某与邹某、何某相互联系,商定以每瓶 300~350 元(每瓶 25 克)的价格购买戊巴比妥。自 2014 年 12 月 5 日至 2017 年 8 月 14 日,杨某通过其妻子张某的银行卡向何某建设银行卡共计汇入 244 200 元购买 790 余瓶戊巴比妥,后由何某通过中通快递将瓶装戊巴比妥送至杨某公司处。后杨某所担任负责人的 wTC 生物科技有限公司将所购得的 790 余瓶戊巴比妥以每瓶 420~600 元(每瓶 25 g)的价格销售给北京某公司的童某、N 地区 D 生物技术有限公司的许某等人,销售金额共计 30 万余元。

N 市 D 区人民检察院起诉书认为被告人杨某违反国家药品管理法律法规,未取得药品经营许可证,非法经营药品,情节严重,应当以非法经营罪追究其刑事责任。后 D 区人民检察院变更起诉,适用法律变更为应当以销售假药罪追究其刑事责任。

二、争议焦点

1. 生产销售假药罪、非法经营罪中的"药品""假药"的定义、范畴是什么?
2. 杨某主观认为戊巴比妥钠是生物试剂,客观上下家仅用于科研(动物麻醉),能否认定其系销售药品(假药)的行为?

三、专家研判

1. 关于"戊巴比妥"或"戊巴比妥钠"是否是假药的判断。

（1）《中华人民共和国药品管理法》与《中华人民共和国刑法》对假药的判断不具有实质的同一性。

《中华人民共和国刑法》（以下简称《刑法》）第一百四十一条第二款规定："本条所称假药，是指依照《中华人民共和国药品管理法》（以下简称《药品管理法》）的规定属于假药和按假药处理的药品、非药品。"刑法对于假药的认定只做了形式上的规定，并没有进行具体的解释，刑法将假药认定交给了法律。

而根据我国《中华人民共和国药品管理法》第四十八条的规定，假药包括：（1）药品所含成分与国家药品标准规定的成分不符的；（2）以非药品冒充药品或者以他种药品冒充此种药品的。以及按照假药论处的情形是：（1）国务院药品监督管理部门规定禁止使用的；（2）依照本法必须批准而未经批准生产、进口，或者依照本法必须检验而未经检验即销售的；（3）变质的；（4）被污染的；（5）使用依照本法必须取得批准文号而未取得批准文号的原料药生产的；（6）所标明的适应症或者功能主治超出规定范围的。①

根据以上规定可知，假药包括药品本身成分不具备真药实质内容以及视为假药的两种认定标准。我国《药品管理法》总则第一条即规定"为加强药品监督管理，保证药品质量，保障人体用药安全，维护人民身体健康和用药的合法权益，特制定本法"。基于加强药品管理只是手段，其目的是为了"保证药品质量，保障人体用药安全，维护人民身体健康和用药的合法权益"，药品的真假应体现在对疾病的治疗效果上，是否为真药或假药也应该以药品的治疗功效为实质判断标准。同时，《药品管理法》第一百条也规定，药品是指用于预防、治疗、诊断人的疾病，有目的地调节人的生理机能并规定有适应症或者功能主治、用法和用量的物质，包括中药材、中药饮片、中成药、化学原料药及其制剂、抗生素、生化药品、放射性药品、血清、疫苗、血液制品和诊断药品等。可见我国《药品管理法》对于药品本身的界定就是根据其功效来判断的，如果具有上述功能特征的，应该认定为真药，否则即为假药。

在按假药论处情形中，除了药品本身已事实上无法使用（如变质、被污染的），其余都是出于药品管理部门特定行政监管的需要而进行的形式认定，并非针对药品本身功效进行成分内容的实质性认定，属于法律拟制的假药，最典型的

---

① 此法律条款出自2015年版本，2019年新的《药品管理法》出台。

就是以是否经过批准或取得批准文号来认定药品真假,而现实中大量海外代购药品被作为假药处理也都是因为没有取得我国药品批准文号。以行政监管为目的进行形式认定,而不以药品本身的治疗功效进行实质的真假判断,这样的假药认定标准使得刑事违法和行政违法的目的混同,导致刑事违法性的判断将失去独立意义。应当认为,对于假药的认定,《药品管理法》与《刑法》有形式的同一性,但不应有实质的同一性。

(2)我国《药品管理法》总则第一条即规定"为加强药品监督管理,保证药品质量,保障人体用药安全,维护人民身体健康和用药的合法权益,特制定本法"。药品管理法第一百条:"药品是指用于预防、治疗、诊断人的疾病,有目的地调节人的生理机能并规定有适应症或者功能主治、用法和用量的物质,包括中药材、中药饮片、中成药、化学原料药及其制剂、抗生素、生化药品、放射性药品、血清、疫苗、血液制品和诊断药品等。"《刑法》对于假药的判断依据是《药品管理法》的规定,而《药品管理法》对药品的定性强调适用于人体,不包含兽药。由于戊巴比妥或者戊巴比妥钠的适用范围广泛,既可以作为人体用药,也可以用于动物科研试验,如果被告人的供述和辩解、上下家的证言能够确认交易的是"戊巴比妥钠",涉案药物的最终流向也是用于动物科研试验,则本案涉案的药品不能实质性地归入《药品管理法》中的"药品",即判断涉案药物属于假药的法律依据不足。

(3)从证据上看,药品所含成分是否与国家药品标准规定的成分相符,药品成分的含量是否符合国家药品标准等,需要由药品检验机构进行检验,才能认定是否属于假药或者劣药。就鉴定而言,需要通过红外光谱、核磁共振光谱、核磁功能碳谱取得的波谱数据进行结构性的确认,结构上先确定是戊巴比妥类药物,本案对白色粉末的简单定性不充足。

(4)在国家食品药品监督管理总局、公安部、国家卫生和计划生育委员会《关于公布麻醉药品和精神药品品种目录的通知》(食药监药化监〔2013〕230号)的精神药品品种的目录中,戊巴比妥属于第二类精神药品,该品种包括其可能存在的盐和单方制剂。同时,根据生产、销售麻醉类、精神类药品的管理条例,无论是出于什么用途,没有经过批准或取得批准文号不得生产、销售该类药品。

2. 被告人杨某不具有销售假药罪的主观故意。

(1)本案中被告人杨某存在认识上的误区。销售假药罪在主观上只能由故意构成,即行为人明知自己销售的是假药而仍然进行销售。要对被告人主观上是否具有故意作出合理的判断,被告人供述是一个很重要的依据,同时还应当结合被告人是否具有销售药品的资质、采购销售的过程、销售渠道是否正规,以及被告人的职业、文化等综合因素,全面准确地分析认定。根据被告人的供述和辩解,其销售的药品仅用于生物实验,并非用于人体。事实上,也有相关的证据证明下家购买了该药品后,大部分用于生物实验。这一事实的存在能够阻却行为人销售假药的故意。

(2) 对于涉案药物是假药的认定不符合一般民众的认知。对于假药的认定可以有三个层次的考量因素,一是行业的专业认知,可以认为属于《药品管理法》中的第二类精神药物;二是根据名称,从现有情况看,上家网页宣传的是戊巴比妥钠,销售给杨某后下家贴上动物科研试验专用的标签,表明下家对于该试剂名称的认知也是戊巴比妥钠;三是依据实际用途,涉案药物是在化工群发布的信息,而根据普通公众的认知,化工群中交流、讨论的应是化工原料或化工原料制成品。同时,考虑到销售单位都是生物科技公司而不是制药厂,用途上也有用于动物麻醉试验的限定条件,那么一般不能认为销售的是假药。

3. 关于销售假药罪侵害法益的判断。

(1) 销售假药罪法益的规范解释。

法益即法所保护的是客观上可能受到侵害或威胁的人的生活利益。通说认为,生产、销售假药罪侵犯的是复杂客体,即国家对药品正常的监督管理秩序和不特定多数人的身体健康、生命安全。实践中立法者将该罪归于"破坏社会主义市场经济秩序罪",从立法意图上看,可能也是肯定主要客体是国家对药品的监督管理秩序。但在侵犯符合法益的犯罪中,犯罪对其中哪一种法益造成的危害更直接、更严重,将体现这一犯罪的社会危害性程度及刑法的主要打击目的;与此相应,刑罚的配置也往往与犯罪的性质及其危害程度成正比。就秩序的维护与公民的生命、健康安全两种不同法益的重要性而言,何者应优先保护,需要进行深层次的价值判断。生产、销售假药罪保护的主要法益为何,同样有必要进一步深入分析,这将关系到当上述两种法益发生冲突,即单纯违反了法律条文对于秩序保护的规定但并没有危害公民的生命、健康安全甚至是保护了公民的生命安全时,是否应当入罪的问题。

立法者将生产、销售假药罪置于刑法分则第三章"破坏社会主义市场经济秩序罪"中,在一定程度上体现了刑法的社会防卫功能,也是出于对民众整体生命安全保护的考虑。就一般情况而言,国家对社会公共秩序的管理和维护,为每一个社会个体利益的保护提供了实现的条件与基础;对社会秩序与公共利益的侵害,往往也会造成对个体利益的侵害,致使现实生活中的每一个个体成为具体的受害人。如生产、销售有毒、有害食品罪,对食品安全监管秩序造成侵犯的同时,对不特定多数消费者的生命健康安全将产生危害;又如环境污染犯罪,在对大气、河流公共环境造成破坏的同时,生活在其中的每一位社会公民也都成为直接的被害人。但从秩序存在的目的看,当前国家确立的众多社会秩序,特别是行政监管秩序,仍主要出于国家管理的需要。

应当认为,创立制度、维护秩序都只应作为手段,不能为了秩序而保障秩序,其最终目的应该是实现人自由发展的最大化。如果过分强调刑法对特定制度和秩序的保护,只会进一步导致刑法功能的异化,而转变传统刑法单纯维护秩序的工具主义观念理应成为当今刑法的价值追求。在现代社会,对于任何个人而言,具有绝对保护价值的法益必然是人的生命和重大身体健康。一方面,生命与重大健康是个人其他法益存在的基础,是实现个人价值的前提;另一方面,该法益一旦被伤害,将面临不可挽回、修复的风险。换句话说,生命和重大健康安全对公民而言具有绝对价值,决定了法律(包括刑法)应当对该法益进行"绝对"保护。从生产、销售假药造成的客观社会危害后果来看,其对于不特定社会民众身体健康安全造成的危害显然是更直接的、影响更大的,刑法对此的保护应有所偏重。

(2) 根据目前在案证据,被告人杨某根据下家用于动物实验的"戊巴比妥钠"的需求,向上家描述并要求购买的也是用于动物实验的"戊巴比妥钠"。如果能够锁定并确认下家采购的涉案药品全部或者绝大部分最终的确是用于动物试验,则不能体现所销售药物对不特定社会民众身体健康的危害。

(3) 从举证责任角度看,公诉机关需举证证明销售的药物体现对不特定社会民众身体健康的危害,举证责任不能倒置。

4. 生产、销售假药罪与一般行政违法行为的界限——社会危害性的体现。

(1) "足以"一词的消失并不意味着对行为实质危险的否定。

四、案例评析

"挪用"的字面含义本身必然包含对财物所有人(单位)意志上的违背,如果财物的转移、保管、使用均是在单位意志支配下,或者没有违反单位的意志,则不能构成"挪用"。辩护人通过本案试图说明,客观上的款项转移并不必然是挪用,是否挪用还要看款项所有人(单位)对款项转移、被使用的态度是反对抑或认可、默认。本案最终认可辩护人的意见,二审判决从社会危害性角度给予被告人缓刑。生产、销售假药罪自入刑以来,经历了两次较大的修正。第一次是1997年刑法修正时,基于提高生产、销售假药罪入罪门槛的考虑,立法者要求足以严重危害人体健康的才予入罪。但在刑法修正案(八)时,为应对日益增多的假药犯罪,立法者取消足以严重危害人体健康的入罪标准,同时修改了3年至10年及10年以上有期徒刑两档法定刑中单纯以危害结果为量刑标准,增加了情节为量刑标准,扩大了假药犯罪的处罚范畴。目前主流观点认为刑法修正案(八)让销售假药罪由具体危险犯走向行为犯,所以司法实践中在入罪考量时更多的是考虑是否有"销售"行为,而不过多考虑行为的危险性问题。需要指出的是,刑法修正案(八)删去具体危险的内容,实际上是将本罪从具体危险犯修改为抽象危险犯,并非是对行为实质危险的否定。第一,首先应当明确的是行为犯与结果犯是一对概念,实害犯与危险犯是一对概念。我国其实对于行为犯与危险犯并未怎么区分(虽然从法学理论来说是不同概念),这点尤其在销售假药罪上特别明显。所以在说"本罪修改后是行为犯,只要实施了销售假药的行为就构成犯罪",这里的行为犯其实就是抽象危险犯。第二,如果否定药品的客观危害性,从重情节就失去了存在的意义。对人体健康造成了实害的,被作为加重情节,而这些结果恰恰是以药品本身的客观危害为前提,这可以反推出基本情节需要药品本身客观危害性的存在为依据。第三,最高人民法院、最高人民检察院《关于办理危害药品安全刑事案件适用法律若干问题的解释》第十一条规定:"销售少量根据民间传统配方私自加工的药品,或者销售少量未经批准进口的国外、境外药品,没有造成他人伤害后果或者延误诊治,情节显著轻微危害不大的,不认为是犯罪。"最高人民法院、最高人民检察院的解释实际在出罪的考量时坚持危险的判断,那么对入罪的考量也应坚持同一标准,即坚持行为+危险性的判断。

(2) 行政违法并不当然具有刑事违法性。

根据生产、销售麻醉类、精神类药品的管理条例,没有经过批准或取得批准文号不得生产、销售戊巴比妥类药物。被告人杨某在没有取得许可的情况下销售该类药物,具备行政违法性,应当接受行政处罚。

四、案例评析

刑罚制裁具有最为严厉性的特点使得刑法在整个法律体系中处于补充性和保障法的地位,这也要求只有当其他法律不能充分保护某种法益时才由刑法保护,只有当其他社会治理手段不足以抑制某种危害行为时才由刑法加以禁止。对于销售拟制假药的行为,如以触犯了对药品管理秩序的规定为由进行规制,也应首先考虑相关行政法规上的处罚,不能直接动用刑法进行制裁,否则易造成其他法律的虚置以及刑法与其他法律制裁方式的功能错位。刑法的谦抑性原则同样要求刑法秉持最后手段性原则。

案例 23
戴某挪用资金案

单位决定将公司资金存入被告人个人账户的，
不构成挪用资金罪

周连勇、杨秀云

一、案情简介

2014年5月17日，江苏省B县人民检察院指控被告人戴某犯挪用资金罪，向该县人民法院提起公诉。江苏省B县人民法院对案件进行了审理，以挪用资金罪判处被告人有期徒刑七年六个月。被告人戴某对江苏省B县人民法院一审判决不服，依法向江苏省Y市中级人民法院提起上诉。一审判决作出后，担任本案被告人戴某辩护人的律师认为，该判决认定被告人戴某构成挪用资金罪，在事实、证据及法律适用方面均存在严重问题。因此，负责本案辩护工作的律师事务所于2015年3月7日特委托部分从事刑事法学研究的专家学者、刑辩律师，对戴某案件的实体、程序及法律问题进行论证。

二、争议焦点

根据江苏省B县人民法院一审判决书中对戴某构成挪用资金罪的认定是否能够成立？如果成立，量刑是否失当？

三、专家研判

江苏省B县人民法院一审判决书认定，被告人戴某利用职务上的便利，挪用本单位的资金用于营利，数额较大，其行为构成挪用资金罪。公诉机关指控被告人戴某犯挪用资金罪的事实清楚，证据确实、充分，罪名成立。围绕判决书中的认定，与会专家进行了细致的分析和深入的讨论，并对相关问题形成以下一致意见。

（一）现有证据表明被告人戴某的涉案行为不构成挪用资金罪

根据《中华人民共和国刑法》第二百七十二条的规定："公司、企业或者其他单位的工作人员，利用职务上的便利，挪用本单位资金归个人使用或者借贷给他人，数额较大、超过三个月未还的，或者虽未超过三个月，但数额较大、进行营利活动的，或者进行非法活动的，处三年以下有期徒刑或者拘役；挪用本单位资金数额巨大的，或者数额较大不退还的，处三年以上十年以下有期徒刑。"

本案中，一审法院认定戴某"利用职务之便，挪用本单位资金用于经营……构成挪用资金罪"存在以下问题。

1. 戴某没有实施挪用行为，没有构成挪用资金罪的前提。

（1）戴某作为江苏某面粉有限公司办公室副主任，其职责是处理人事关系，并不是公司的财务人员，也没有保管公司资金的职责，不存在挪用公款的职务之便。

（2）因江苏某面粉有限公司与他人有诉讼，为防止账户被法院查封，遂通过董事会会议决定将款项打到个人账户上。2009年5月22日，参会人员孙某、裔某、王某、盛某、戴某、王某，记录员瞿某，孙某说："那下面就把L款直接打到个人卡上，但个人要保证资金安全，不能有损失。"单位决定将款项打入戴某个人账户上，是单位行为，不是戴某的个人行为。

（3）进入到戴某个人账户以后的款项，戴某是个人代单位保管并予以支付，由于该账户是戴某的私人账户，本身不受单位的控制，进入该账户的款项属于戴某个人支配、管理下的财物，可以自由支配，单位也没有规定打到该账户的款项戴某不能使用。而且，从一个账户转到个人的另一个账户，与其职务也没有任何联系。

2. 单位资金进入戴某个人账户以后，戴某跟单位就形成了债权债务的关系。基于保管关系，单位450万元的款项已经转变成对戴某的债权。在戴某代单位支付职工补偿金后，该债权就归于消灭。

因公司全面停产后被拍卖拆迁，戴某负责与职工解除劳动合同，因公司账上没有钱支付职工的经济补偿金，而职工强烈要求经办人戴某向他们出具个人欠条，才能让职工感觉到还款有望。因此，戴某就向本单位职工出具经济补偿金欠条一项，涉及人员100多人，涉及金额500万元左右。对职工负有支付经济补偿金义务的主体原本应该是公司，而不是戴某，现在由戴某向职工出具欠条在法律上显然属于债务的转移。当欠条到期后，职工凭借欠条向戴某主张债权，承担后果的也是戴某本人，而不是公司。

公司将资金打到戴某的账户上，同时戴某出具借条，待解决职工的经济补偿金收回欠条后,凭票据向公司平账,取回其向公司出具的借条。若是戴某资金出现问题,公司凭借借条通过民事途径向其主张,戴某则有义务将450万元还给公司,从此意义上来说资金是安全的。所以该行为应当属于民法上的借贷关系,而不是一审判决书认定的"借贷形式的保管"。

3. 戴某使用该款项并不违背单位的意志。戴某到底能不能使用其个人账户里的钱?与会专家认为即使戴某是保管这笔款项,但因为公司对资金的使用没有禁止性规定,戴某就有权支配这笔资金。

根据2009年5月22日的董事会会议记录,公司将钱打到个人账户,只要求个人保证资金的安全,而对其是否能够使用、如何使用均没有任何禁止性的规定。实际上,款项进入戴某账户后,自然就能产生利息,而这利息归属也能反映出该款是由谁来支配。根据相关司法解释,用公款存入银行生息的行为也是挪用公款进行营利活动。但在本案中,公司对涉案款项使用所获取的利息是不计的,即相关的利息归个人所有,2014年5月16日公司出具的《关于资金汇入戴某个人账户的补充说明》已经明确"只要保证资金安全,利息不计"。这就是说,款项在戴某账户上,款项的使用人是戴某个人,单位是认可戴某对该款的使用权益的,收益归戴某个人所有,并且,单位也没有限定戴某如何使用该款,戴某将款项投入具有更高收益的股市与单位的意志并不冲突。需要指出,一审判决书中认定戴某"为了谋取经济利益,将其中大部分资金转进个人股票账户,给该资金安全带来较大风险"。这一认定缺乏依据,戴某对单位进入个人账户的资金,虽然要保证安全,但这种保证是建立在戴某个人全部资产基础上的,也就是说,戴某个人用自己的全部资产来保证安全,戴某只要在应该为单位代付职工补偿金时有能力及时付出,该资金就是安全的,没有证据表明戴某存在着这种支付风险。最终的结果也证明,没有形成风险。所以判决缺乏依据。

4. 单位之后出具的情况说明能否阻却犯罪?与会专家认为可以阻却犯罪。

2013年12月6日江苏某面粉有限公司出具的《关于公司资金汇入戴某个人银行账户的情况说明》:"2010年5月Y市阳春粮机经营有限公司向Y市亭湖区人民法院提起诉讼,要求我公司给付欠款2 458 644.89元。先后经历败诉、胜诉及省高院再审,此案件直到2013年4月19日才经省高院调解结束。在此期间,我公司为防止法院查封公司账户,经公司领导研究决定,将Y市L建筑消防安装工程有限公司汇给江苏某面粉有限公司的拆迁补偿款汇入戴某个人银行账户。从2011年7月至2013年2月经公司法人代表孙某与L公司费某协调,由财务科出具收据,戴某出具个人借条后先后七次汇入450万元到戴某个人银行账户,用于支付工人经济补偿款及各项费用的开支,此款项已于2013年3月底全部支出完毕并与公司财务科结清平账。公司只要求他保证资金的完好,对其他使用,只要未给公司造成经济损失,也未影响公司资金正常使用,公司及股东不予追究。"

2014年5月16日公司再次为此事做了《关于资金汇入戴某个人账户的补充说明》:"B县人民法院:现就资金汇入戴某个人账户我公司作如下补充说明:一、资金汇入戴某账户是公司董事长孙某叫的,费某与孙某他们自己汇入的,他们会证明,不是戴某个人挪入的。二、每笔资金汇入戴某账户前,他都是打借条的,账户是由其任意提供的,无特定要求,也非借用个人账户关系。孙某、王某、周某会证明。三、汇入戴某个人账户后的资金,公司与戴某形成了借用关系,非保管关系。如是保管关系被盗、遗失等损失个人不予赔偿,形成了借用关系后,如有被盗、遗失等损失个人必须赔偿,公司是这样考虑的,且其本人也非财务人员,无保管的义务。四、公司明确:借入个人账户的资金,只要保证资金安全,利息不计,随时用随时支出,其他未作任何要求,有会议记录,且孙某开会时也多次说过。借入戴某个人账户的资金其有完全支配权,资金使用后以相关单据经审批后送公司财务入账。只要未给公司、股东、职工造成损失,其其他行为公司及股东都不予追究。以上情况公司再次给予说明。"

上述两份情况说明对2009年5月22日的会议记录进行了进一步阐述:戴某对在其个人账户上的资金具有完全支配权,如何使用公司一概不问,只要他保证资金的安全。正如前文所述,既然戴某对其个人账户的资金具有完全支配权,那么他的使用就不存在违法行为,更不构成犯罪。

与会专家认为:挪用资金,本质上侵害了单位的资金使用权,但在本案中,单位并没有规定戴某不能使用进入其个人账户的款项,则戴某使用本案所涉资金,并没有实质性侵害单位的使用权。刑法是打击犯罪的工具,涉及剥夺人身自由,所以要严格限制入罪,挪用是与职务相联系的,本案中戴某没有"挪"的违法行为,且公司在授权时也未禁止其使用,根据罪刑法定的基本原则,戴某使用这笔钱并不违法,不能构成挪用资金罪。

(二)关于量刑:明显畸重

撇开定罪问题,本案的量刑也成为专家关注的重要问题,专家们认为,本案量刑畸重。

本案被告人戴某有诸多法定的、酌定的从宽量刑情节,包括自首,案发前该款已经为单位所支付(即归还了单位款项)。单位也要求司法机关予以从轻处罚等。这些都是挪用犯罪重要的从宽量刑情节。令人不解的是,一审法院一方面确认了这些情节,另一方面却判处了被告人有期徒刑七年六个月。实际上,即使没有上述情节,与同类型案件量刑相比,对被告人戴某判处七年六个月都是偏重的。① 而被告人具有的从宽量刑情节在本案中完全没有起到作用,背离了宽严相济的刑事司法政策。根据罪刑相当原则的要求,如果说本案的基准刑是六年半的话,则被告人具有上述法定的从轻或者减轻处罚情节,可以判处三年以下有期徒刑,鉴于本案的情况,判处缓刑也是比较合适的。

四、案例评析

"挪用"的字面含义本身必然包含对财物所有人(单位)意志上的违背,如果财物的转移、保管、使用均是在单位意志支配下,或者没有违反单位的意志,则不能构成"挪用"。辩护人通过本案试图说明,客观上的款项转移并不必然是挪用,是否挪用还要看款项所有人(单位)对款项转移、被使用的态度是反对还是认可、默认。本案最终的处理认可辩护人的意见,二审判决从社会危害性角度给予被告人缓刑。

---

① 中国裁判文书网上公布的有关"挪用资金罪"的刑事判决书,例如① 江苏省扬州市邗江区人民法院〔2014〕扬邗刑初字第0507号刑事判决书,被告人殷某挪用资金3 889 984元,被判处有期徒刑三年,缓刑四年;② 江苏省苏州市相城区人民法院〔2014〕相刑二初字第0080号刑事判决书,被告人周某甲挪用资金120万元,案发尚未归还,被判处有期徒刑三年,缓刑四年;③ 江苏省常熟市人民法院〔2014〕熟刑二初字第00684号刑事判决书,被告人李某、凌某挪用资金1495万元,案发后仍有1 310万元无法归还,李某被判处有期徒刑八年,凌某被判处有期徒刑八年六个月;④ 江苏省靖江市人民法院〔2014〕泰靖刑初字第78号刑事判决书,被告人段某挪用资金5 700万,案发后仍未归还,被判处有期徒刑九年六个月。

案例 24
某钢厂聚众斗殴罪
公司高管现场处理冲突不属于"组织"聚众斗殴

周连勇、马　源

一、案情简介

2017年7月16日,某特钢职工黄某和张某两人在工作期间打架,被车间主任郑某按照厂纪给予1 000元罚款,黄某当时并未对该处罚表示异议。

7月19日,黄某上班期间故意与车间主任发生口角并用安全帽砸破自己的头,谎称被郑某打伤。随后电话纠集其三哥黄某本,黄某本又纠集黄某龙、黄某绅、黄某博、戴某猛等人,黄某龙纠集了吴某刚、黄某山、马某忠、韩某报等人携带钢管、辣椒水等工具驾车闯入某钢厂,窜至成品车间。刘某被黄某等人追打后逃离并报警,保安与手持铁锹的黄某龙等发生冲突,有人喷辣椒水,随后厂内更多的工人赶到车间。黄某本手持剪刀威胁他人,在与朱某康抢夺剪刀过程中刺伤朱的手,双方再一次爆发冲突,黄某等人持铁锹、辣椒水并拳打脚踢将钢厂保安戚某洋、米某永等人打伤,黄某本受轻伤,黄某征、黄某龙、黄某博轻微伤。后警察到现场,黄某征、黄某本、黄某龙被带走。陆某强驾车逃离至厂门口被门卫拦在保安室,后被公安机关带走。

15时许,被黄某本、黄某绅纠集来的张某宝、黄某静、黄某川、黄某纯等人驾车至某钢厂门前对厂方人员进行辱骂、挑衅,想要冲进厂内,与工厂员工形成对峙。被刘某叫来看看的王某雷到厂门口与对方发生冲突,在工厂门口的员工持木棍、铁锤冲出厂外大门追打黄某静等人,致3人轻伤并砸毁门前何某菊的汽车一辆。经鉴定,黄某本、黄某静、黄某川、黄某纯轻伤二级,黄某征、黄某龙、黄某绅、黄某博、戚某洋、米某勇轻微伤。

20日早晨8时许,黄某家人煽动亲友及部分群众以"新沂人被福建人打伤"为由到厂区门口聚集,一度造成现场混乱。同时,大量视频和图片信息在网上被迅速转发,有人甚至拼接制作了虚假视频,称"新沂发生暴动""两名新沂人被福建人打死"等虚假、不实信息。某特钢厂区被大量人员围攻,大门被推倒,多部车辆车窗被砸、车被推翻,且有多人进入到一栋办公楼进行打砸,办公楼部分现金被抢走,超市货物、现金被哄抢一空。

周律师、马律师等接受委托,担任本案的辩护人。辩护人查阅案卷材料,针对本案控辩双方争议焦点,特委托从事刑事法学研究的专家学者,对该案件的实体及法律问题进行论证。

二、争议焦点

关于本案的定性是否有误,能否定为聚众斗殴?

三、专家研判

(一) 本案定性错误,涉案人员不构成聚众斗殴罪

1. 涉案人员不具有聚众斗殴的主观故意。

一般而言,主观要件包括主观上的犯罪故意以及目的、动机等其他主观违法性要素。刑法第二百九十二条中没有规定明确的主观要件,但不可否认是本罪要求的主观方面是犯罪故意,而且也不能以没有明文规定为由拒绝承认本罪要求的逞强耍横、发泄情绪等主观动机要素。理由如下:

(1) 聚众斗殴罪是从1979年刑法规定的"流氓罪"中分解出来的犯罪,其立法初衷是为了细化行为构成、避免口袋罪,因而并没有直接排除犯罪动机等主观要素。根据沿革解释的方法论,聚众斗殴罪的源头是流氓罪,二者行为要件不同,而主观要件都要求犯罪故意和犯罪动机,这反而更有助于实现消解口袋罪的立法目的。

(2) 根据体系解释方法,寻衅滋事罪的适用需要逞强耍横、发泄情绪等主观目的、动机,与之同属"兄弟罪名"的聚众斗殴罪也需要此类主观要素。我国司法解释实际上已经将动机要素作为寻衅滋事罪的犯罪成立要素,如2005年6月8日最高人民法院《关于审理抢劫、抢夺刑事案件适用法律若干问题的意见》指出寻衅滋事罪与抢劫罪的区分在于,前者行为人主观上还具有逞强好胜和通过强拿硬要来填补其精神空虚等目的;2013年7月15日最高人民法院、最高人民检察院《关于办理寻衅滋事刑事案件适用法律若干问题的解释》第一条规定:行为人为寻求刺激、发泄情绪、逞强耍横等,无事生非,实施刑法第二百九十三条规定的行为的,应当认定为"寻衅滋事"。因此,对聚众斗殴罪的认定也应遵循这种路径。

(3) 本案中,黄某为发泄心中不满而故意在厂内滋事并纠结多人携带凶器进入工厂闹事,厂内人员为了制止闹事行为、控制态势、保护厂内人员的人生财

产安全以及生产秩序而准备防备工具,最终与闹事人员发生冲突。整个事件过程中,厂内领导以及参与人员并没有寻求刺激、发泄情绪、逞强耍横的动机,反倒是对方存在这样的内心情绪,厂方领导出面积极调停、通知本地人来劝和以及报警等事实说明厂方领导不希望事态扩大、期望能够控制态势,表明他们没有任何"闹事"动机,"斗殴"的"故意"也难以认定。

(4)聚众斗殴罪作为扰乱公共秩序罪之一,行为人主观上往往具有流氓动机和通过聚众斗殴行为寻求精神刺激的犯罪目的,这是区分本罪与因民事纠纷而引起的多人械斗的关键之处。而本案发生的特殊时间、地点、参与人,都反映出本案有别于典型的聚众斗殴犯罪。

2. 行为人实施的是一种对进入厂内寻衅滋事行为的一种防卫准备,不是针对和伤害某一特定人的斗殴行为。

(1)根据刑法第二百九十二条,聚众斗殴罪是指聚集多人攻击对方身体的行为,行为要件是"聚众斗殴",这是包含了两个具有手段(聚众行为)和目的(斗殴行为)关系的危害行为的一种犯罪类型。从逻辑上来说,"聚众"可以看作斗殴的预备,但当立法者将聚众行为纳入本罪的构成要件的时候,聚众行为就应当是本罪的实行行为。因此,聚众斗殴罪的构成要件是由聚众行为与斗殴行为共同组成的,如果只是纠集了多人但由于意志以外的原因尚未实施斗殴的,应当认定为是聚众斗殴罪未遂,而不能认定为聚众斗殴罪既遂。

(2)本案不存在"聚众斗殴"行为。本案冲突的起因在于黄某对钢厂的处分不满、心生怨恨而在车间故意寻衅滋事,并电话纠集多人携带凶器进入钢厂内挑起事端,根据闹事方黄某本、黄某龙、黄某绅等人的供述,黄某本等人在钢厂内首先殴打了厂方工作人员与保安,并用剪刀刺伤了朱某康。在冲突过程中,朱某康打电话让李某光去处理,李某光告知厂内部门注意安全并控制态势,在得知对方携带凶器闹事、保安被打时,厂内人员也准备了防身用的棍子。整个过程中"准备工具"的行为并不是一种斗殴的准备行为,而是一种对进入厂内寻衅滋事行为的一种防卫准备即"防备"。换言之,为预防不法侵害而携带防范性工具不必然阻却正当防卫的成立,因为事态的发展是动态的,事先准备防卫工具可能发生防范效果,也可能不发生,防范效果是否发生取决于行为人是否遭受不法侵害。在不法侵害发生时,使用准备的工具反击不法侵害的行为,不是针对和伤害某一特定人的斗殴行为。

(3)从本案现有材料看,基本事实可分为两个阶段。

双方在第一阶段的冲突至黄某本受伤被民警带离现场结束,在该部分冲突过程中,由黄某本等人一方滋事在先,双方在此过程中发生的互殴行为仍然属于个体行为,不属于扰乱公共秩序的行为,不宜概括认定为聚众斗殴行为。

双方在第二阶段的冲突即为在工厂门口发生的多人斗殴的事实。但聚众斗殴的"聚众"除"众"的形式要件之外,关键在于"聚"这一具体行为要件。从本案的情况来看,案发地点为工厂,参与人员为工厂的工人,案发时间为工厂工作时间,并非为斗殴之目的而进行的聚众活动。另外,在王某雷到达现场之前,双方之间处于对骂的对峙状态,关于双方如何从骂战发展为斗殴,现有事实不清,无法排除因个人行为产生的偶发因素导致正常的"护厂"行为演变为双方的斗殴行为。而由于第一阶段的冲突,工厂一方采取一定程度的自卫措施属合理范围之内,无法推定工厂员工在"聚众"之初就有斗殴的意图。

3. 关于主体要件,认定涉案人员构成聚众斗殴罪的首要分子和积极参加者,证据不足。

(1) 钢厂领导人员以及其他管理人员并不能因其具有特殊身份便自动承担特殊刑罚责任。聚众斗殴罪的犯罪主体是聚众斗殴的首要分子和积极参加者,首要分子是指在聚众斗殴中起组织、策划、指挥作用的分子,积极参加者是在聚众斗殴中表现最为活跃的分子。本案涉案人员基本为钢厂内的管理人员,根据相关人员供述及其形成的证据链,但该罪犯罪主体的认定不是看形式上的"身份""职位",而是看行为及其实质作用。

(2) 本案中在双方大规模爆发冲突之前,已经存在着对厂内人员身体安全(如总经理被刺、保安被殴打)、钢厂生产秩序、财产安全的威胁与侵害行为,公司领导通知部分厂管理人员到现场时,该侵害行为仍然正在进行之中。因此,这里的"聚众"不是"聚众斗殴"之"聚众",而是聚集大家保护厂内人身财产安全,相关人员就没有发挥斗殴的"组织、策划、指挥"等作用。本案另一个冲突地点是钢厂门口,厂内人员到西门卷入冲突并没有人安排,是大家自发过去的。

因此,认定涉案人员构成聚众斗殴罪的首要分子和积极参加者,证据不足。

(二) 关于处理聚众斗殴罪的刑事司法政策在本案中的贯彻

2010 年 12 月 31 日,最高人民检察院发布第一号指导案例即为"施某等 17 人聚众斗殴案",其"要旨"为:检察机关办理群体性事件引发的犯罪案件,要从促进社会矛盾化解的角度,深入了解案件背后的各种复杂因素,依法慎重处理,积极参与调处矛盾纠纷,以促进社会和谐,实现法律效果与社会效果的有机统一。基于这种刑事司法政策的指导,办案检察院认为:鉴于施某等 17 人参与聚众斗殴的目的并非为了私仇或争霸一方,且造成的财产损失及人员伤害均属轻微,并未造成严重后果;两村村委会达成了和解协议,施某等 17 人也出具了承诺书,从惩罚与教育相结合的原则出发以及有利于促进社会和谐的角度考虑,石狮市人民检察院决定对施某等17人不起诉。这一指导性案例这体现了重要的起诉裁量权精神,强调了刑事政策对于群体性案件处理的指导意义。

江苏省高级人民法院、江苏省人民检察院、江苏省公安厅《关于办理聚众斗殴案件适用法律若干问题的意见》(以下简称《意见》)中规定:"对于因民事纠纷引发的互相斗殴甚至结伙械斗,规模不大,危害不严重的,不宜以聚众斗殴罪处理,构成其他罪的以其他罪处理。"在《意见》对聚众斗殴案件处理的精神下,对本案而言,工厂员工与他人发生打斗并非基于报复他人、争霸一方、寻求刺激或者其他公然藐视国家法纪和社会公德的不法动机,仅是因为劳资纠纷引发的冲突,故本案在定性上不宜认定为聚众斗殴。况且,本案是因对方寻衅滋事行为引起的矛盾冲突,钢厂一方是本次群体事件的被动参与者、受害者,在此事件中采取了防卫行为、没有斗殴故意、缺少逞强争霸或无事生非等作案动机,因而最高人民检察院的政策、《意见》的精神更有理由在本案中得到贯彻。

四、案例评析

由于正当防卫被司法实践虚置,导致聚众斗殴及故意伤害被扩大使用,对于侵害紧迫性的认定标准也被限定得非常严格。本案属于较为典型的借故生非后的侵害行为,对于多人、持械的侵害行为,作为一家企业或者负有保卫职责的工人而言当然地具有防御性反抗的权利和余地。本案最终的处理与辩护人的意见一致,这也与最高人民检察院发布的指导案例传达鼓励正当防卫的刑事政策是一致的。

案例 25
江苏某药业股份有限公司、戴某污染环境案

如何认定污染环境罪中的"非法排放、倾倒、处置"危险废物？

周连勇、杨秀云

一、案情简介

江苏省某市公安局《起诉意见书》指控："2013 年 5 月至 2014 年 3 月，犯罪嫌疑人戴某担任江苏某药业股份有限公司副总经理期间，以江苏某药业股份有限公司名义，违反国家规定将江苏某药业股份有限公司的危险废物交于无处理危险废物资质的李某、丁某非法处置。"2014 年 9 月 18 日，某市公安局指控犯罪嫌疑人戴某、犯罪嫌疑单位江苏某药业股份有限公司（以下简称某药业公司）涉嫌污染环境罪，将该案移送审查起诉。

律师事务所于 2015 年 5 月接受犯罪嫌疑人戴某、犯罪嫌疑单位江苏某药业股份有限公司委托，分别指派相关律师担任本案的辩护人。辩护人查阅案卷材料，针对本案控辩双方争议焦点，特委托从事刑事法学研究的专家学者、环境资源事务方面的专家、刑辩律师，对该案件的实体及法律问题进行论证。

二、争议焦点

某市公安局《起诉意见书》所指控的戴某、某药业公司涉嫌污染环境罪，能否成立？

三、专家研判

围绕《起诉意见书》中的指控，与会专家进行了细致的分析和深入的讨论后认为：

1. 某药业公司没有实施排放、倾倒、处置有害物质的行为，与李某、丁某也不存在共同排放、倾倒、处置的犯罪行为。

《起诉意见书》指控的"危险废物"系由丁某通过船舶向河体内倾倒，这一行

为是明确的，没有任何争议，丁某的行为相对于戴某、某药业公司而言是独自完成的，这足以证实戴某、某药业公司没有参与排放、倾倒、处置案涉"危险废物"，不具有环境污染罪的客观行为。

某药业公司相对于丁某而言，不存在授意、指使、帮助等行为，丁某的证言也证实戴某对其向河体内倾倒危险废物，是不明知的，这足以证实丁某倾倒的行为系其个人起意、独自实施完成，与戴某之间不存在通谋、合意。

既不存在共同犯罪故意，也不存在排放、倾倒、处置的行为，故某药业公司的行为不符合《中华人民共和国刑法》第三百三十八条的规定。

2. 某药业公司的行为也不符合最高人民法院、最高人民检察院《关于办理环境污染刑事案件适用法律若干问题的解释》第七条的规定。

（1）某药业公司主观上认为副产盐酸是交付给扬州某资源综合利用有限公司（以下简称扬州某公司），并非交与丁某。

本案的证据可以证明以下事实：丁某经季某介绍认识某药业公司戴某，并向戴某出示了扬州某公司的名片和企业宣传画册，并介绍了扬州某公司具有危险废物处置和回收资质。之后，戴某安排季某去扬州某公司考察，季某通过扬州某公司门卫了解到丁某在扬州某公司的任职，并进入到丁某在扬州某公司的办公室，同时参观了扬州某公司生产车间。李某的证言也证实丁某在扬州某公司任职。

某药业公司在确认这样的信息后，因其生产备案证明中产品流向只能在某市范围内，于是丁某找到了该市某贸易有限公司（以下简称某市某公司）、某金属材料厂（以下简称某厂）与某药业公司签订了买卖合同。在其产品流向变更为江苏省范围内时，随即与扬州某公司签订了买卖合同。签订三份合同，是真实存在的，无论合同是否有效，均能证实某药业公司主观上是将副产盐酸交与有资质的公司，并非交与丁某个人，主观上是想交与扬州某公司，是想让扬州某公司在盐酸原有使用价值范围内进行合法利用或销售。事实上，丁某最初将副产盐酸拉回时，也是将副产盐酸用来生产净水剂，只是因为有臭味才没有继续生产，这也充分证明了某药业公司并不存在将副产盐酸交付丁某让其非法处置的主观故意，主观上也不存在明知他人无经营资质而交付他人非法处置的故意。

《起诉意见书》指控的这一行为，与本案中的证据不相吻合，并与证据相冲突。丁某本人陈述其2013年底在扬州某公司上班，利用扬州某公司的资质与某药业公司发生业务往来，证人王某军也证实自2013年8月后，丁某即利用扬州某公司的资质与某药业公司发生业务往来。丁某外表特征以及盖有扬州某公司印章的合同等证据，足以让某药业公司认为其系代表扬州某公司来办理相关业务,足以证实某药业公司不具有主观故意。

构成污染环境罪共犯必须具备主观上明知的直接故意,但本案中控方证据不足以证明某药业公司明知他人无经营许可证而将副产盐酸交付给他人的主观故意。

(2)某药业公司补贴费用将副产盐酸交付他人,也是适应市场行情的一种销售方式,并非"抛弃"行为。

本案环评报告明确说明某药业公司的盐酸是副产品,而且各方面的指标显示符合质量要求,可以外销。只是这类商品受市场行情的影响比较大,有时好销售,有时不好销售。好销售的时候,这是公司的利润来源之一,不好销售的时候就是公司的库存负担,这种情况在生产企业都很常见。比如:电厂脱硫脱硝后产生的副产品脱硫石膏,行情好的时候卖给石膏厂作建筑材料,行情不好的时候卖不出去,就只能贮存在石膏库中,时间一长就会发生胀库的情况,影响生产,必须及时处理。这个时候电厂一般会以每吨石膏补贴一部分钱的形式请石膏厂家来拉去作建筑材料,石膏厂家也愿意干,这样一方面可以节约原料购买成本,另一方面还可以再赚一笔钱。这也是与本案相类似的地方。

虽然这种方式与正常模式中的买卖关系有所不同,但这种方式并不违反法律禁止性规定。商品市场的行情千变万化、瞬息万变,只有适应市场行情才能生存下去,这也是适者生存的法则。本案中,某药业公司在生产丁酰氯时产生的副产盐酸,是滞销产品,如果不解决胀库问题,那么势必造成丁酰氯也不能生产,于是就产生补贴他人费用,将副产盐酸交付他人的行为,这也是适应市场行情的一种买卖方式,并不违反法律规定,这与"抛弃"行为有着本质的区别。

(3)涉案副产盐酸,在某药业公司交付他人时,不属于危险废物,《起诉意见书》指控危险废物与某药业公司相关联,无有效证据证实。

从本案证据(某药业公司营业执照、安全生产许可证、环评资料等)来分析,某药业公司在生产丁酰氯过程中产生盐酸,属于副产品,这是无可争议的,也是合法的,应该说在某药业公司内部,是属于商品,那么在交付他人时是不是就属于废物呢?

有句话来描绘"废物",就是放错地方的资源,任何东西一旦成为资源、变得有用就会成为商品,废物、资源和商品在一定的时空条件下会相互转化,它们之间的关系不是一成不变的。比如:在煤矸石提炼技术不发达的时候,各个煤矿堆积的煤矸石就是固体废物,不仅占用宝贵的土地资源,起风的时候扬尘满天会污染大气,下雨的时候受雨水冲刷会造成水体污染。随着煤矸石提炼技术的发展,原来的固体废物转化成巨大的煤矿资源,产生了很大的经济效益、环境效益和社会效益。

本案中某药业公司依约将副产盐酸交付他人,是合法的商业行为,在此环节盐酸的使用价值并没有丧失,副产盐酸从其厂转移出后所有权即归他人所有,他人将买得的盐酸进行倾倒才是违法行为;江苏省科学学会出具的《江苏某药业股份有限公司副产酸非法转移案环境污染损害评估技术报告》中的一个观点为,"本案非法处置与倾倒的副产盐酸来自该企业的尾气吸收储罐,结合专家现场勘查,可认定本案非法处置与倾倒的副产盐酸为危险废物"。依据这样的观点,我们能得出以下这样的结论:副产盐酸在倾倒环节变成了危险废物,危险废物来源于某药业公司,这份鉴定结论并没有解决"倾倒"是否是某药业公司所为的问题。但侦查机关却错误地依据这份鉴定结论,来证明某药业公司生产的副产盐酸在他人倾倒时变成了危险废物,该污染环境的责任由某药业公司承担,实属扩大了概念外延,扩大了犯罪打击对象范围,将合法生产副产盐酸的生产单位某药业公司纳入犯罪主体,明显错误。

综上,与会专家认为,本案中某药业公司的行为不符合刑法和司法解释规定的构成要件。《起诉意见书》指控某药业公司、戴某涉嫌环境污染罪不能成立。

四、案例评析

污染环境罪是一种特殊的实害犯,是包含了严重危害可能性的实害犯。在对污染环境罪的处置行为进行认定时,要从特殊实害犯的视角来理解,认定非法处置行为必须符合下列标准:首先,在行为结果上,处置行为必须达到严重污染环境规定的严重性;其次,在行为地点上,应将处于企业特定空间内利用或处理行为排除在外;最后,在行为方式上,应有污染排放的事实,即将特定物质纳入、排入或放入环境中。

案例 26
刘某交通肇事案

交通肇事致四人死亡量刑四年有期徒刑是否恰当？

焦茂盛

一、案情简介

H市H县人民检察院指控犯罪嫌疑人刘某犯交通肇事罪并移送人民法院，H县人民法院经审理认为，被告人刘某违反交通运输管理法规，驾驶机动车辆发生重大事故，致四人死亡，情节特别恶劣，负事故的主要责任，其行为已构成交通肇事罪。公诉机关指控的罪名成立，被告人的行为构成交通肇事罪。因被告人刘某有自首情节，案发后，被告人刘某所在单位赔偿了被告人近亲属的部分损失，且相关车辆和房产已被查封，肇事车辆办理了相关保险业务。根据上述情节，H县人民法院判处被告人刘某有期徒刑四年。

后因申诉人袁某不服原审人民法院对刘某以交通肇事罪判处有期徒刑四年的刑事判决，遂袁某以该判决认定事实不清、审判程序违法、量刑畸轻等为由，向H县人民检察院提出申诉，该院经审查驳回其申诉，申诉人袁某仍不服，与申诉人向某进、向某军等人以相同理由，向H市人民检察院提出申诉。主要理由为：第一，刘某犯罪性质极其恶劣，后果极其严重，主观恶性极深，虽有自首情节但不应从轻处罚。第二，四名被害人实际领得赔偿金与判决书不符，且刘某所在单位的赔偿不能作为对刘某从轻处罚的依据。第三，刘某具有"其他可以从重处罚情节"。第四，本案属于有重大影响案件，原审法院不应适用刑法规定的简易程序审理。

律师于2016年7月接受申诉人袁某的委托。辩护人查阅案卷资料，针对本案控辩双方争议焦点，特委托从事刑事法学研究的专家，对该案件的实体及法律问题进行论证。

二、争议焦点

与会专家研讨后认为,本案对被告人刘某的量刑是否恰当?

三、专家研判

与会专家研讨后认为,本案对被告人刘某的量刑恰当。

第一,被告人有自首情节。被告人交通肇事犯罪后自首,属于法定可从轻处罚的情节。根据最高人民法院《关于常见犯罪的量刑指导意见》和江苏省高级人民法院《关于常见犯罪量刑指导意见实施细则》的规定,认定被告的自首情节并从轻判处被告人四年有期徒刑是相对合理的。被告人在肇事后主动拨打电话并参与抢救,滞留在现场,可认定为自首。一旦认定自首情节,就给予了法院从轻量刑的可能性,可以减少基准刑的20%。就本案而言,根据"死亡四人,负事故的主要责任"的情节,被告人的基准刑为有期徒刑四年六个月,原审法院因其自首,法官行使自由裁量权只减少了基准刑的11%判处刘某有期徒刑四年,这一量刑符合法律规定。

第二,交通肇事罪是过失犯罪。被告人主观上属于疏忽大意的过失,不存在主观恶性极深、性质极其恶劣的说法,并且没有其他违反法规应当加重处罚的情形。同时被告人在审讯和庭审中多次对自己的行为表示忏悔,表达了积极赔偿的意愿,具有悔罪表现。同时,在主观恶意方面,不可以由本案的后果来推定。

第三,本案的交通肇事案件不属于有重大社会影响案件。被告人刘某同意公安机关出具的事故鉴定意见,并未提出重新鉴定,对公诉机关指控的犯罪事实未予以否认;本案不属于有重大社会影响案件,原审法院适用简易程序并无不当。

根据律师事务所提供的有关资料,通过以上分析、论证,我们认为:本案的交通肇事中被告人疏于观察,是过失犯罪;有自首情节,且有认罪悔罪表现;被告人不具有"其他可以加重处罚情节";本案对被告人的量刑恰当。

四、案例评析

交通肇事罪属于过失犯罪,虽然本案造成4人死亡的严重后果,但被告人具有自首情节、赔偿了受害人部分损失、认罪悔罪等情节,在量刑指导意见幅度范围内予以从轻处罚并无不妥。犯罪的恶性和社会危害性很大程度体现在主观是故意还是过失上,二者在判决的刑期上也会有较大的差别。

案例27
孟加拉虎运输案

动物园无证运输小白虎是否构成非法运输珍贵、
濒危野生动物罪

许 岚

一、案情简介

江苏省某野生动物世界有限公司系依法成立并合法持有野生动物驯养繁殖许可证的民营企业。2016年7月15日,该公司的一只孟加拉母虎繁殖了四只小虎,经过三天观察发现母虎无哺育技能,为避免小虎折损,该野生动物世界有限公司决定将小虎取出进行人工育幼。2016年8月10日,其中一只小虎因盲肠溃疡、穿孔引起腹膜炎死亡,其余三只小虎也陆续出现严重的类似病症。2016年8月15日下午三时许,三只小虎病情加重,伴有休克现象,该公司安排一名司机和一名技术顾问送三只小虎赶往厦门子公司治疗,行至浙江省青山服务区因巡检时无法提供小白虎的运输证件被公安机关扣押。

为了正确地评价该野生动物世界有限公司的法律责任,负责本案法律顾问工作的律师事务所组织五名从事刑法学、行政法学、动物保护研究的专家学者就该野生动物世界有限公司的法律责任问题进行了咨询和论证,并出具了法律意见书。

二、争议焦点

1. 该野生动物世界有限公司的行为是否构成非法运输珍贵、濒危野生动物罪?能否刑事立案?
2. 如果不构成犯罪,本案如何处理?

三、专家研判

围绕本案事实,与会专家进行了细致的分析和深入的讨论后认为:

1. 本案涉案对象——白虎比较特殊。

（1）从生物遗传学角度说，白虎并非单独的物种，而是孟加拉虎的一个变种，是人工培育出来的品种，因此先天抵抗力较差，再加上是近亲繁殖，所以幼虎体质很差，受外界干扰较大，身体极易出现病症，死亡率很高。

（2）涉案小白虎系该野生动物世界有限公司自己人工驯养繁殖的，并非从野外猎捕或非法购买的，从狭义"野生动物"意义上讲，没有破坏野生动物资源和生物多样性，社会危害性较小。

（3）涉案小白虎出生后健康状况极不稳定，其中一只小白虎已经因盲肠溃疡、穿孔引起腹膜炎死亡，其余三只小虎也出现严重的类似病症，尤其是8月15日下午4号虎出现休克状态，是迫切需要紧急救治的"病虎"。该野生动物世界有限公司运输涉案小白虎就是将其送至配有新型动物治疗设施和具有丰富治疗经验的资深兽医团队的厦门公司（该野生动物世界有限公司的子公司）进行治疗。

（4）基于保护生态和可持续性发展的目的，国家从立法上也鼓励野生动物驯养繁殖，该野生动物世界有限公司为救治出生不久生病的小白虎而运输它们的行为恰恰说明其是一种"高质量"的繁育野生动物的方式，符合立法目的。

2. 该野生动物世界有限公司运输小白虎的目的是为了救治小白虎，其行为具有合理性和正当性。

该野生动物世界有限公司运输涉案小白虎确实未持有林业主管部门核发的运输证，但行为人是在一只小白虎已经死亡、剩余三只小白虎健康极不稳定、4号虎当天出现休克的紧急情势下，在应该先救护还是先办手续的问题上，行为人选择了先救护，运输行为是出于为救治小白虎争取有效时间的善意动机。并且行为人并非基于"不想办理"的"恶意"，而是准备次日待主管部门上班时进行补办。

退一步讲，即便该行为在客观上为"无证运输"，也应特别注意该"运输行为"是否侵害或威胁了珍贵、濒危野生动物资源，而不应形式化认定为构成"非法运输珍贵、濒危野生动物"罪。如张明楷教授就认为，动物园管理者未经林业主管部门批准，将发情的老虎送往外地交配的，不能认定为非法运输珍贵、濒危野生动物罪。客观上的"无证运输"并不当然构成犯罪，对于运输对象比较特殊的"野生动物"，应该考虑运输行为的合理性和正当性。本案运输的三只小白虎出生不久、体质很差、当天病情不稳定并出现休克状态，急需送往救治条件良好的地方治疗，所以本案运输行为具有合理性和正当性。

3. 案发后行为人态度较好。

事情发生后，随车工作人员积极配合检查人员一同前往驻地进行后续检查、接受调查,该野生动物世界有限公司也积极配合办案机关的调查,足以表明行为人"知错即纠"的态度,也再一次证明了行为人"运输行为"的"善意"。

4. 该野生动物世界有限公司运输白虎的行为从实质上讲并没有侵害野生动物资源法益。

溯本清源,《中华人民共和国刑法》第三百四十一条规定的"非法运输珍贵、濒危野生动物罪"这个罪名,结合刑法所保护法益的目的,此罪保护的法益到底是什么? 此罪是抽象的危险犯还是具体的危险犯? 如认为此罪是抽象的危险犯,则只要未经林业主管部门批准,就应拟制为破坏了珍贵、濒危野生动物资源,这显然不是。但如将此罪定为具体的危险犯,则结论恰恰相反。对于本案,应具体判断此运输行为是否存在侵害野生动物资源的具体危险。本案中该野生动物世界有限公司的运输行为只是侵害了相关部门的行政审批权,并没有侵害野生动物资源法益(实质是为了救治生病中的野生动物)。

对于此种为保护野生动物资源而进行的"运输行为",应"能动地"适用运输驯养繁殖的珍贵、濒危野生动物的管理制度,对该"运输行为"进行"实质性合理性"审查,"无证运输"不必然等同于"非法运输"。行为人的运输白虎行为属于我国刑法第十三条规定的"情节显著轻微危害不大的"情形,依法应当认定为不构成犯罪。故不宜作为刑事案件立案。

5. 2017年1月1日施行的《中华人民共和国野生动物保护法》删除了国家重点保护野生动物运输审批制度。

正在实施的《中华人民共和国野生动物法保护法》规定,猎捕、收购、出售、驯养繁殖国家一级保护的都要经国务院林业主管部门审核批准;二级保护的经省级林业主管部门批准。但是对于运输行为,无论一级二级保护的,均只要省级批准,这说明"运输行为"审批级别低于其他行为。2017年1月1日实施的新修订《中华人民共和国野生动物保护法》中,运输审批更是被直接删除(即从2017年1月1日起,野生动物行政管理上的"运输证"、刑法第三百四十一条的"非法运输珍贵、濒危野生动物罪"被"淘汰"),行为人只要持有驯养繁殖许可证复印件放置车上就可以合法运输,可见刑法第三百四十一条惩罚的运输行为不是单纯惩罚运输行为本身,而是为了惩罚从属于本条非法猎捕、杀害、收购、出售等行为后后续的运输行为,立法本意为了禁止非法猎捕、杀害、买卖野生动物的行为。作为执法者,应该考虑本条的立法本意,考虑新修订的野生动物保护法,综合评价该野生动物世界有限公司的运输行为。

6. 专家呼吁,应保持刑法的谦抑性,避免刑罚权的滥用。

刑罚具有特别的威慑力和特殊的严厉性,是抗制社会违法行为的最后一道防线。对于某些轻微危害社会的行为，如果采用其他手段如民事、行政等其他法律手段能够有效规制违法行为时，就没有必要发动刑法。刑法应对最典型、最恶劣的行为进行处罚。本案中，该野生动物世界有限公司无证运输小白虎行为的社会危害性极小，从后果上看也没有侵害、威胁到珍贵、濒危野生动物资源本身。一旦动用刑事手段进行处罚，于国家浪费宝贵的刑事司法资源；于当事人则遭受不应有的刑罚；于公司正常经营造成巨大打击，对当地经济无益。因此，专家呼吁，应保持刑法的谦抑性和最后手段性，避免刑罚权的滥用，避免浪费刑事司法资源。

7. 本案建议及时移交野生动物行政主管部门并及时予以处理。

本案涉案对象三只小白虎出生不久，健康状况不稳定，又伴有休克状态，迫切需要特别医护，否则，稍有不慎，就可能死亡。所以，建议野生动物行政主管部门及时介入并尽快处理，特别是对被扣押的小白虎尽快予以救治。

根据有关材料，通过以上分析、论证，专家学者们认为：该野生动物世界有限公司的行为虽然在客观上违反了野生动物保护法规，无证运输国家重点保护的珍贵、濒危野生动物，但其主观上并没有犯罪的故意，而是为了救助珍贵、濒危野生动物，且该三只小白虎是其自行繁殖的，实质上并没有侵害、威胁到珍贵、濒危野生动物资源本身，属于情节显著轻微的，故不宜作为犯罪处理。专家建议该案应及时移交野生动物行政主管部门并及时予以处理。

四、案例评析

行政犯的认定在法律位阶的判断上，存在行政法规的前置判断要求，但并非违反了野生动物保护法规，无证运输国家重点保护的珍贵、濒危野生动物就具有犯罪的故意。刑法作为最后一道防线，其入罪标准和构成要件是明确且客观的，对构成要件符合性、违法性、有责性的判断缺一不可，最终辩护人的意见得到办案单位的支持。

案例 28
邵某等涉嫌生产、销售伪劣产品案

在鲜牛奶生产过程中添加食品添加剂山梨酸钾，
是否构成生产、销售伪劣产品罪？

王兴元、马源

一、案情简介

邵某、陆某、朱某、王某等四人系 Z 市某乳业有限公司职员（以下简称某乳业公司）。其中邵某为某乳业公司董事长、法人，陆某为副总经理，朱某为技术科科长、食品总工程师，王某为乳品厂车间主任。2014 年 7 月下旬，某乳业有限公司陆续接到用户关于鲜牛奶的投诉。针对该情况，生产技术科科长朱某提议，经董事长邵某、分管生产的副总经理陆某同意，由采供部经理徐某（另案处理）负责购买食品添加剂山梨酸钾，朱某在经过配方试验后将分包好的食品添加剂山梨酸钾交由乳品厂车间主任王某，由王某负责在鲜牛奶生产过程中添加食品添加剂山梨酸钾。至 2014 年 9 月 3 日，某乳业公司共 11 次在鲜牛奶生产过程中添加食品添加剂山梨酸钾。后四人被 Z 市公安局润州分局以涉嫌生产、销售伪劣产品罪移送审查起诉。

为了正确地评价邵某等四人的法律责任，负责本案辩护工作的律师事务所特委托北京师范大学刑事法律科学研究院疑难刑事问题研究咨询论证专家委员会，于 2015 年 7 月 21 日在北京组织三位全国著名的法律专家就邵某等四人的法律责任问题进行了咨询和论证，并出具本法律意见书。

二、争议焦点

邵某、陆某、朱某、王某等四人在鲜牛奶生产过程中添加食品添加剂山梨酸钾的行为，是否是以不合格产品冒充合格产品？其行为是否构成生产、销售伪劣产品罪？

三、专家研判

与会专家在详细听取案情介绍并认真审读所提交材料的基础上,根据我国现行法律法规和司法解释的规定,结合刑事法理论,就本案涉及的疑难问题进行了认真、充分的分析和讨论。与会专家认为,邵某等人的行为不符合生产、销售伪劣产品罪的构成特征,不构成生产、销售伪劣产品罪。

(一)本案中邵某等人的行为不符合生产、销售伪劣产品罪的客观特征

《中华人民共和国刑法》第一百四十条对生产、销售伪劣产品罪作出了规定,据此规定,生产、销售伪劣产品罪是指生产者、销售者在产品中掺杂、掺假,以假充真,以次充好或者以不合格产品冒充合格产品,销售金额在5万元以上的行为。本罪在客观方面上有四种表现形式,即"在产品中掺杂、掺假""以假充真""以次充好""以不合格产品冒充合格产品"。针对这四种表现形式,最高人民法院、最高人民检察院《关于办理生产、销售伪劣商品刑事案件具体应用法律若干问题的解释》第一条规定,"在产品中掺杂、掺假",是指在产品中掺入杂质或者异物,致使产品质量不符合国家法律、法规或者产品明示质量标准规定的质量要求,降低、失去应有使用性能的行为;"以假充真",是指以不具有某种使用性能的产品冒充具有该种使用性能的产品的行为;"以次充好",是指以低等级、低档次产品冒充高等级、高档次产品,或者以残次、废旧零配件组合、拼装后冒充正品或者新产品的行为;"不合格产品",是指不符合《中华人民共和国产品质量法》(以下简称《产品质量法》)第二十六条第二款规定的质量要求的产品。

本案中,某乳业公司生产的鲜牛奶因天气炎热,陆续接到用户关于鲜牛奶变质的投诉,于是邵某等人在鲜牛奶生产过程中添加了食品添加剂山梨酸钾。山梨酸钾进入人体以后分解为二氧化碳和水,在人体内无残留,广泛应用于食品、蔬果等产品的防腐。可见邵某等人的行为不属于在产品中掺杂、掺假,以假充真,以次充好,关键问题是其是否属于以不合格产品冒充合格产品?根据《产品质量法》第二十六条第一款规定,产品质量应当不存在危及人身、财产安全的不合理的危险,有保障人体健康和人身、财产安全的国家标准、行业标准的,应当符合该标准;第二款规定产品应具备产品应当具备的使用性能,但是对产品存在使用性能的瑕疵作出说明的除外。

1. 某乳业公司生产的牛奶不存在危及人身、财产安全的不合理的危险。

在GB 2760—2014《食品安全国家标准食品添加剂使用标准》的规定中,经表面处理的鲜水果及新鲜蔬菜(最大使用量0.5 g/kg)、面包、糕点、酱油(最大使用量1.0 g/kg)、饮料(最大使用量0.5 g/kg)、乳酸菌饮料(最大使用量

1.0 g/kg)和果冻(最大使用量 0.5 g/kg)等 39 类食品范围中允许添加山梨酸钾,可见山梨酸钾大量、广泛地应用于食品、饮料等行业,其本身在适量范围内是无害的。某乳业生产的鲜牛奶虽然添加了山梨酸钾,但依据山梨酸钾的 ADI 值计算,人均摄入量在 1.5 g 内是安全的,不会对人体产生危害,根据 Z 市产品质量检验所检验结果(山梨酸钾 0.4 g/kg)测算,人均饮用量如以 3 瓶(195 ml/瓶)计,山梨酸钾日摄入量小于 0.24 g,为 ADI 值的 16%,在安全限量范围以内,是安全的。另外,该牛奶在添加山梨酸钾之后延长了保存时间,其本身仍然具备应具备的使用性能,符合《产品质量法》第二十六条第二款的规定。

2. 某乳业公司生产的牛奶虽然不符合 GB 2760—2014《食品安全国家标准 食品添加剂使用标准》,但是其并不必然违反《产品质量法》的规定。

GB 2760—2014《食品安全国家标准食品添加剂使用标准》第五项食品添加剂的使用规定中要求:"食品添加剂的使用应符合附录 A 的规定。"附录 A 表 A.1—食品添加剂的允许使用品种、使用范围以及最大使用量或残留量中"山梨酸及其钾盐"一栏目里,确实未允许山梨酸钾在乳制品中使用。国家质检总局《关于依法严惩食品生产加工非法添加违法行为的规定》第五条规定:违反国家标准超范围、超限量使用食品添加剂的,按《产品质量法》第四十九条规定的上限处罚;对不适用《产品质量法》以及其他法律的规定或者规定不明确的,依据《国务院关于加强食品等产品安全监督管理的特别规定》(国务院令第 503 号)第三条、第四条从重处罚。本条虽然明确了违反国家标准超范围、超限量使用食品添加剂的,按《产品质量法》相关规定处罚,但是国家质检总局《质检总局关于废止涉及食品安全监管职能相关文件的公告》文件中已明确规定将《关于依法严惩食品生产加工非法添加违法行为的规定》在内的 34 部文件废止。对于已经废止的法律、法规,应禁止将其作为裁判依据,更不能类推将其所谓法律精神作为参照适用。否则,就违反了罪刑法定的刑法基本原则。

依前文所述,山梨酸钾在适量范围内使用是完全无害的,但由于巴氏杀菌乳和调制乳因工艺技术上不是"确有必要",山梨酸钾未列入允许使用范围,而非其加入后会对人体产生危害才未被允许。在《关于依法严惩食品生产加工非法添加违法行为的规定》被废止后,不能仅凭在产品中添加无害的食品添加剂就认定其违反《产品质量法》。

因此,某乳业公司生产的牛奶虽然添加了山梨酸钾,不符合 GB 2760—2014《食品安全国家标准食品添加剂使用标准》,但是因山梨酸钾的特殊性质,其并未对牛奶质量产生任何影响,该牛奶不存在危及人身、财产安全的不合理的危险,具备应当具备的使用性能,不违反《产品质量法》相关的规定,不能认定其为不合格产品。

（二）邵某等人主观上不具有欺骗的故意

根据相关案卷材料以及当事人的讯问笔录，某乳业公司之所以在牛奶中添加山梨酸钾，是因天气炎热，生产的鲜牛奶容易变质，公司陆续接到用户关于鲜牛奶变质的投诉。为了解决这一问题，生产科科长朱某提议、邵某等管理人员人同意，由王某负责在鲜牛奶中添加食品添加剂山梨酸钾。邵某等人均知道山梨酸钾是一种可以添加到食品中的防腐剂，对人体没有危害。某乳业生产的牛奶本身即为合格产品，添加无害的山梨酸钾只是为了延长合格产品的保质期。就山梨酸钾本身来说，其成本比牛奶更高，所以，邵某等人并非以谋取非法利益为目的，通过假冒的方式故意生产不合格产品欺骗消费者，不具有生产、销售伪劣产品罪在主观方面所具有的欺骗的故意。

（三）《某乳业生产乳制品中违规添加食品添加剂山梨酸钾的安全性评估会议纪要》不能作为刑事诉讼证据使用

最高人民法院《关于适用〈中华人民共和国刑事诉讼法〉的解释》（以下简称《解释》）第六十五条规定："行政机关在行政执法和查办案件过程中收集的物证、书证、视听资料、电子数据等证据材料，在刑事诉讼中可以作为证据使用。"该《解释》规定了行政机关在行政执法和查办案件过程中收集的证据材料，在刑事诉讼中可以作为证据使用的只有四种形式，即物证、书证、视听资料、电子数据，并未提及行政机关在行政执法和查办案件过程中所做的鉴定性结论可否在刑事诉讼中作为证据使用。Z市食品安全委员会所作出的《某乳业生产乳制品中违规添加食品添加剂山梨酸钾的安全性评估会议纪要》（以下简称《会议纪要》）时间为2014年9月11日，当时案件尚未进入刑事诉讼程序，因此该《会议纪要》不能作为刑事诉讼证据使用。

另外，最高人民法院《关于审理生产、销售伪劣商品刑事案件有关鉴定问题的通知》规定：对于提起公诉的生产、销售伪劣产品、假冒商标、非法经营等严重破坏社会主义市场经济秩序的犯罪案件，所涉生产、销售的产品是否属于"以假充真""以次充好""以不合格产品冒充合格产品"难以确定的，应当根据《解释》第一条第五款的规定，由公诉机关委托法律、行政法规规定的产品质量检验机构进行鉴定。而《会议纪要》作出的"某乳业超范围添加山梨酸钾，其行为属于违法行为，其产品属于不合格产品"的结论，仅仅是有关专家在听取了镇江质检局的案情和产品检验结果介绍所作出的主观性结论，不是法律、法规所规定的有资质的鉴定机构出具的鉴定结论，因此该结论不足为凭。

（四）专家呼吁，应保持刑法的最后手段性，避免刑罚权的滥用

刑罚具有特别的威慑力和特殊的严厉性，是抗制社会违法行为的最后一道防线。对于某些危害社会的行为，如果采用其他手段如民事、行政等其他法律手段能够有效规制违法行为时，就没有必要发动刑法。刑法应对最典型、最恶劣的行为进行处罚。本案中，邵某等人在牛奶中添加适量山梨酸钾的行为社会危害性极小。一旦动用刑事手段对当事人进行处罚，于国家浪费宝贵的刑事司法资源；于当事人限制了其人身自由，遭受不应有的刑罚；于工厂则再不能恢复正常生产，对当地经济无益。因此，专家呼吁，应保持刑法的最后手段性，避免刑罚权的滥用，避免刑事司法资源的浪费。

综上，专家认为，就现有材料反映的事实，依照我国刑法和相关法律法规的规定，可以作出以下结论：邵某等四人在客观上未在产品中掺杂、掺假，主观上不具有欺骗的故意，其行为不符合生产、销售伪劣产品罪的构成特征，依法不构成生产、销售伪劣产品罪。

四、案例评析

虽然《食品安全国家标准食品添加剂使用标准》未允许在乳制品中使用山梨酸钾，但加入山梨酸钾并不会对人体产生危害。本案与生产、销售拟制假药一样，辩护人希望通过本案说明，对于行政犯的出罪，应从实质上考量其客观行为是否具有社会危害性和对法益的侵害性，辩护人希望对于此类行政犯的出罪事由，能够逐步在法律和司法解释中得到认同。

案例 29
王某涉嫌敲诈勒索案

索要财物事出有因能否构成敲诈勒索?

周连勇、焦茂盛

一、案情简介

王某系泰州某新材料有限公司(以下简称某材料公司)、上海某轴承有限公司法人代表。2017 年 4 月 25 日,江苏省仪征市公安局指控 2014 年 7 月 18 日,犯罪嫌疑人马某亮在犯罪嫌疑人王某的授意下,在泰州市高港区江平东路 10 号鑫达商务酒店北侧 109 房间内(该地点为泰州市高港区经侦大队监视居住张某明的地点),采用言语威胁等手段,敲诈勒索张某明人民币 1 100 万元。其中犯罪嫌疑人王某敲诈勒索张某明 1 000 万元,犯罪嫌疑人马某亮敲诈勒索 1 100 万元。本案随后向仪征市人民检察院移送审查起诉。

为了正确评价犯罪嫌疑人王某涉嫌敲诈勒索罪形成的刑事责任,负责本案辩护工作的律师事务所特委托北京师范大学刑事法律科学研究院疑难刑事问题研究咨询专家委员会,于 2017 年 5 月 5 日邀请五位我国著名的法学专家,就本案刑事疑难问题进行研究论证,并出具了法律意见书。

二、争议焦点

1. 王某要求张某明赔偿损失是否具有合法性基础?
2. 王某在张某明被公安机关监视居住期间,要求赔偿,是否合法、合规?
3. 马某亮采用言语威胁的手段对张某明进行敲诈勒索,是否超出了王某的意思范围?

三、专家研判

根据刑事法的上述规定以及相关司法解释,结合本案的证据材料,与会专家经研讨认为,在本案中,王某通过马某亮向张某明索要钱财,属于行使权利的行为,不具有非法占有目的;并且,王某的行为也不符合敲诈勒索罪中"以威胁、要挟手段,强索公私财物"的客观特征,依法不能认定为敲诈勒索罪。

(一)王某主观上不具有非法占有目的

根据刑法第二百七十四条,敲诈勒索罪虽然没有附加明确的主观要件,但其作为取得型财产犯罪,要求行为人主观上具有非法占有他人财物的目的。也即敲诈勒索罪是指以非法占有为目的,对他人实行威胁、恐吓,索取公私财物的行为。关于"非法占有目的"的内涵,理论界有多种学说,如"排除意思+利用意思"等,我们姑且抛开这些程式上的划分,"非法占有目的"就是非法将他人财物据为己有的目的,其归根结底是一种"非法目的",那么认定是否具有"非法占有目的",应当首先从其主观诉求上进行分析,如果行为人明知主观诉求没有任何根据,就可以直接认定为"非法目的",如此,行为人索取财物的行为目的就是一种非法占有目的。这也意味着,作为主观要素的目的,是通过客观事实情况进行推定的。相反,若行为人主观诉求是基于对方的民事违约或侵权行为,那行为人向对方索取财物的目的,就不能轻易认定为"非法占有目的"。

其一,王某通过马某亮向张某明索要钱财,但这种索要并不是平白无故的"勒索",索债也是一种"索要",主观上也是一种"占有目的",但并不是"非法占有目的",王某的行为正属于行使债权的"索要"。本案中,王某与张某明之间存在着多种合作或者合同即债权债务关系:

(1) 2011年4月11日,王某与张某明签订关于"红土镍矿直接还原镍铁项目"《合作框架协议》,王某投资1.3亿元,张某明投资2 000万元以及技术入股,张某明的合同义务是"自开工之日起到正常投产期间亲自负责现场指挥,包括工厂布置、设备监制等"(以下行为均围绕本合同义务展开);

(2) 作为合伙一方的张某明(合伙的委托人)与朝阳公司签署了《红土镍矿直接还原设备合同书》《红土镍矿直接还原设备技术协议》(合同总价9 388万元+4 535万元);

(3) 上海宝泉公司(王某实际控制)、上海又成钢铁设备公司(张某明实际控制)与泰州高港区临港经济园管委会签署《项目投资协议》,确定项目的用地,1 000万元土地定金由王某公司出资800万元,由张某明公司出资200万元;

(4) 双方出资成立某材料有限责任公司:王某,认缴出资3 000万元,占注册资本的20%;又成公司(由张某明实际控制)认缴出资2 250万元,占注册资本的15%(首期出资750万元由王某关联公司拆借);

(5) 张某明邀请无锡东雄公司对某材料公司的电炉设备进行投标,后以上海宝泉实业公司名义与无锡东雄公司签订《电弧炉及配套除尘设备买卖合同》,

由某材料公司实际使用并实际付款。

王某向张某明索要财物完全是事出有因,是基于合同追究张某明的违约责任、赔偿损失,且于法有据:①《民法通则》第六十六条规定:代理人不履行职责而给被代理人造成损害的,应当承担民事责任。代理人和第三人串通,损害被代理人的利益的,由代理人和第三人负连带责任。②《合同法》第四百零六条规定:有偿的委托合同,因受托人的过错给委托人造成损失的,委托人可以要求赔偿损失。无偿的委托合同,因受托人的故意或者重大过失给委托人造成损失的,委托人可以要求赔偿损失。本案中,张某明是还原镍铁项目的倡议者,在双方合同中承担工厂布置、设备监制等义务,其与朝阳公司就设备进行沟通联络、合同签订;并且,作为后来成立的某材料公司的主要负责人即项目副总指挥兼现场总指挥,负责牵头设计审查、设备选型、工艺选择、工厂建设等。但是,朝阳公司提供伪造的工商登记资料、进行虚假宣传,交付的设备严重违背买卖合同约定。至此,王某完全可以首先依照其与张某明之间的前述合同关系,对其在购买设备过程中不履行或不完全履行工厂布置、设备监制等义务而追究张某明的违约责任。更重要的是,王某后来通过朝阳公司的对账流水发现朝阳公司在交付设备(2013年3、4月份)之前曾向张某明分别转账7万元、85.8万元(2012年6月、8月)。据此,王某有理由怀疑张某明与朝阳公司进行串通损害王某利益,或者至少这种利益输送导致张某明对合同履行存在重大过失,王某要求张某明进行损失赔偿完全符合《民法通则》或《合同法》的规定。

可见,无论根据双方之间的合同,抑或根据《民法通则》或《合同法》,王某都有权利向张某明主张赔偿损失,王某向张某明索取财物的目的就不是"非法"的,其对张某明要求赔偿损失的目的不是"非法占有目的"。

其二,也许有观点认为,王某向张某明主张赔偿从几百万涨到1 000万,属于漫天要价,因而具有"非法占有目的",但这种观点是相当荒谬的。更何况,本案涉及的是上亿元项目,王某的索赔数额也并非离谱,没有超过社会通念或可能应当承担的赔偿损失数额。

例如,曾经的著名的"黄静勒索华硕案",因黄静向华硕索赔500万美元被认定为具有非法占有目的而被以敲诈勒索罪逮捕,最终检察院以证据不足作出不起诉决定,黄静获得国家赔偿。彼时,公安机关、检察院的有罪思维也是由于行为人索赔数额巨大。王某之所以被控有罪,也是根源于如此可笑的思维。然而,只要行为人具有索赔的正当基础,那么基于民法私法自治、意思自由(民法总则第五条:民事主体从事民事活动,应当遵循自愿原则,按照自己的意思设立、变更、终止民事法律关系)的基本原则,赔偿属于当事人之间协商范围内的事宜,一方可以最大限度地主张权利,甚至提出无理赔偿要求,但是否赔偿取决于相对方的意思,即便面对一台价值1万元的电脑,销售商愿意赔偿1个亿,那也是双方之间意思自由的表现,只要没有《合同法》第五十二条合同无效之情形,双方之间的该赔偿协议就是合法有效的,任何强行法无权干涉。当一方提出的赔偿请求,另一方难以接受时,其完全可以拒绝或者继续协商,当事人之间完全可以"按照自己的意思设立、变更、终止民事法律关系",一方提出的赔偿数额并不需要得到对方的同意而提出,也不需要按照所谓的社会一般观念或者损失的准确数额而提出。即便通过民事诉讼的途径漫天要价、提出巨额赔偿要求,法院也可以判决驳回诉讼请求,这都是在民法和民事诉讼法的法律范围之内进行的索赔。漫天要价、不切实际的赔偿要求,仅仅是作为权利人(债权人)基于向对方违反合同义务而产生的债务进行的权利行使,即使此权利所指向的标的超出了债务者的预料范围或者接受范围,那也不能抹杀权利者权利(私权)行使的正当性和双方意思自治的自由。双方之间是先有合同关系,后有赔偿请求,不能把索赔数额的高低作为判定债权债务关系是否存在的标准,如果只是因为赔偿的数额高就将索赔认定为以非法占有为目的,则意味着对私法自治原则的彻底否定,也就等于向公众宣示:主张债权必须要得到债务人的认同,未得到认同的权利主张就是"非法占有目的"、涉嫌敲诈勒索。

这暴露了司法人员对社会生活经验把握的缺乏,难道卖家一颗白菜报价5块钱就正当合法,报价5 000块钱就是"非法占有目的"？不仅如此,因为索赔过高而认定"非法占有目的",这也架空了民法私法自治原则,在自治原则刚刚由《民法总则》重新确认的今天,上述论调实在有彻底颠覆《民法典》的危险。"黄静案"最终的无罪处理,也证明了这一点(当然,检察院更应当直接作出无罪不起诉而不是证据不足不起诉)。总之,王某与张某明之间并不是毫不相干的两个陌生人,二者之间存在着涉及上亿元巨额标的的合同关系,王某最终生产项目流产而遭受重大损失,与张某明不履行合同、不完全履行合同(故意、重大过失)存在因果关系,甚至有合理证据怀疑其与第三人恶意串通,王某基于合同关系向张某明提出赔偿请求,并具备《民法通则》《合同法》之根据,完全是建立在张某明"前因行为"基础之上的正当权利行使行为,这种权利不因王某私下提出赔偿要求或者向仲裁机构提起仲裁、向法院提出起诉等任何索赔方式而改变,也不因张某明对赔偿数额的认可与否而改变,不能据此认定王某的主观诉求是"非法占有目的"。索赔是王某的权利,断然拒绝赔偿也是张某明的权利,并不因双方私下索赔、拒赔而推断出主观上的非法目的。

（二）客观上无胁迫行为，对方非基于恐惧而基于请求谅解而交付财物

敲诈勒索罪的客观行为要件是威胁恐吓，完整的犯罪流程是：对他人实施威胁、恐吓—对方产生恐惧心理—对方基于恐惧心理处分财物—行为人取得财产—被害人遭受损失。本案中，王某并未实施威胁恐吓的实行行为，也没有对居间人马某亮进行敲诈勒索行为之教唆，马某亮首先是张某明家属主动委托的居间人，委托目的是求得王某的谅解而争取改变对张某明的刑事强制措施，因此本案王某并无恐吓、威胁行为，张某明也并未基于恐惧心理而处分财物。

根据张某明家属陆某妹的证言、马某亮的供述，马某亮在本案中的出场，是许某忠引荐给陆某妹的，是陆某妹请求马某亮帮忙"捞人"；并且陆某妹同时也委托了石某平，石某平也告知马某亮：王某在这个事情上很关键，问能不能打招呼，让张某明早点出来。另根据石某平的证言：陆某妹找石某平、找马某亮帮忙，居中调解，陆某妹还说"如果真的是张某明的原因导致项目亏损的，那么她愿意倾家荡产赔偿王某的损失，让张某明出来"。如此可见，马某亮首先是陆某妹委托的居间人，其接受张某明家属"请托"的事项是居间协调张某明与王某之间的纠纷，取得王某谅解，最终目标是"让张某明出来"。王某与马某亮的接触，是马某亮主动约王某，马某亮供述：我做了几个小时的工作，王某答应了。

另一方面，根据王某、马某亮的供述以及张某明的陈述，虽然张某明专门写了一个谅解书，希望王某签署，但因种种原因，两人最终并未签署谅解书。而张某明对马某亮作出的赔偿承诺也只是口头约定，并未有任何书面文字资料能保证王某拿到该笔赔偿。张某明在摆脱刑事司法程序后，也完全可能不赔偿给王某。而张某明在摆脱特定环境限制后能主动履行承诺，打款给王某的行为，从另一方面也证明了其是出于自愿，并非受到胁迫。由此可见，张某明及其家属具有主动与王某就赔偿损失达成和解的先在意愿，意求通过赔偿损失、取得王某的谅解，使自己最大限度地摆脱刑事司法程序尤其是刑事强制措施。

本案中，王某确实在2014年7月18日主动联系了张某明的居间委托人马某亮，其目的是让马某亮去协调张某明的赔偿数额问题，其间两人通过电话沟通，将赔偿数额提高至1 000万，但这种赔偿数额的加码，是双方谈判协商的结果，而非张某明受到胁迫。事先，王某根本没有授意马某亮对张某明进行恐吓。马某亮作为张某明的居间委托人，他们之间的居间关系是有偿委托，马某亮一方面为了自己能够从居间协调中获利，另一方面也希望居间协调尽快完成，因而他在自己独立支配的时间、空间范围内，基于自己的独立意志，充分发挥了作为居间人的谈判技巧。

所以，马某亮是张某明及其家属找来的居间委托人，马某亮接受张某明的委

托前去与王某协调赔偿数额,王某自始至终没有教唆马某亮进行敲诈勒索的故意,王某本身更无直接的胁迫行为,而且事实上张某明的委托人马某亮也没有进行任何胁迫。张某明最终同意向王某赔偿 1 000 万并实际交付给自己的居间委托人马某亮,完全是基于换取王某谅解的考虑,这是一种主动赔偿,而非基于王某造成的恐惧心理。

退一万步而言,即便马某亮对自己的当事人采取了胁迫行为,那也与王某没有任何关系,其应当独立对自己的行为负责。马某亮作为张某明及其家属的居间委托人,追求的目标是"让张某明出来",其如何劝说张某明对王某进行赔偿,完全是马某亮与张某明之间的事,何来"与王某构成共同犯罪"一说?既然马某亮不是王某主动委托的居间人,他只是将王某的意思进行传达、转述,马某亮在与自己的当事人讨论、协商过程中采取何种技巧以胜任张某明的委托,完全不在王某的支配范围之内,又怎么能够有"是否超出了王某的意思范围"这种伪问题呢?即便张某明被自己的委托人给敲诈勒索了,与王某有何干系呢?

综观整个案件,王某本来系受害者,因张某明的行为无故损失巨额财产,但为维护自己的权益反被追究刑事责任,显然是不公平的。刑事责任事关公民的基本权益,刑事手段的运用意味着自由、财产等的丧失,因此必须慎之又慎。刑事责任的确定应当从整体上考察行为人的行为,张某明的行为本来就是非正义的,其为了占有王某的财产,联合他人欺骗王某,而王某仅仅是维护其正当的权益,即使手段稍有瑕疵,也绝不等同于刑事犯罪,其行为不具有构成犯罪所具有的严重社会危害性。相反,如果让王某在遭受巨额经济损失的同时,再蒙受牢狱之灾,对于王某来说就是最大的不公平,刑法也不能体现其基本的公平与正义。刑事案件的处置,应当经得起历史的考验。

四、案例评析

敲诈勒索罪的客观行为要求对他人进行恐吓、威胁进而索取财物,但并非客观上有这样的行为就能够认定为"敲诈勒索"。如果索要财物具有正当合法性的事实和法律基础,那么即使在索要财物过程中具有恐吓、威胁的客观行为,也应当阻却敲诈勒索罪的成立。本案虽然在一审阶段没有拿掉敲诈勒索罪,但最终对被告人适用缓刑,实际已经认可辩护人的观点。

案例 30
赵某涉嫌串通投标案

串通投标罪的两种专家解读

杨秀云、马源

一、案情简介

2014年7月29日,某公安局决定对某建筑工程有限责任公司涉嫌串通投标罪立案侦查,2014年9月26日对犯罪嫌疑人赵某采取拘留强制措施,2014年10月17日经人民检察院批准,同日由某公安局执行逮捕。某公安局在侦查过程中发现赵某涉嫌对非国家工作人员行贿罪,于2015年1月16日决定对赵某涉嫌该案立案侦查,2015年3月17日向人民检察院移送审查起诉,起诉意见书指控赵某涉嫌串通投标罪、对非国家工作人员行贿罪、盗窃罪。负责本案辩护工作的律师事务所于2015年4月11日特委托部分从事刑事法学研究的专家学者、刑辩律师,对赵某案件的实体、程序及法律问题进行论证。

二、争议焦点

根据某公安局起诉意见书以及移送的证据材料,指控犯罪嫌疑人赵某涉嫌串通投标罪、对非国家工作人员行贿罪、盗窃罪是否能够成立?

三、专家研判

围绕起诉意见书中的指控以及证据材料,与会专家进行了细致的分析和深入的讨论,并对相关问题形成一致意见。以下为上述刑事法律、工程建筑专家经过讨论形成的论证意见。

(一)程序部分

1. 在对犯罪嫌疑人赵某实施拘留之前,侦查机关对犯罪嫌疑人赵某实施了非法羁押的违法行为,非法限制了赵某的人身自由。

据赵某辩护人介绍,自2014年5月19日起至2014年9月26日刑拘送看守所,在此期间一直关押在开源饭店。侦查机关于2014年7月29日立案,对于立案前赵某的羁押状态,与会专家并未发表意见,但对侦查机关立案后,在对赵某未采取监视居住等任何强制措施的情形下,关押了赵某,使其失去了人身自由,这是违反宪法以及刑事诉讼法的行为。

2. 侦查机关讯问犯罪嫌疑人赵某涉嫌盗窃钢材1 384吨时,未对讯问全程实行同步录音录像。

《中华人民共和国刑法》第二百六十四条规定,"盗窃公私财物,数额较大的,或者多次盗窃、入户盗窃、携带凶器盗窃、扒窃的,处三年以下有期徒刑、拘役或者管制,并处或者单处罚金;数额巨大或者有其他严重情节的,处三年以上十年以下有期徒刑,并处罚金;数额特别巨大或者有其他特别严重情节的,处十年以上有期徒刑或者无期徒刑,并处罚金或者没收财产。"

《中华人民共和国刑事诉讼法》第一百二十一条规定,"侦查人员在讯问犯罪嫌疑人的时候,可以对讯问过程进行录音或者录像;对于可能判处无期徒刑、死刑的案件或者其他重大犯罪案件,应当对讯问过程进行录音或者录像。录音或者录像应当进行全程进行,保持完整性。"

侦查机关指控犯罪嫌疑人赵某盗窃钢材1 384吨,对于该数量的钢材,价值至少也应当在400万元以上,属于数额特别巨大的情形,刑法第二百六十四条的规定,如果控方指控盗窃罪能够成立的话,那么赵某就有可能会被判处无期徒刑,对此情形,刑诉法明确规定讯问时应当进行同步录音录像。2014年公安部出台《公安机关讯问犯罪嫌疑人录音录像工作规定》第四条也明确规定,对于可能会判处无期徒刑、死刑的案件,讯问时必须施行全程同步录音录像。

本案中侦查机关讯问时未采取同步录音录像,其讯问过程是违法的。

3. 侦查人员在非法羁押期间对赵某进行了2次询问和3次讯问,无论是询问还是讯问,侦查人员均没有向其出示询问通知书或者传唤证。

《公安机关办理刑事案件规定》第一百九十四条规定,传唤犯罪嫌疑人时,应当出示传唤证和侦查人员的工作证件,并责令其在传唤证上签名、捺指印。

犯罪嫌疑人到案后,应当由其在传唤证上填写到案时间。传唤结束时,应当由其在传唤证上填写传唤结束时间。犯罪嫌疑人拒绝填写时,侦查人员应当在传唤证上注明。

第一百九十五条规定,传唤持续的时间不得超过十二小时。案情特别重大、复杂,需要采取拘留、逮捕措施的,经办案部门负责人批准,传唤持续的时间不得超过二十四小时。不得以连续传唤的形式变相拘禁犯罪嫌疑人。

侦查机关立案之后,侦查人员应当依据刑事诉讼法的相关规定讯问犯罪嫌疑人,但本案中的侦查人员在没有向赵某出示讯问相关手续的情况下,对其进行了讯问,违反了刑事诉讼法的相关规定,讯问的形式和程序违反了刑事诉讼法的规定。

在侦查机关非法羁押犯罪嫌疑人赵某、侦查人员违法讯问的情形下取得的证据,与会专家认为该期间取得的证据不能作为合法证据使用,对犯罪嫌疑人赵某有罪供述的有效性应予排除。

(二) 实体部分

1. 串通投标罪。

根据《中华人民共和国刑法》第二百二十三条规定,串通投标罪是指投标人相互串通投标报价,损害招标人或者其他投标人利益的行为。《中华人民共和国招标投标法》第三十二条规定,投标人不得相互串通投标报价,不得排挤其他投标人的公平竞争,损害招标人或者其他投标人的合法权益。

最高人民检察院、公安部《关于公安机关管辖的刑事案件立案追诉标准的规定(二)》第七十六条规定投标人相互串通投标报价,或者投标人与招标人串通投标,涉嫌下列情形之一的,应予立案追诉:(一) 损害招标人、投标人或者国家、集体、公民的合法利益,造成直接经济损失数额在五十万元以上的;(二) 违法所得数额在十万元以上的;(三) 中标项目金额在二百万元以上的;(四) 采取威胁、欺骗或者贿赂等非法手段的;(五) 虽未达到上述数额标准,但两年内因串通投标,受过行政处罚二次以上,又串通投标的;(六) 其他情节严重的情形。

《关于禁止串通招标投标行为的暂行规定》第三条规定投标者不得违反《反不正当竞争法》第十五条第一款的规定,实施下列串通投标行为:(一) 投标者之间相互约定,一致抬高或者压低投标报价;(二) 投标者之间相互约定,在招标项目中轮流以高价位或者低价位中标;(三) 投标者之间先进行内部竞价,内定中标人,然后再参加投标;(四) 投标者之间其他串通投标行为。

部分与会专家认为本案中犯罪嫌疑人赵某的行为应构成串通投标罪,但也有专家认为不应构成该罪。

与会专家对侦查机关指控的事实无异议,但对是否构成串通投标罪存在争议,其争议焦点集中在:

(1) 主体身份是否符合串通投标罪主体身份要件?

(2) 有没有造成损害?

认为不构成该罪的专家,理由如下:

(1) 主体身份不符合串通投标罪主体构成要件。

本案中投标主体为某建筑工程公司、某建工集团股份有限公司、某建总集团

有限公司、江苏某建设集团有限公司,赵某个人不是投标主体,其个人不应承担串通投标的责任。只有将四家单位列为串通投标主体,赵某列为直接责任人员,作为单位犯罪共犯追究责任,但本案中的四家单位并不明知相互串通投标,四家单位毫无疑问不应承担责任,据此赵某也不应承担共犯的责任。

(2) 犯罪嫌疑人赵某的行为不具有损害投标人或者投标人的利益。

本案中的招标人是南京某医院,评标中标标准执行最低价中标,本案中某建筑工程公司建设工程有限责任公司就是最低价中标。无论参与投标主体数多寡,均不影响最终中标者的确定,其他三家是否参与投标,不影响某建筑工程公司、某建设工程有限责任公司的中标,也不影响其他竞争主体的中标。最低价中标与综合评标办法有着很重要的区别,如果是综合评标,那么就会影响他人的中标概率,但最低价中标不会因为参加投标单位数量而影响其中标概率,因此部分专家认为本案中没有侵犯其他投标人的竞争机会。

基于以上理由,部分与会专家认为赵某行为不符合串通投标罪的犯罪构成要件。

但也有与会专家认为,无论是最低价中标还是综合评标,均是侵害了其他投标人的公平竞争利益,侵犯了招投标市场的公平权益,应以串通投标罪追究其刑事责任,侦查机关指控正确。具体理由为:

(1) 赵某的行为侵犯了公平竞争的市场法益。

串通投标罪属于刑法典"破坏社会主义市场经济秩序罪"中的"扰乱市场秩序罪",因而其所侵害的法益是公平、公正、平等、诚实信用的交易原则和市场自由竞争秩序,是侵害社会法益的犯罪,这种经济犯罪与传统财产犯罪的首要区别就在于此。申言之,传统财产犯罪所侵犯的一般为特定个人的财产法益,并不对社会整体经济利益造成侵害;而经济犯罪是市场经济时代的产物,它是在社会化大生产条件下得以产生、发展和蔓延的,犯罪受害人主要不是特定的个人而是正常的经济交易与经济生活秩序,甚至于整个经济结构。所以,经济犯罪所侵害的法益较传统财产犯罪要广泛得多,经济犯罪的惩治着眼于对社会整体经济利益动态、公平、秩序或自由的刑法保护。

《中华人民共和国招投标法》第一条更是明确指出,为了规范招标投标活动,保护国家利益、社会公共利益和招标投标活动当事人的合法权益,提高经济效益,保证项目质量,制定本法。这也足以说明,国家制定法律规制招投标行为的首要目的不是保护公私财产法益,而是公平的招投标竞争秩序这种作为国家、社会层面的市场公共利益。规范的招标投标过程应当是:凡符合招标文件规定或者通过资格预审的单位或者个人都可以参加投标,然后由招标人通过对投标人在价格、质量、生产能力、交货期限和财务状况、信誉等诸方面进行综合考察,在平衡的基础上选定投标条件最好的投标人。本案中,赵某幕后操纵四家投标单位的投标过程,虽然其中标的报价是所有投标者中最低的,招标人没有直接经济损失,但赵某的这种行为剥夺了招标人进行综合考察的机会,破坏了招投标的正常秩序,已经侵害了本罪的法益。

(2)赵某的行为客观上完全符合串通投标罪的要件。

根据刑法条文,串通投标罪的行为是"相互串通投标报价",而串通投标行为的本质是"围标",赵某的行为完全符合这一行为构成要件。

其一,赵某的行为已经造成了投标过程中的"围标"结果。对于如下行为,无疑可以认定为"串通投标":投标人之间相互沟通、协商之后,形成"陪标者"与"中标者",陪标者在投标中故意抬高自己的报价(捧标),以让预先商定的那一家单位中标。如果本案中,赵某所挂靠的四家单位彼此之间存在事先联络或沟通的话,当然属于串通投标,根据给定的事实材料,无法证明这一点。但本案中,赵某一人确定最终投标报价,因而对于决定中标与否的决定要素"标价"来说,完全由赵某一人操纵,表面上有四家单位进行投标,实际上只有一个真正的投标人即赵某所要使其中标的某建筑工程公司,其他三家单位只是来"陪标"的而已,这与上述第一种行为没有本质区别。

串通投标即"围标"的过程,是一个形成统一意志的过程,统一意见的形成可能是多种多样的,如有的行为人本身就实际控制有两家以上的投标企业,或者一些企业集团下属有众多子公司,投标时,集团系统内数家符合招标条件的企业共同参加投标,由于真正决定影响投标报价的人就是数家公司的实际控制人,控制人的意志使参与投标的公司在事实上形成竞标默契。也即,一个人(或一家单位)可以用各种方式同时操控几家公司,对于招标人或者其他投标人而言,这几家公司虽然是形式上的独立投标人,但当操控者将自己意志同时作用于几家参与投标的单位后,各个投标人在报价上形成了意志统一,导致招投标失去了竞争性、损害招标人的利益。这种背后由一人操纵投标报价的行为,与投标人之间相互协商确定投标报价的行为更容易实现中标目的,前者比后者对招投标市场秩序与公平竞争环境的损害更大。

其二,根据《招投标法实施条例》以及《江苏省房屋建筑和市政基础设施工程招标投标中串通投标和弄虚作假行为认定处理办法(试行)》,赵某的行为也属于串通投标。根据《招投标法实施条例》第四十条、《江苏省认定处理办法》第六条,有下列情形之一的,视为投标人相互串通投标:一、不同投标人的投标文件由同一单位或者个人编制:① 不同投标人的电子投标文件出自同一台电脑;② 不同

投标人的投标文件编制者为同一人;③ 不同投标人的投标文件由同一投标人的附属设备打印;④ 不同投标人的投标报价用同一个预算编制码锁制作或者出自同一电子文档。本案中,四家单位的投标文件是由赵某指使公司员工在外找他人制作的,并且报价由赵某确定投标报价,这种一人挂靠多家单位,幕后操纵投标报价的行为,符合上述文件所理解的串通投标。

(3) 赵某的行为情节严重,已达到串通投标罪成立犯罪的标注。

有意见认为,赵某操纵投标过程的行为没有对招标人造成直接的经济损失,不属于刑法第二百二十三条规定的"损害招标人或者其他投标人利益"的行为,不构成串通投标罪。这一观点不妥。

其一,串通投标罪要求的是"损害招标人或者其他投标人利益,情节严重",因而该犯罪是情节犯,而非结果犯。所谓情节犯是指以"情节严重"或"情节恶劣"为入罪罪量因素的犯罪,既然法条要求的是"情节",那么"情节"向来有多种,"实际的经济损失"只是情节的一种。

其二,串通投标罪是轻罪而非重罪,入罪时不要求经济上的实际损害不会导致量刑畸重。刑法第二百二十三条规定串通投标罪的法定刑是"三年以下有期徒刑或者拘役,并处或者单处罚金",对于串通投标严重损害社会主义市场经济秩序、破坏招投标公平竞争环境的行为,不必要求实际损害而以其他严重情节来衡量入罪时的法益侵害性,完全能够做到罪刑相适应。

其三,"损害招标人或者其他投标人利益"是对串通投标行为的一种行为倾向的指示,它从属于行为,而不是行为之外的与"情节严重"并列的罪量要素,这从体系解释的角度也可以获得证明。刑法分则第三章第六节中的第二百二十一条规定,"捏造并散布虚伪事实,损害他人的商业信誉、商品声誉,给他人造成重大损失或者有其他严重情节的,处……"从条文结构上看,这与第二百二十三条"损害招标人或者其他投标人利益,情节严重"是一致的,只不过第二百二十一条把"造成重大损失"这种"情节"单独强调出来而已。第二百二十一条中的"损害他人的商业信誉、商品声誉"虽然是刑法明文规定的入罪条件,但损害商业信誉、商品声誉罪的成立只需要捏造并散布有关他人商业信誉或者商品声誉上的虚伪事实并具备"情节严重"(包括但不限于重大损失)。因此,这里的"损害商业信誉、商品声誉"不是一个独立的构成要件要素,毋宁是"捏造并散布虚伪事实"之行为倾向的指示、行为危害的类型化要素。即只"捏造并散布有关他人商业信誉、商品名誉上的虚伪事实"就是"损害他人商业信誉、商品声誉"的行为,而不在罪量因素之前单独考察是否损害了"他人商业信誉、商品声誉","损害他人商业信誉、商品声誉"的衡量需要借助于其之后的"情节严重"(包括但不限于独立出来的"造成重大损失")。串通投标罪中的"投标人相互串通投标报价,损害招标人或者其他投标人利益"也需要遵照上述解释规则,"损害招标人或者其他投标人利益"是"串通投标报价"行为之危害倾向的类型化要素,它从属于行为要件,并不独立于"投标人相互串通投标报价",也不是对行为进行定量分析的"罪量因素",对"损害招标人或者其他投标人利益"的考察需要借助于"情节严重"。所以,串通投标罪罪与非罪的标准也不在于"损害招标人或者其他投标人利益",而只在于:① 行为是否属于"投标人串通投标报价";② 行为是否"情节严重"。

其四,对"损害招标人或者其他投标人利益"的这种虚化性理解在刑法中并非罕见。刑法第三百八十五条规定,国家工作人员非法收受他人财物,为他人谋取利益的,是行贿罪。众所周知,"为他人谋取利益"并不要求实际实现了为他人谋取利益,而只要求"许诺为他人谋取利益",并且这种"许诺"既可以是明示的,也可以是暗示的,既可以是真实的,也可是虚假的。这就导致"为他人谋取利益"的虚化,它对受贿罪成立的作用力越来越小,不仅主观上为了给他人谋取利益属于"为他人谋取利益",而且只要国家工作人员非法收受他人财物而没有明确拒绝为他人谋取利益的,也都属于"为他人谋取利益"。所以,刑法条文中的确存在对某些要素的弱化、虚化性的理解即不要求实际发生的要件要素,从法益侵害的角度看,要求这些要素的实际发生不仅毫无必要,反而会硬生生地制造出刑法漏洞;不要求其实际发生也符合罪刑法定原则,而且更有利于保护法益。串通投标罪中的"损害招标人或者其他投标人利益"只是这些要素的例子之一。

其五,串通投标罪的成立只要求行为是否属于"投标人串通投标报价"且行为是否"情节严重",这得到了司法解释的印证。根据2010年最高人民检察院、公安部《关于公安机关管辖的刑事案件立案追诉标准的规定(二)》第七十六条规定,只要投标人实施了串通投标行为,即便没有造成直接经济损失,但具备相关情形的也成立串通投标罪。本案中赵某最终中标项目金额为3570余万元,远远超过追诉金额。

(4) 赵某具备串通投标罪的主体要件。

刑法第二百二十三条第一款规定的主体是"投标人",这里的"投标人"不仅指投标现场表面上参与竞标的投标人,还包括背后操纵投标报价的实际投标人;不仅包括单位组织,也包括自然人。因此,赵某符合本罪的主体要件。

其一,《招投标法》第三十三条规定"投标人……不得以他人名义投标或者以其他方式弄虚作假,骗取中标",这表明借用他人资质的幕后实际投标者,也属于法律所规制的"投标人"。本案中,赵某的行为是"借用他人名义投标",赵某属于"投标人",只不过赵某的行为不仅是单纯借用他人名义投标,而且借用多家单位名义投标,背后操纵多家单位,同时触犯了招投标法第三十三条与三十二条。总之,将赵某认定为"投标人"符合刑法前置法对投标人的一贯理解。

其二,刑法第二百三十一条明文规定了串通投标罪的单位犯罪的罚则,这说明第二百二十三条规定的串通投标罪的犯罪主体不仅没有排斥自然人,反而恰恰表明第二百二十三条规定的本就是自然人主体。

其三,串通投标罪中的串通者既可能是招标与投标的单位之间或不同投标单位之间进行串通,也可能是单位主管、负责招投标的具体人员即个人之间进行串通,如果将自然人之间的串通排除在犯罪主体之外,显然不利于保护公平竞争的招投标市场环境与秩序,导致刑法本身不该有的重大的漏洞。

(5) 赵某具备串通投标罪的主观要件。

串通投标罪的主观方面是故意,也即明知自己在投标过程中私下实施的串通投标行为会损害招标人或其他投标人的合法权益,而希望或放任这种结果的发生。本案中赵某为了最大限度地垄断投标过程,减少投标行为的竞争性而背后操纵四家单位的投标过程,具有犯罪故意。

2. 对非国家人员行贿罪。

《中华人民共和国刑法》第一百六十四条规定,对非国家工作人员行贿罪是指为谋取不正当利益,给予公司、企业或者其他单位的工作人员以财物,数额较大的行为。

最高人民检察院、公安部《关于公安机关管辖的刑事立案追诉标准的规定(二)》规定,为谋取不正当利益,给予公司、企业或其他单位的工作人员以财物,个人行贿数额在 1 万元以上,单位行贿数额在 20 万元以上的,应当予以立案追究。

与会专家经论证,一致认为犯罪嫌疑人赵某不构成对非国家工作人员行贿罪,论证内容如下:

(1) 犯罪嫌疑人赵某给予江苏某工程投资咨询有限公司(以下简称某投资公司)法定代表人崔某 10 万元,是希望某投资咨询公司能及时出具审计报告,并非为了谋取非法利益。

犯罪嫌疑人赵某供述因某投资咨询公司拖延出具工程造价审计报告,在单位小冯的提示下,找到崔某,给其好处,希望能尽快出具审计结果,在其给予好处后 1 个多月,某投资咨询公司就出具审计报告,赵某的这一行为并非为了谋取非法利益,只是希望审计单位正常出具审计报告而已。

虽然崔某证言证明赵某希望在审核中能"抬抬手"、快一点审核通过,崔某的证言表达的意思有两个,一个是尽快审核,这就印证了赵某的供述;另外一个意思就是"抬抬手",即希望费用上不要太严格,但这意思未能得到赵某供述的印证,也没有相关书证能够印证,崔某的这一证言不符合定案证据必须相互印证的要求,与会专家认为本案的证据不足以证明犯罪嫌疑人赵某有为谋取非法利益而行贿的动机。

(2)犯罪嫌疑人赵某向崔某行贿,系基于个人行贿还是单位行贿?本案的证据未能证明,与会专家认为这关系到行贿的数额是否达到立案标准。

刑法第三十条规定,公司、企业、事业单位、机关、团体实施的危害社会的行为,法律规定为单位犯罪的,应当负刑事责任。根据1999年最高人民法院《关于审理单位犯罪案件具体应用法律有关问题的解释》第一条,刑法第三十条规定的"公司、企业、事业单位"既包括国有、集体所有的公司、企业、事业单位,也包括依法设立的合资经营、合作经营企业和具有法人资格的独资、私营公司、企业、事业单位。本案的南通某建工程有限公司完全可以成为单位犯罪的主体。

本案中,赵某是南通某建工程有限公司董事长,为该公司法定代表人,赵某向江苏某工程投资咨询有限公司总经理崔某行贿时,赵某所在的南通某建工程有限公司是某建总集团有限公司集团的实际施工方,赵某为了让江苏某工程投资咨询有限公司在审核中"招招手"降低要求以顺利通过审核,这是为本单位谋取利益的行为。

更重要的是,单位犯罪必须由单位决策机构决定实施,但单位决策机构按照决策程序决定并非做机械性的要求,因为单位在故意实施某种犯罪时,不可能像平常的合法决议那样形成一份决定文件并由决策机构(董事会)成员签字盖章。其实,单位的决策过程就是单位意思的形成过程,单位内部的自然人按照符合单位业务活动政策、规定或操作习惯的行为都是按照单位意志在行动。本案中的赵某作为本单位的董事长、法定代表人,处于公司决策的最高层,其被赋予了可基于其自由裁量而行使全部管理权的权力,内部员工按照董事长的决定下达的命令而行动,完全是单位意志支配下的统一行动,属于单位行为。赵某根据其身份和权限,按照公司章程行使财务支出的决策权,他以单位名义、为单位谋取利益的行为是单位意志的体现,其行贿行为属于单位决定并由直接负责人实施的行为。所以,赵某向崔某行贿的行为,在证据未能证实的情况下,犯罪嫌疑人赵某只能代表单位给崔某给予钱款,而不能代表个人。而单位行贿的立案标准是20万,在此情况下,本案中仅有10万,故未能达到追诉的标准。

因此,与会专家认为:侦查机关指控赵某涉嫌对非国家工作人员行贿罪不能成立。

3. 盗窃罪。

本案中,赵某一方将甲方提供的钢材运往某工地使用的行为,不符合盗窃罪

的犯罪构成要件，不成立盗窃罪。

（1）赵某的行为没有侵犯财物所有权或者财物占有权的法益。

财产犯罪侵害的法益是他人对财物的支配关系，包括财物所有权和财物占有权（占有权其实只表示一种占有事实状态，而非民法上的物权）。例如，盗窃他人所有的财物构成盗窃罪，这侵犯了所有权；盗窃他人持有的违禁品、赃物，也可以构成犯罪，这侵犯的是占有权。申言之，在现代经济社会中，盗窃罪首先侵害的是占有权，也即只要破坏了平稳的占有状态（当然不得与本权对抗），不管该占有状态合法与否，就可以成立盗窃罪；同时侵害占有权与所有权的，更成立盗窃罪；没有侵害占有权而只侵害了所有权的，不成立盗窃罪，可能成立侵占罪、职务侵占罪、贪污罪等。所以，赵某不构成盗窃罪的主要原因就是其行为没有侵害盗窃罪的法益——占有权，这从其行为上完全可以证立这一点。

本案中南京某医院、某钢材公司、某建总集团有限公司签订三方协议，约定由南京某医院确定钢材的供应商、钢材的价格，由某建总集团有限公司根据现场需求向南京某医院报送钢材计划，包括品种、规格、数量等内容，经南京某医院确认后，再由某建总集团有限公司向某钢材公司提出发货通知，于是某钢材公司发货，这样一个钢材供应流程完成。

南京某医院支付给某钢材公司的钢材款，属先行垫付的款项，在支付工程进度款时扣除，并在最终结算时一并扣除，扣除后的钢材的处置权归某建总集团有限公司享有。在三方协议中，南京某医院与某钢材公司之间是买卖关系，南京某医院是钢材的买受人，应履行向某钢材公司支付货款的义务，但这仅限于两者之间。南京某医院履行了支付钢材款的义务，相对于某建总集团有限公司而言，是否是钢材的所有权人呢？在本案中答案是否定的。

南京某医院与某建总集团有限公司之间是建设方与施工方的关系，南京某医院需履行向某建总集团有限公司支付工程款的义务。本案中，南京某医院依约将某钢材公司的钢材款在进度款中扣除。南京某医院在某建总集团有限公司所收取的工程进度款中扣除了钢材款，这意味着某建总集团有限公司以工程款的形式支付了钢材款。从钢材款的流向来看，某钢材公司收取了南京某医院的货款，南京某医院扣除了某建总集团有限公司的工程款，事实上钢材款已经转化为工程款的一部分，而工程款应属某建总集团有限公司享有和支配。

侦查机关认为南京某医院向某钢材公司支付了货款，那么就理所应当地享有钢材的所有权，这是偷换概念，扩大了内涵。如果南京某医院没有在工程款中扣除钢材款，那么毫无疑问钢材的所有权属于南京某医院，但此种情形不适用于本案，侦查机关忽视了工程进度款中扣除钢材款这一事实，从扣除钢材款这一事实来看,钢材的控制权已经发生了转移,扣除之后,钢材的控制权归属某建总集团有限公司,某建总集团有限公司有权处置钢材。

证人徐某(南京某医院基建科科长)证言印证了这一观点:"反正是按照图纸计算钢材用量,你施工方拿走,超出的部分你自己承担费用。""我们不管实际用量,只是按照最终竣工验收的图纸由审计部门计算总量,再根据采购量来计算,超出的部分由施工方承担。"这证实了双方是按照图纸定额结算甲供材,不是按照实际用量结算。

双方工程款最终是按图纸结算,支付某钢材公司的货款不是双方结算的依据,只是结算时扣除款项的依据。南京某医院支付给某钢材公司的钢材款为41 502 380.84元,中国建设银行股份有限公司江苏省分行出具的《工程造价咨询报告书》中,南京某医院应扣除某建总集团有限公司的钢材款也为41 502 380.84元,这两个数据是一致的,这足以证实某钢材公司无论送往南京某医院工地多少钢材,均与南京某医院无涉,因为双方约定超供部分由某建总集团有限公司承担,这最终只能影响某建总集团有限公司领取的工程款。

本案中,侦查机关仅搜集了对犯罪嫌疑人不利的证据,对犯罪嫌疑人有利以及可能无罪的证据未能搜集或提供,这也是违反刑事诉讼法以及公安机关办理刑事案件的相关规定的。

(2)赵某使用甲供材的行为不属于秘密窃取他人财物的盗窃行为。

由盗窃罪的法益决定,盗窃罪的客观行为是窃取他人占有的财物,因而构成盗窃罪的一个必要前提是盗窃行为的对象必须是"他人占有的财物",对于自己占有的财物不可能成立盗窃罪。换言之,盗窃罪的一个基本行为模式是"利用窃取的方法→破坏原来的占有→确立新的占有",从而将"他人占有的财物"据为己有。本案中,赵某一方在将钢材运往某工地时,已经合法占有了该钢材并且依据甲供材合同对钢材享有保管义务和使用权利,因而赵某一方对自己占有的财物不能构成盗窃罪。

其一,在甲供材的情况下,甲方自始就是为乙方的使用而购买的,甲方从来不占有也没有必要占有建设材料,材料的接收方为乙方,乙方对材料的占有自始至终属于有权占有。

甲供材的基本流程是乙方向甲方上报材料需求计划,甲方审核同意后通知丙方向乙方供货,丙方将货运送给乙方。本案中,赵某一方作为施工方向甲方即南京某医院上报钢材需求计划,南京某医院审核同意后,由赵某一方的仓库保管员周某负责通知供货商供货。南京某医院的责任是根据赵某上报的需求计划向丙方购买钢材,而其购买的钢材自发货之时起就注定是要送到施工方手里的,这些钢材本来就是要买给赵某一方使用。甲方作为开发商只负责审核需求计划、支付材料款,甲方不负责货物的接收与保管,甲方购买材料后,乙方不仅有权接收材料,而且必须接受材料,材料的仓储、保管费用是由乙方支付的,也即乙方有义务对材料进行接收、仓储、保管。所以,在甲方供材的条件下,甲方在批准需求计划之后,就成为一个"甩手掌柜",甲方只负责材料的货源、价格与总材料款的支付(本案中甲方不负责验货,否则钢材就不会直接调用到某工地),乙方与材料商进行接头,乙方以收货单为依据统计收到的材料。本案中,南京某医院购买的钢材是要运到赵某一方由赵某管理的,除此之外没有第三个接收人,无论钢材运到哪里,只要是赵某一方在接收,那么赵某对钢材的占有就没有侵害任何人的占有权。因为甲方不占有该钢材,丙方即承运人对钢材的占有已经随着赵某一方对钢材的接收而顺利结束。

因此,赵某不仅有权利而且有义务接收钢材运输商的钢材,无论赵某将钢材运到南京某医院工地、某工地还是其他工地,只要是赵某在接收,那么其对钢材的占有自始至终属于有权占有。只不过,如果合同约定钢材必须在南京某医院工地交货,那么赵某没在南京某医院工地接货,这应是违约,赵某所要做的是再将钢材运回南京某医院工地而已,即承担违约责任。

其二,在甲供材的情况下,材料的数量风险由乙方自行承担,因而甲方不禁止乙方多报需求计划甚至挪用材料,只不过对于由乙方导致的甲超供部分(采购量减去按照图纸审计应然需求量,合理损耗的除外),乙方必须按照合同规定承担责任,甲方可以直接在结算工程款中将该超额部分价款给予扣除。

在甲供材料的条件下,甲方所购买的材料遵从"定量进、定量出"的原则,也即甲方以乙方所报的计划量与乙方的收货单计算采购量(计划量=收货量),以图纸审计计算应然使用量,采购量与应然使用量之间的差额属于甲超供部分,该超供部分由施工方乙方负责。相反,如果乙方合理上报需求计划,如果实际使用量比图纸审计应然用量少,且属于合理范围内,那么对于节约部分则属于乙方节约材料的管理效益,视合同约定不同,节约部分有的归乙所有,有的双方按比例分成。

本案属于前一种情形。甲方只关心采购量、图纸审计的应然使用量以及二者之差额("超供部分")这三个数量,这也得到了甲方基建科科长徐某证言的证实:"我们不管实际用量,只是按照最终竣工验收的图纸由审计部门计算总量,再根据采购量来计算,超出的部分由施工方承担。"例如,乙方向甲方总共上报并得到甲方核准的需求计划是 10 000 吨钢材,甲方最终按照图纸审计工程建成只需要 9 000 吨钢材,那么乙方多报的 1 000 吨为甲方超供部分,这种超供是由乙方造成的,超供部分必须由乙方负责,也即最终乙方必须要从甲方处将1 000吨钢材买走(一般要高于市场价甚至多倍价格),有时双方还约定从工程款中扣除因多买材料而占有甲资金的利息。再如,假设乙方向甲方上报并得到批准的需求计划为10 000吨,图纸审计应然量为9 500吨,工程剩余600吨,那么实际使用量为9 400吨,比图纸应然量节约100吨,如果这100吨属于合理范围内即不属于偷工减料,那么50吨属于乙方节约量,是乙方的管理效益,视合同不同,有的约定全部归乙方所有,有的约定甲乙双方按比例分成,而对于另外500吨,则属于超供部分,由乙方负担。

由此可见,乙方对材料数量完全是自担风险:① 乙方可以多报需求计划(乙方也肯定会自觉不会报得过多,否则占有甲方资金,甲方也不会批准),只要甲方批准,那么由乙方所导致的"超供部分"由乙方自己买单并常常按照合同接受甲方规定的高价,甲方从工程款中直接扣除;② 乙方可以从自己多报的计划(多买的材料)中挪用,但无论乙方如何挪用,乙方都会自觉保证甲方工程的顺利完工,并且按照"定量进、定量出"的标准,甲方不关心乙方挪用了多少,不关心实际用了多少,甲方只关心采购量与审计应然使用量,其余的部分全部归乙方承担(合理损耗的除外)。

总之,甲方不禁止乙方多报计划并挪用材料,在采购量、图纸审计的应然使用量一定的情况下,甲方超供的部分(包括挪用的部分)从合同生效之日起,就注定属于乙方负担的部分。本案中,赵某只需要按照合同承担责任即可,公安机关认定其挪用到某工地1 384吨,这个数字没有任何意义,赵某需要承担的是"采购量—图纸审计应然使用量=超供部分"(合理损耗的除外)。无论超供多少,赵某按照合同高价购买即可,甲方只需从工程款中将之扣除。赵某没有侵犯任何人的所有权、占有权,一切行为都是甲供材料合同所允许的行为(赵某供述更证明了这一点:2008年8月,安排姚某将钢材拉到南京某区医院工地去,将拉钢材的事向甲方基建科科长徐某说的,徐说过此事,"你们不要多拿")。对甲方而言,赵某的"挪用"行为,只是一种使用不当而已,赵某只需承担合同上载明的责任即可。

(3) 赵某不具备盗窃罪"非法占有的"主观目的。

盗窃罪要求行为人具备"以非法占有为目的"这一主观构成要件要素,这就将盗窃罪与盗用行为区分开来。换言之,所谓非法占有目的是指永久而非暂时地排除他人的占有,将他人之物作为自己之物,并遵从财物的经济价值加以利用或处分的意思,即排除意思与利用意思。

刑法中的任何主观要素并不是直接能够根据主观认定的,因为行为人的内心要素外人根本无从知晓,主观目的的认定都是通过客观事实来证明的。也许有人认为,赵某在占有钢材之前就已经事先将某工地的需求计划报给南京某医院,他事先已经具有非法占有的目的,他就是为了欺骗南京某医院,让南京某医院替某工地买单,这显然就有非法占有南京某医院所有钢材的目的,公安机关或许也正据此认定赵某构成盗窃罪。但是,无论赵某如何谎报计划,最终图纸审计的应然量与采购量这两个数据是固定的,赵某只要没有谎报其从丙方处收货的收货量(收货量=采购量=计划量),那么赵某根本无法隐瞒"超供数量",这些符合合同约定的超供数量最终要全部算到赵某一方,对赵某而言,这是对甲方的负债,这些数量所对应的价款是赵某无法操纵的。也即,赵某是想让甲方替自己事先购买某工地的钢材,但这种行为在"甲供材料"的情况下是允许的,只是甲方替赵某购买了钢材之后,赵某必须负责"甲供超额"部分(甲方替赵某购买的多,意味着采购数量多,意味着超供数量多),并高价回购。作为一家建筑公司的董事长,赵某完全明知自己总是要为运去某工地的材料买单的。

总之,赵某的行为只是按照"甲供材料"的基本运作规律,借用甲方的购货渠道,让甲方为自己垫付某工地材料货款去购买材料,而自己心甘情愿接受"甲供材料"的数量风险责任,其中没有任何非法占有目的。其实,刑法上犯罪构成的认定,必须遵从由客观到主观的逻辑,只要赵某的行为客观上被认定为合法行为、合同行为,那么就无需考察是否具有非法占有目的,因为只有主观目的要素不能认定一个人有罪。

(4)赵某使用"甲供材料"也不构成侵占罪。

刑法第二百七十条规定,"将代为保管的他人财物非法占为己有,数额较大,拒不退还的,处……"本意见已经论证,赵某让运输商将原本运往南京某医院工地的钢材运往某工地,没有侵害任何人的占有权,赵某自始至终都占有这些钢材,其对钢材进行保管即仓储、管理、使用。那么,赵某是否属于"将代为保管的他人财物"非法占为己有?事实上,赵某的行为根本没有将代为保管的他人财物据为己有,更不存在"拒不退还"的事实。

在甲供材情形下,甲方只计算采购量与按照图纸审计的应然使用量,而不关心实际用量,甲方由于乙方而产生的超供量全部由赵某承担。也即,除了图纸的应然用量之外,剩余的一切钢材(合理损耗除外)最终均以"甲方销售给乙方"的方式得到处理。所以,赵某一方只要保证按照图纸应然使用量将工程顺利完工且不偷工减料即可,除此之外的钢材赵某有权调用,只不过其将本当最终才能调用的钢材改为施工时便调用,这是一种使用不当、管理不当。

在很多甲方供材的合同中,双方都会约定,"非经甲方同意,乙方不得挪作他用。如乙方违反此规定,应按挪用材料、设备价款的双倍补偿给甲方"。这也说明,乙方若挪用材料,需要高价或多倍补偿给甲方,这显然已经排除了侵占罪中所载明的"拒不退还"存在的可能性,因为甲方根本不要求乙方退还,而是必须按倍补偿,且补偿即可,没有侵害所有权。此时,甲方实质上是将材料高价卖给了乙方,甲乙双方是一种合同允许的"销售—购买"行为。

还有的甲供材合同中双方约定的乙方数量风险承担责任更加详细。如造成甲供材超供量的处理办法为:① 超出单项型号数量5%部分,建设单位除按购买时的最高价格在工程款中扣除外,同时还扣除该部分材料所占用资金时间的相应利息(同期贷款利息);② 超出单项型号数量5%以上部分,建设单位除按购买时的最高价格120%价款在工程款中扣除外,同时还扣除该部分材料所占用资金时间的相应利息(同期贷款利息)。本案中,赵某多报材料需求计划就是为了调用到某工地,而多报的材料必然会导致甲供超额,也即调去南京某工地的部分必然包括在甲供超额里面,而双方对"甲供超额"部分的约定是乙方"不是要退还给甲",而是"不得退还给甲",即乙方必须从甲处按照约定价格买走,价款由甲方从工程结算款中扣除。如此一来,哪里还有"拒不退还"之说?根本就不需要退!或者说,退的根本不是货,而是钱(扣掉超额部分的价款)。

总之,赵某在客观行为上,不存在非法占为己有、拒不退还,主观上也没有非法占有目的,不成立侵占罪。进而言之,赵某的行为不构成任何财产犯罪,按照合同处理即可,自始至终属于民事法律关系的调整范围。

(5) 本案指控赵某涉嫌盗窃罪,证据不足及存疑之处如下。

① 南京某医院与某建总集团有限公司签订的建设施工合同,那么赵某与某建总集团有限公司是何种关系?赵某系个人挂靠某建总集团有限公司还是赵某所在的公司挂靠某建总集团有限公司?

② 南京某区人民医院工地是某建工集团承建,赵某与某建工集团是何种关系?赵某系个人挂靠某建工公司还是赵某所在的公司挂靠某建工公司?

③ 单位不能成为盗窃罪的主体,赵某是否是个人盗窃了钢材?如果真是赵某指使,那么姚某等人受雇于公司,而不是受雇于赵某个人,拿走钢材的是公司,而不是赵某,不能因为公司的董事长是赵某,就将赵某与公司混为一谈,混为一个主体。

④ 某建总集团有限公司在施工过程中,有无节约钢材?节约了多少?节约的钢材归属是谁?

⑤ 赵某是否存在指使姚某、姜某拉钢材的行为?姚某的证言与姜某的证言不能印证。

⑥ 南京某医院工地结算审核用钢材为 7 365.582 吨，如果其中拉走 1 384 吨，那么该工程能否通过竣工验收？该楼房是否属于危房？

⑦ 南京某医院工地开工日期为 2007 年 1 月 12 日，正负零主体结构封顶时间为 2007 年 10 月 23 日，主体结构封顶时间为 2008 年 10 月 26 日，而南京某区人民医院主楼 2007 年 6 月 20 日主体到正负零，主体封顶时间为 2007 年 11 月 30 日。两个工地施工进度不一样，主体与基础部分所需的钢材种类也不一致，特别是南京某区人民医院在主体封顶后就不再需要钢材了，此时再将钢材送至该工地做什么用呢？而书证汇总表上反映的钢材拉到南京某区人民医院工地的时间很多是在 2007 年 11 月 30 日之后，这该作何解释？

与会专家认为无论是本案的疑点所在，还是本案的事实，侦查机关指控犯罪嫌疑人赵某涉嫌盗窃罪均不能成立。

综上，上述刑事法律专家、土木工程专家经分析后认为：侦查机关指控犯罪嫌疑人赵某涉嫌对非国家工作人员行贿罪、盗窃罪不能成立。

四、案例评析

"为谋取不正当利益"是行贿罪成立的主观要素。与不断加大行贿犯罪惩治力度的刑事政策相呼应，最高人民法院、最高人民检察院通过司法解释对"为谋取不正当利益"作了扩大解释。虽然对"为谋取不正当利益"应作实质把握，但在具体认定中，对于利益的归属、国家工作人员是否违规违法为请托人谋取利益、谋取利益与给付财物之间是否需有对应关系等，都应作具体分析。

附：法条索引

一、最高人民法院、最高人民检察院《关于办理生产、销售伪劣商品刑事案件具体应用法律若干问题的解释》

第一条 刑法第一百四十条规定的"在产品中掺杂、掺假"，是指在产品中掺入杂质或者异物，致使产品质量不符合国家法律、法规或者产品明示质量标准规定的质量要求，降低、失去应有使用性能的行为。

刑法第一百四十条规定的"以假充真"，是指以不具有某种使用性能的产品冒充具有该种使用性能的产品的行为。

刑法第一百四十条规定的"以次充好"，是指以低等级、低档次产品冒充高等级、高档次产品，或者以残次、废旧零配件组合、拼装后冒充正品或者新产品的行为。

刑法第一百四十条规定的"不合格产品"，是指不符合《中华人民共和国产品质量法》第二十六条第二款规定的质量要求的产品。

对本条规定的上述行为难以确定的，应当委托法律、行政法规规定的产品质量检验机构进行鉴定。

第三条 经省级以上药品监督管理部门设置或者确定的药品检验机构鉴定，生产、销售的假药具有下列情形之一的，应认定为刑法第一百四十一条规定的"足以严重危害人体健康"：

（一）含有超标准的有毒有害物质的；

（二）不含所标明的有效成分，可能贻误诊治的；

（三）所标明的适应症或者功能主治超出规定范围，可能造成贻误诊治的；

（四）缺乏所标明的急救必需的有效成分的。

生产、销售的假药被使用后，造成轻伤、重伤或者其他严重后果的，应认定为"对人体健康造成严重危害"。

生产、销售的假药被使用后，致人严重残疾、3人以上重伤、10人以上轻伤或者造成其他特别严重后果的，应认定为"对人体健康造成特别严重危害"。

二、《中华人民共和国药品管理法》（2019年新修订）

第一章 总则

第一条 为了加强药品管理，保证药品质量，保障公众用药安全和合法权益,保护和促进公众健康,制定本法。

第二条 在中华人民共和国境内从事药品研制、生产、经营、使用和监督管理活动,适用本法。

本法所称药品,是指用于预防、治疗、诊断人的疾病,有目的地调节人的生理机能并规定有适应症或者功能主治、用法和用量的物质,包括中药、化学药和生物制品等。

第三条 药品管理应当以人民健康为中心,坚持风险管理、全程管控、社会共治的原则,建立科学、严格的监督管理制度,全面提升药品质量,保障药品的安全、有效、可及。

第四条 国家发展现代药和传统药,充分发挥其在预防、医疗和保健中的作用。

国家保护野生药材资源和中药品种,鼓励培育道地中药材。

第五条 国家鼓励研究和创制新药,保护公民、法人和其他组织研究、开发新药的合法权益。

第六条 国家对药品管理实行药品上市许可持有人制度。药品上市许可持有人依法对药品研制、生产、经营、使用全过程中药品的安全性、有效性和质量可控性负责。

第七条 从事药品研制、生产、经营、使用活动,应当遵守法律、法规、规章、标准和规范,保证全过程信息真实、准确、完整和可追溯。

第八条 国务院药品监督管理部门主管全国药品监督管理工作。国务院有关部门在各自职责范围内负责与药品有关的监督管理工作。国务院药品监督管理部门配合国务院有关部门,执行国家药品行业发展规划和产业政策。

省、自治区、直辖市人民政府药品监督管理部门负责本行政区域内的药品监督管理工作。设区的市级、县级人民政府承担药品监督管理职责的部门(以下称药品监督管理部门)负责本行政区域内的药品监督管理工作。县级以上地方人民政府有关部门在各自职责范围内负责与药品有关的监督管理工作。

第九条 县级以上地方人民政府对本行政区域内的药品监督管理工作负责,统一领导、组织、协调本行政区域内的药品监督管理工作以及药品安全突发事件应对工作,建立健全药品监督管理工作机制和信息共享机制。

第十条 县级以上人民政府应当将药品安全工作纳入本级国民经济和社会发展规划,将药品安全工作经费列入本级政府预算,加强药品监督管理能力建设,为药品安全工作提供保障。

第十一条 药品监督管理部门设置或者指定的药品专业技术机构,承担依

法实施药品监督管理所需的审评、检验、核查、监测与评价等工作。

第十二条　国家建立健全药品追溯制度。国务院药品监督管理部门应当制定统一的药品追溯标准和规范,推进药品追溯信息互通互享,实现药品可追溯。

国家建立药物警戒制度,对药品不良反应及其他与用药有关的有害反应进行监测、识别、评估和控制。

第十三条　各级人民政府及其有关部门、药品行业协会等应当加强药品安全宣传教育,开展药品安全法律法规等知识的普及工作。

新闻媒体应当开展药品安全法律法规等知识的公益宣传,并对药品违法行为进行舆论监督。有关药品的宣传报道应当全面、科学、客观、公正。

第十四条　药品行业协会应当加强行业自律,建立健全行业规范,推动行业诚信体系建设,引导和督促会员依法开展药品生产经营等活动。

第十五条　县级以上人民政府及其有关部门对在药品研制、生产、经营、使用和监督管理工作中做出突出贡献的单位和个人,按照国家有关规定给予表彰、奖励。

第二章　药品研制和注册

第十六条　国家支持以临床价值为导向、对人的疾病具有明确或者特殊疗效的药物创新,鼓励具有新的治疗机理、治疗严重危及生命的疾病或者罕见病、对人体具有多靶向系统性调节干预功能等的新药研制,推动药品技术进步。

国家鼓励运用现代科学技术和传统中药研究方法开展中药科学技术研究和药物开发,建立和完善符合中药特点的技术评价体系,促进中药传承创新。

国家采取有效措施,鼓励儿童用药品的研制和创新,支持开发符合儿童生理特征的儿童用药品新品种、剂型和规格,对儿童用药品予以优先审评审批。

第十七条　从事药品研制活动,应当遵守药物非临床研究质量管理规范、药物临床试验质量管理规范,保证药品研制全过程持续符合法定要求。

药物非临床研究质量管理规范、药物临床试验质量管理规范由国务院药品监督管理部门会同国务院有关部门制定。

第十八条　开展药物非临床研究,应当符合国家有关规定,有与研究项目相适应的人员、场地、设备、仪器和管理制度,保证有关数据、资料和样品的真实性。

第十九条　开展药物临床试验,应当按照国务院药品监督管理部门的规定如实报送研制方法、质量指标、药理及毒理试验结果等有关数据、资料和样品,经国务院药品监督管理部门批准。国务院药品监督管理部门应当自受理临床试验申请之日起六十个工作日内决定是否同意并通知临床试验申办者,逾期未通知的,视为同意。其中,开展生物等效性试验的,报国务院药品监督管理部门备案。

开展药物临床试验,应当在具备相应条件的临床试验机构进行。药物临床试验机构实行备案管理,具体办法由国务院药品监督管理部门、国务院卫生健康主管部门共同制定。

第二十条 开展药物临床试验,应当符合伦理原则,制定临床试验方案,经伦理委员会审查同意。

伦理委员会应当建立伦理审查工作制度,保证伦理审查过程独立、客观、公正,监督规范开展药物临床试验,保障受试者合法权益,维护社会公共利益。

第二十一条 实施药物临床试验,应当向受试者或者其监护人如实说明和解释临床试验的目的和风险等详细情况,取得受试者或者其监护人自愿签署的知情同意书,并采取有效措施保护受试者合法权益。

第二十二条 药物临床试验期间,发现存在安全性问题或者其他风险的,临床试验申办者应当及时调整临床试验方案、暂停或者终止临床试验,并向国务院药品监督管理部门报告。必要时,国务院药品监督管理部门可以责令调整临床试验方案、暂停或者终止临床试验。

第二十三条 对正在开展临床试验的用于治疗严重危及生命且尚无有效治疗手段的疾病的药物,经医学观察可能获益,并且符合伦理原则的,经审查、知情同意后可以在开展临床试验的机构内用于其他病情相同的患者。

第二十四条 在中国境内上市的药品,应当经国务院药品监督管理部门批准,取得药品注册证书;但是,未实施审批管理的中药材和中药饮片除外。实施审批管理的中药材、中药饮片品种目录由国务院药品监督管理部门会同国务院中医药主管部门制定。

申请药品注册,应当提供真实、充分、可靠的数据、资料和样品,证明药品的安全性、有效性和质量可控性。

第二十五条 对申请注册的药品,国务院药品监督管理部门应当组织药学、医学和其他技术人员进行审评,对药品的安全性、有效性和质量可控性以及申请人的质量管理、风险防控和责任赔偿等能力进行审查;符合条件的,颁发药品注册证书。

国务院药品监督管理部门在审批药品时,对化学原料药一并审评审批,对相关辅料、直接接触药品的包装材料和容器一并审评,对药品的质量标准、生产工艺、标签和说明书一并核准。

本法所称辅料,是指生产药品和调配处方时所用的赋形剂和附加剂。

第二十六条 对治疗严重危及生命且尚无有效治疗手段的疾病以及公共卫

生方面急需的药品,药物临床试验已有数据显示疗效并能预测其临床价值的,可以附条件批准,并在药品注册证书中载明相关事项。

第二十七条 国务院药品监督管理部门应当完善药品审评审批工作制度,加强能力建设,建立健全沟通交流、专家咨询等机制,优化审评审批流程,提高审评审批效率。

批准上市药品的审评结论和依据应当依法公开,接受社会监督。对审评审批中知悉的商业秘密应当保密。

第二十八条 药品应当符合国家药品标准。经国务院药品监督管理部门核准的药品质量标准高于国家药品标准的,按照经核准的药品质量标准执行;没有国家药品标准的,应当符合经核准的药品质量标准。

国务院药品监督管理部门颁布的《中华人民共和国药典》和药品标准为国家药品标准。

国务院药品监督管理部门会同国务院卫生健康主管部门组织药典委员会,负责国家药品标准的制定和修订。

国务院药品监督管理部门设置或者指定的药品检验机构负责标定国家药品标准品、对照品。

第二十九条 列入国家药品标准的药品名称为药品通用名称。已经作为药品通用名称的,该名称不得作为药品商标使用。

第三章 药品上市许可持有人

第三十条 药品上市许可持有人是指取得药品注册证书的企业或者药品研制机构等。

药品上市许可持有人应当依照本法规定,对药品的非临床研究、临床试验、生产经营、上市后研究、不良反应监测及报告与处理等承担责任。其他从事药品研制、生产、经营、储存、运输、使用等活动的单位和个人依法承担相应责任。

药品上市许可持有人的法定代表人、主要负责人对药品质量全面负责。

第三十一条 药品上市许可持有人应当建立药品质量保证体系,配备专门人员独立负责药品质量管理。

药品上市许可持有人应当对受托药品生产企业、药品经营企业的质量管理体系进行定期审核,监督其持续具备质量保证和控制能力。

第三十二条 药品上市许可持有人可以自行生产药品,也可以委托药品生产企业生产。

药品上市许可持有人自行生产药品的,应当依照本法规定取得药品生产许

可证;委托生产的,应当委托符合条件的药品生产企业。药品上市许可持有人和受托生产企业应当签订委托协议和质量协议,并严格履行协议约定的义务。

国务院药品监督管理部门制定药品委托生产质量协议指南,指导、监督药品上市许可持有人和受托生产企业履行药品质量保证义务。

血液制品、麻醉药品、精神药品、医疗用毒性药品、药品类易制毒化学品不得委托生产;但是,国务院药品监督管理部门另有规定的除外。

第三十三条 药品上市许可持有人应当建立药品上市放行规程,对药品生产企业出厂放行的药品进行审核,经质量受权人签字后方可放行。不符合国家药品标准的,不得放行。

第三十四条 药品上市许可持有人可以自行销售其取得药品注册证书的药品,也可以委托药品经营企业销售。药品上市许可持有人从事药品零售活动的,应当取得药品经营许可证。

药品上市许可持有人自行销售药品的,应当具备本法第五十二条规定的条件;委托销售的,应当委托符合条件的药品经营企业。药品上市许可持有人和受托经营企业应当签订委托协议,并严格履行协议约定的义务。

第三十五条 药品上市许可持有人、药品生产企业、药品经营企业委托储存、运输药品的,应当对受托方的质量保证能力和风险管理能力进行评估,与其签订委托协议,约定药品质量责任、操作规程等内容,并对受托方进行监督。

第三十六条 药品上市许可持有人、药品生产企业、药品经营企业和医疗机构应当建立并实施药品追溯制度,按照规定提供追溯信息,保证药品可追溯。

第三十七条 药品上市许可持有人应当建立年度报告制度,每年将药品生产销售、上市后研究、风险管理等情况按照规定向省、自治区、直辖市人民政府药品监督管理部门报告。

第三十八条 药品上市许可持有人为境外企业的,应当由其指定的在中国境内的企业法人履行药品上市许可持有人义务,与药品上市许可持有人承担连带责任。

第三十九条 中药饮片生产企业履行药品上市许可持有人的相关义务,对中药饮片生产、销售实行全过程管理,建立中药饮片追溯体系,保证中药饮片安全、有效、可追溯。

第四十条 经国务院药品监督管理部门批准,药品上市许可持有人可以转让药品上市许可。受让方应当具备保障药品安全性、有效性和质量可控性的质量管理、风险防控和责任赔偿等能力,履行药品上市许可持有人义务。

第四章 药品生产

第四十一条 从事药品生产活动,应当经所在地省、自治区、直辖市人民政府药品监督管理部门批准,取得药品生产许可证。无药品生产许可证的,不得生产药品。

药品生产许可证应当标明有效期和生产范围,到期重新审查发证。

第四十二条 从事药品生产活动,应当具备以下条件:

(一)有依法经过资格认定的药学技术人员、工程技术人员及相应的技术工人;

(二)有与药品生产相适应的厂房、设施和卫生环境;

(三)有能对所生产药品进行质量管理和质量检验的机构、人员及必要的仪器设备;

(四)有保证药品质量的规章制度,并符合国务院药品监督管理部门依据本法制定的药品生产质量管理规范要求。

第四十三条 从事药品生产活动,应当遵守药品生产质量管理规范,建立健全药品生产质量管理体系,保证药品生产全过程持续符合法定要求。

药品生产企业的法定代表人、主要负责人对本企业的药品生产活动全面负责。

第四十四条 药品应当按照国家药品标准和经药品监督管理部门核准的生产工艺进行生产。生产、检验记录应当完整准确,不得编造。

中药饮片应当按照国家药品标准炮制;国家药品标准没有规定的,应当按照省、自治区、直辖市人民政府药品监督管理部门制定的炮制规范炮制。省、自治区、直辖市人民政府药品监督管理部门制定的炮制规范应当报国务院药品监督管理部门备案。不符合国家药品标准或者不按照省、自治区、直辖市人民政府药品监督管理部门制定的炮制规范炮制的,不得出厂、销售。

第四十五条 生产药品所需的原料、辅料,应当符合药用要求、药品生产质量管理规范的有关要求。

生产药品,应当按照规定对供应原料、辅料等的供应商进行审核,保证购进、使用的原料、辅料等符合前款规定要求。

第四十六条 直接接触药品的包装材料和容器,应当符合药用要求,符合保障人体健康、安全的标准。

对不合格的直接接触药品的包装材料和容器,由药品监督管理部门责令停止使用。

第四十七条　药品生产企业应当对药品进行质量检验。不符合国家药品标准的,不得出厂。

药品生产企业应当建立药品出厂放行规程,明确出厂放行的标准、条件。符合标准、条件的,经质量受权人签字后方可放行。

第四十八条　药品包装应当适合药品质量的要求,方便储存、运输和医疗使用。

发运中药材应当有包装。在每件包装上,应当注明品名、产地、日期、供货单位,并附有质量合格的标志。

第四十九条　药品包装应当按照规定印有或者贴有标签并附有说明书。

标签或者说明书应当注明药品的通用名称、成分、规格、上市许可持有人及其地址、生产企业及其地址、批准文号、产品批号、生产日期、有效期、适应症或者功能主治、用法、用量、禁忌、不良反应和注意事项。标签、说明书中的文字应当清晰,生产日期、有效期等事项应当显著标注,容易辨识。

麻醉药品、精神药品、医疗用毒性药品、放射性药品、外用药品和非处方药的标签、说明书,应当印有规定的标志。

第五十条　药品上市许可持有人、药品生产企业、药品经营企业和医疗机构中直接接触药品的工作人员,应当每年进行健康检查。患有传染病或者其他可能污染药品的疾病的,不得从事直接接触药品的工作。

第五章　药品经营

第五十一条　从事药品批发活动,应当经所在地省、自治区、直辖市人民政府药品监督管理部门批准,取得药品经营许可证。从事药品零售活动,应当经所在地县级以上地方人民政府药品监督管理部门批准,取得药品经营许可证。无药品经营许可证的,不得经营药品。

药品经营许可证应当标明有效期和经营范围,到期重新审查发证。

药品监督管理部门实施药品经营许可,除依据本法第五十二条规定的条件外,还应当遵循方便群众购药的原则。

第五十二条　从事药品经营活动应当具备以下条件:

(一)有依法经过资格认定的药师或者其他药学技术人员;

(二)有与所经营药品相适应的营业场所、设备、仓储设施和卫生环境;

(三)有与所经营药品相适应的质量管理机构或者人员;

(四)有保证药品质量的规章制度,并符合国务院药品监督管理部门依据本法制定的药品经营质量管理规范要求。

第五十三条 从事药品经营活动,应当遵守药品经营质量管理规范,建立健全药品经营质量管理体系,保证药品经营全过程持续符合法定要求。

国家鼓励、引导药品零售连锁经营。从事药品零售连锁经营活动的企业总部,应当建立统一的质量管理制度,对所属零售企业的经营活动履行管理责任。

药品经营企业的法定代表人、主要负责人对本企业的药品经营活动全面负责。

第五十四条 国家对药品实行处方药与非处方药分类管理制度。具体办法由国务院药品监督管理部门会同国务院卫生健康主管部门制定。

第五十五条 药品上市许可持有人、药品生产企业、药品经营企业和医疗机构应当从药品上市许可持有人或者具有药品生产、经营资格的企业购进药品;但是,购进未实施审批管理的中药材除外。

第五十六条 药品经营企业购进药品,应当建立并执行进货检查验收制度,验明药品合格证明和其他标识;不符合规定要求的,不得购进和销售。

第五十七条 药品经营企业购销药品,应当有真实、完整的购销记录。购销记录应当注明药品的通用名称、剂型、规格、产品批号、有效期、上市许可持有人、生产企业、购销单位、购销数量、购销价格、购销日期及国务院药品监督管理部门规定的其他内容。

第五十八条 药品经营企业零售药品应当准确无误,并正确说明用法、用量和注意事项;调配处方应当经过核对,对处方所列药品不得擅自更改或者代用。对有配伍禁忌或者超剂量的处方,应当拒绝调配;必要时,经处方医师更正或者重新签字,方可调配。

药品经营企业销售中药材,应当标明产地。

依法经过资格认定的药师或者其他药学技术人员负责本企业的药品管理、处方审核和调配、合理用药指导等工作。

第五十九条 药品经营企业应当制定和执行药品保管制度,采取必要的冷藏、防冻、防潮、防虫、防鼠等措施,保证药品质量。

药品入库和出库应当执行检查制度。

第六十条 城乡集市贸易市场可以出售中药材,国务院另有规定的除外。

第六十一条 药品上市许可持有人、药品经营企业通过网络销售药品,应当遵守本法药品经营的有关规定。具体管理办法由国务院药品监督管理部门会同国务院卫生健康主管部门等部门制定。

疫苗、血液制品、麻醉药品、精神药品、医疗用毒性药品、放射性药品、药品类易制毒化学品等国家实行特殊管理的药品不得在网络上销售。

第六十二条 药品网络交易第三方平台提供者应当按照国务院药品监督管理部门的规定,向所在地省、自治区、直辖市人民政府药品监督管理部门备案。

第三方平台提供者应当依法对申请进入平台经营的药品上市许可持有人、药品经营企业的资质等进行审核,保证其符合法定要求,并对发生在平台的药品经营行为进行管理。

第三方平台提供者发现进入平台经营的药品上市许可持有人、药品经营企业有违反本法规定行为的,应当及时制止并立即报告所在地县级人民政府药品监督管理部门;发现严重违法行为的,应当立即停止提供网络交易平台服务。

第六十三条 新发现和从境外引种的药材,经国务院药品监督管理部门批准后,方可销售。

第六十四条 药品应当从允许药品进口的口岸进口,并由进口药品的企业向口岸所在地药品监督管理部门备案。海关凭药品监督管理部门出具的进口药品通关单办理通关手续。无进口药品通关单的,海关不得放行。

口岸所在地药品监督管理部门应当通知药品检验机构按照国务院药品监督管理部门的规定对进口药品进行抽查检验。

允许药品进口的口岸由国务院药品监督管理部门会同海关总署提出,报国务院批准。

第六十五条 医疗机构因临床急需进口少量药品的,经国务院药品监督管理部门或者国务院授权的省、自治区、直辖市人民政府批准,可以进口。进口的药品应当在指定医疗机构内用于特定医疗目的。

个人自用携带入境少量药品,按照国家有关规定办理。

第六十六条 进口、出口麻醉药品和国家规定范围内的精神药品,应当持有国务院药品监督管理部门颁发的进口准许证、出口准许证。

第六十七条 禁止进口疗效不确切、不良反应大或者因其他原因危害人体健康的药品。

第六十八条 国务院药品监督管理部门对下列药品在销售前或者进口时,应当指定药品检验机构进行检验;未经检验或者检验不合格的,不得销售或者进口:

(一)首次在中国境内销售的药品;

(二)国务院药品监督管理部门规定的生物制品;

(三)国务院规定的其他药品。

第六章 医疗机构药事管理

第六十九条 医疗机构应当配备依法经过资格认定的药师或者其他药学技术人员,负责本单位的药品管理、处方审核和调配、合理用药指导等工作。非药学技术人员不得直接从事药剂技术工作。

第七十条 医疗机构购进药品,应当建立并执行进货检查验收制度,验明药品合格证明和其他标识;不符合规定要求的,不得购进和使用。

第七十一条 医疗机构应当有与所使用药品相适应的场所、设备、仓储设施和卫生环境,制定和执行药品保管制度,采取必要的冷藏、防冻、防潮、防虫、防鼠等措施,保证药品质量。

第七十二条 医疗机构应当坚持安全有效、经济合理的用药原则,遵循药品临床应用指导原则、临床诊疗指南和药品说明书等合理用药,对医师处方、用药医嘱的适宜性进行审核。

医疗机构以外的其他药品使用单位,应当遵守本法有关医疗机构使用药品的规定。

第七十三条 依法经过资格认定的药师或者其他药学技术人员调配处方,应当进行核对,对处方所列药品不得擅自更改或者代用。对有配伍禁忌或者超剂量的处方,应当拒绝调配;必要时,经处方医师更正或者重新签字,方可调配。

第七十四条 医疗机构配制制剂,应当经所在地省、自治区、直辖市人民政府药品监督管理部门批准,取得医疗机构制剂许可证。无医疗机构制剂许可证的,不得配制制剂。

医疗机构制剂许可证应当标明有效期,到期重新审查发证。

第七十五条 医疗机构配制制剂,应当有能够保证制剂质量的设施、管理制度、检验仪器和卫生环境。

医疗机构配制制剂,应当按照经核准的工艺进行,所需的原料、辅料和包装材料等应当符合药用要求。

第七十六条 医疗机构配制的制剂,应当是本单位临床需要而市场上没有供应的品种,并应当经所在地省、自治区、直辖市人民政府药品监督管理部门批准;但是,法律对配制中药制剂另有规定的除外。

医疗机构配制的制剂应当按照规定进行质量检验;合格的,凭医师处方在本单位使用。经国务院药品监督管理部门或者省、自治区、直辖市人民政府药品监督管理部门批准,医疗机构配制的制剂可以在指定的医疗机构之间调剂使用。

医疗机构配制的制剂不得在市场上销售。

第七章 药品上市后管理

第七十七条 药品上市许可持有人应当制定药品上市后风险管理计划,主动开展药品上市后研究,对药品的安全性、有效性和质量可控性进行进一步确证,加强对已上市药品的持续管理。

第七十八条 对附条件批准的药品,药品上市许可持有人应当采取相应风险管理措施,并在规定期限内按照要求完成相关研究;逾期未按照要求完成研究或者不能证明其获益大于风险的,国务院药品监督管理部门应当依法处理,直至注销药品注册证书。

第七十九条 对药品生产过程中的变更,按照其对药品安全性、有效性和质量可控性的风险和产生影响的程度,实行分类管理。属于重大变更的,应当经国务院药品监督管理部门批准,其他变更应当按照国务院药品监督管理部门的规定备案或者报告。

药品上市许可持有人应当按照国务院药品监督管理部门的规定,全面评估、验证变更事项对药品安全性、有效性和质量可控性的影响。

第八十条 药品上市许可持有人应当开展药品上市后不良反应监测,主动收集、跟踪分析疑似药品不良反应信息,对已识别风险的药品及时采取风险控制措施。

第八十一条 药品上市许可持有人、药品生产企业、药品经营企业和医疗机构应当经常考察本单位所生产、经营、使用的药品质量、疗效和不良反应。发现疑似不良反应的,应当及时向药品监督管理部门和卫生健康主管部门报告。具体办法由国务院药品监督管理部门会同国务院卫生健康主管部门制定。

对已确认发生严重不良反应的药品,由国务院药品监督管理部门或者省、自治区、直辖市人民政府药品监督管理部门根据实际情况采取停止生产、销售、使用等紧急控制措施,并应当在五日内组织鉴定,自鉴定结论作出之日起十五日内依法作出行政处理决定。

第八十二条 药品存在质量问题或者其他安全隐患的,药品上市许可持有人应当立即停止销售,告知相关药品经营企业和医疗机构停止销售和使用,召回已销售的药品,及时公开召回信息,必要时应当立即停止生产,并将药品召回和处理情况向省、自治区、直辖市人民政府药品监督管理部门和卫生健康主管部门报告。药品生产企业、药品经营企业和医疗机构应当配合。

药品上市许可持有人依法应当召回药品而未召回的,省、自治区、直辖市人民政府药品监督管理部门应当责令其召回。

第八十三条 药品上市许可持有人应当对已上市药品的安全性、有效性和质量可控性定期开展上市后评价。必要时,国务院药品监督管理部门可以责令药品上市许可持有人开展上市后评价或者直接组织开展上市后评价。

经评价,对疗效不确切、不良反应大或者因其他原因危害人体健康的药品,应当注销药品注册证书。

已被注销药品注册证书的药品,不得生产或者进口、销售和使用。

已被注销药品注册证书、超过有效期等的药品,应当由药品监督管理部门监督销毁或者依法采取其他无害化处理等措施。

第八章 药品价格和广告

第八十四条 国家完善药品采购管理制度,对药品价格进行监测,开展成本价格调查,加强药品价格监督检查,依法查处价格垄断、哄抬价格等药品价格违法行为,维护药品价格秩序。

第八十五条 依法实行市场调节价的药品,药品上市许可持有人、药品生产企业、药品经营企业和医疗机构应当按照公平、合理和诚实信用、质价相符的原则制定价格,为用药者提供价格合理的药品。

药品上市许可持有人、药品生产企业、药品经营企业和医疗机构应当遵守国务院药品价格主管部门关于药品价格管理的规定,制定和标明药品零售价格,禁止暴利、价格垄断和价格欺诈等行为。

第八十六条 药品上市许可持有人、药品生产企业、药品经营企业和医疗机构应当依法向药品价格主管部门提供其药品的实际购销价格和购销数量等资料。

第八十七条 医疗机构应当向患者提供所用药品的价格清单,按照规定如实公布其常用药品的价格,加强合理用药管理。具体办法由国务院卫生健康主管部门制定。

第八十八条 禁止药品上市许可持有人、药品生产企业、药品经营企业和医疗机构在药品购销中给予、收受回扣或者其他不正当利益。

禁止药品上市许可持有人、药品生产企业、药品经营企业或者代理人以任何名义给予使用其药品的医疗机构的负责人、药品采购人员、医师、药师等有关人员财物或者其他不正当利益。禁止医疗机构的负责人、药品采购人员、医师、药师等有关人员以任何名义收受药品上市许可持有人、药品生产企业、药品经营企业或者代理人给予的财物或者其他不正当利益。

第八十九条 药品广告应当经广告主所在地省、自治区、直辖市人民政府确定的广告审查机关批准;未经批准的,不得发布。

第九十条 药品广告的内容应当真实、合法,以国务院药品监督管理部门核准的药品说明书为准,不得含有虚假的内容。

药品广告不得含有表示功效、安全性的断言或者保证;不得利用国家机关、科研单位、学术机构、行业协会或者专家、学者、医师、药师、患者等的名义或者形象作推荐、证明。

非药品广告不得有涉及药品的宣传。

第九十一条 药品价格和广告,本法未作规定的,适用《中华人民共和国价格法》、《中华人民共和国反垄断法》、《中华人民共和国反不正当竞争法》、《中华人民共和国广告法》等的规定。

第九章 药品储备和供应

第九十二条 国家实行药品储备制度,建立中央和地方两级药品储备。

发生重大灾情、疫情或者其他突发事件时,依照《中华人民共和国突发事件应对法》的规定,可以紧急调用药品。

第九十三条 国家实行基本药物制度,遴选适当数量的基本药物品种,加强组织生产和储备,提高基本药物的供给能力,满足疾病防治基本用药需求。

第九十四条 国家建立药品供求监测体系,及时收集和汇总分析短缺药品供求信息,对短缺药品实行预警,采取应对措施。

第九十五条 国家实行短缺药品清单管理制度。具体办法由国务院卫生健康主管部门会同国务院药品监督管理部门等部门制定。

药品上市许可持有人停止生产短缺药品的,应当按照规定向国务院药品监督管理部门或者省、自治区、直辖市人民政府药品监督管理部门报告。

第九十六条 国家鼓励短缺药品的研制和生产,对临床急需的短缺药品、防治重大传染病和罕见病等疾病的新药予以优先审评审批。

第九十七条 对短缺药品,国务院可以限制或者禁止出口。必要时,国务院有关部门可以采取组织生产、价格干预和扩大进口等措施,保障药品供应。

药品上市许可持有人、药品生产企业、药品经营企业应当按照规定保障药品的生产和供应。

第十章 监督管理

第九十八条 禁止生产(包括配制,下同)、销售、使用假药、劣药。

有下列情形之一的,为假药:

（一）药品所含成分与国家药品标准规定的成分不符；
（二）以非药品冒充药品或者以他种药品冒充此种药品；
（三）变质的药品；
（四）药品所标明的适应症或者功能主治超出规定范围。
有下列情形之一的，为劣药：
（一）药品成分的含量不符合国家药品标准；
（二）被污染的药品；
（三）未标明或者更改有效期的药品；
（四）未注明或者更改产品批号的药品；
（五）超过有效期的药品；
（六）擅自添加防腐剂、辅料的药品；
（七）其他不符合药品标准的药品。
禁止未取得药品批准证明文件生产、进口药品；禁止使用未按照规定审评、审批的原料药、包装材料和容器生产药品。

第九十九条 药品监督管理部门应当依照法律、法规的规定对药品研制、生产、经营和药品使用单位使用药品等活动进行监督检查，必要时可以对为药品研制、生产、经营、使用提供产品或者服务的单位和个人进行延伸检查，有关单位和个人应当予以配合，不得拒绝和隐瞒。

药品监督管理部门应当对高风险的药品实施重点监督检查。

对有证据证明可能存在安全隐患的，药品监督管理部门根据监督检查情况，应当采取告诫、约谈、限期整改以及暂停生产、销售、使用、进口等措施，并及时公布检查处理结果。

药品监督管理部门进行监督检查时，应当出示证明文件，对监督检查中知悉的商业秘密应当保密。

第一百条 药品监督管理部门根据监督管理的需要，可以对药品质量进行抽查检验。抽查检验应当按照规定抽样，并不得收取任何费用；抽样应当购买样品。所需费用按照国务院规定列支。

对有证据证明可能危害人体健康的药品及其有关材料，药品监督管理部门可以查封、扣押，并在七日内作出行政处理决定；药品需要检验的，应当自检验报告书发出之日起十五日内作出行政处理决定。

第一百零一条 国务院和省、自治区、直辖市人民政府的药品监督管理部门应当定期公告药品质量抽查检验结果；公告不当的，应当在原公告范围内予以更正。

第一百零二条 当事人对药品检验结果有异议的,可以自收到药品检验结果之日起七日内向原药品检验机构或者上一级药品监督管理部门设置或者指定的药品检验机构申请复验,也可以直接向国务院药品监督管理部门设置或者指定的药品检验机构申请复验。受理复验的药品检验机构应当在国务院药品监督管理部门规定的时间内作出复验结论。

第一百零三条 药品监督管理部门应当对药品上市许可持有人、药品生产企业、药品经营企业和药物非临床安全性评价研究机构、药物临床试验机构等遵守药品生产质量管理规范、药品经营质量管理规范、药物非临床研究质量管理规范、药物临床试验质量管理规范等情况进行检查,监督其持续符合法定要求。

第一百零四条 国家建立职业化、专业化药品检查员队伍。检查员应当熟悉药品法律法规,具备药品专业知识。

第一百零五条 药品监督管理部门建立药品上市许可持有人、药品生产企业、药品经营企业、药物非临床安全性评价研究机构、药物临床试验机构和医疗机构药品安全信用档案,记录许可颁发、日常监督检查结果、违法行为查处等情况,依法向社会公布并及时更新;对有不良信用记录的,增加监督检查频次,并可以按照国家规定实施联合惩戒。

第一百零六条 药品监督管理部门应当公布本部门的电子邮件地址、电话,接受咨询、投诉、举报,并依法及时答复、核实、处理。对查证属实的举报,按照有关规定给予举报人奖励。

药品监督管理部门应当对举报人的信息予以保密,保护举报人的合法权益。举报人举报所在单位的,该单位不得以解除、变更劳动合同或者其他方式对举报人进行打击报复。

第一百零七条 国家实行药品安全信息统一公布制度。国家药品安全总体情况、药品安全风险警示信息、重大药品安全事件及其调查处理信息和国务院确定需要统一公布的其他信息由国务院药品监督管理部门统一公布。药品安全风险警示信息和重大药品安全事件及其调查处理信息的影响限于特定区域的,也可以由有关省、自治区、直辖市人民政府药品监督管理部门公布。未经授权不得发布上述信息。

公布药品安全信息,应当及时、准确、全面,并进行必要的说明,避免误导。

任何单位和个人不得编造、散布虚假药品安全信息。

第一百零八条 县级以上人民政府应当制定药品安全事件应急预案。药品上市许可持有人、药品生产企业、药品经营企业和医疗机构等应当制定本单位的药品安全事件处置方案,并组织开展培训和应急演练。

疑案的研判

发生药品安全事件,县级以上人民政府应当按照应急预案立即组织开展应对工作;有关单位应当立即采取有效措施进行处置,防止危害扩大。

第一百零九条 药品监督管理部门未及时发现药品安全系统性风险,未及时消除监督管理区域内药品安全隐患的,本级人民政府或者上级人民政府药品监督管理部门应当对其主要负责人进行约谈。

地方人民政府未履行药品安全职责,未及时消除区域性重大药品安全隐患的,上级人民政府或者上级人民政府药品监督管理部门应当对其主要负责人进行约谈。

被约谈的部门和地方人民政府应当立即采取措施,对药品监督管理工作进行整改。

约谈情况和整改情况应当纳入有关部门和地方人民政府药品监督管理工作评议、考核记录。

第一百一十条 地方人民政府及其药品监督管理部门不得以要求实施药品检验、审批等手段限制或者排斥非本地区药品上市许可持有人、药品生产企业生产的药品进入本地区。

第一百一十一条 药品监督管理部门及其设置或者指定的药品专业技术机构不得参与药品生产经营活动,不得以其名义推荐或者监制、监销药品。

药品监督管理部门及其设置或者指定的药品专业技术机构的工作人员不得参与药品生产经营活动。

第一百一十二条 国务院对麻醉药品、精神药品、医疗用毒性药品、放射性药品、药品类易制毒化学品等有其他特殊管理规定的,依照其规定。

第一百一十三条 药品监督管理部门发现药品违法行为涉嫌犯罪的,应当及时将案件移送公安机关。

对依法不需要追究刑事责任或者免予刑事处罚,但应当追究行政责任的,公安机关、人民检察院、人民法院应当及时将案件移送药品监督管理部门。

公安机关、人民检察院、人民法院商请药品监督管理部门、生态环境主管部门等部门提供检验结论、认定意见以及对涉案药品进行无害化处理等协助的,有关部门应当及时提供,予以协助。

第十一章　法律责任

第一百一十四条 违反本法规定,构成犯罪的,依法追究刑事责任。

第一百一十五条 未取得药品生产许可证、药品经营许可证或者医疗机构制剂许可证生产、销售药品的,责令关闭,没收违法生产、销售的药品和违法所得,并处违法生产、销售的药品(包括已售出和未售出的药品,下同)货值金额十五倍以上三十倍以下的罚款;货值金额不足十万元的,按十万元计算。

第一百一十六条 生产、销售假药的,没收违法生产、销售的药品和违法所得,责令停产停业整顿,吊销药品批准证明文件,并处违法生产、销售的药品货值金额十五倍以上三十倍以下的罚款;货值金额不足十万元的,按十万元计算;情节严重的,吊销药品生产许可证、药品经营许可证或者医疗机构制剂许可证,十年内不受理其相应申请;药品上市许可持有人为境外企业的,十年内禁止其药品进口。

第一百一十七条 生产、销售劣药的,没收违法生产、销售的药品和违法所得,并处违法生产、销售的药品货值金额十倍以上二十倍以下的罚款;违法生产、批发的药品货值金额不足十万元的,按十万元计算,违法零售的药品货值金额不足一万元的,按一万元计算;情节严重的,责令停产停业整顿直至吊销药品批准证明文件、药品生产许可证、药品经营许可证或者医疗机构制剂许可证。

生产、销售的中药饮片不符合药品标准,尚不影响安全性、有效性的,责令限期改正,给予警告;可以处十万元以上五十万元以下的罚款。

第一百一十八条 生产、销售假药,或者生产、销售劣药且情节严重的,对法定代表人、主要负责人、直接负责的主管人员和其他责任人员,没收违法行为发生期间自本单位所获收入,并处所获收入百分之三十以上三倍以下的罚款,终身禁止从事药品生产经营活动,并可以由公安机关处五日以上十五日以下的拘留。

对生产者专门用于生产假药、劣药的原料、辅料、包装材料、生产设备予以没收。

第一百一十九条 药品使用单位使用假药、劣药的,按照销售假药、零售劣药的规定处罚;情节严重的,法定代表人、主要负责人、直接负责的主管人员和其他责任人员有医疗卫生人员执业证书的,还应当吊销执业证书。

第一百二十条 知道或者应当知道属于假药、劣药或者本法第一百二十四条第一款第一项至第五项规定的药品,而为其提供储存、运输等便利条件的,没收全部储存、运输收入,并处违法收入一倍以上五倍以下的罚款;情节严重的,并处违法收入五倍以上十五倍以下的罚款;违法收入不足五万元的,按五万元计算。

第一百二十一条 对假药、劣药的处罚决定,应当依法载明药品检验机构的质量检验结论。

第一百二十二条 伪造、变造、出租、出借、非法买卖许可证或者药品批准证明文件的,没收违法所得,并处违法所得一倍以上五倍以下的罚款;情节严重的,并处违法所得五倍以上十五倍以下的罚款,吊销药品生产许可证、药品经营许可证、医疗机构制剂许可证或者药品批准证明文件，对法定代表人、主要负责人、直接负责的主管人员和其他责任人员，处二万元以上二十万元以下的罚款，十年内禁止从事药品生产经营活动，并可以由公安机关处五日以上十五日以下的拘留；违法所得不足十万元的，按十万元计算。

第一百二十三条 提供虚假的证明、数据、资料、样品或者采取其他手段骗取临床试验许可、药品生产许可、药品经营许可、医疗机构制剂许可或者药品注册等许可的，撤销相关许可，十年内不受理其相应申请，并处五十万元以上五百万元以下的罚款；情节严重的，对法定代表人、主要负责人、直接负责的主管人员和其他责任人员，处二万元以上二十万元以下的罚款，十年内禁止从事药品生产经营活动，并可以由公安机关处五日以上十五日以下的拘留。

第一百二十四条 违反本法规定，有下列行为之一的，没收违法生产、进口、销售的药品和违法所得以及专门用于违法生产的原料、辅料、包装材料和生产设备，责令停产停业整顿，并处违法生产、进口、销售的药品货值金额十五倍以上三十倍以下的罚款；货值金额不足十万元的，按十万元计算；情节严重的，吊销药品批准证明文件直至吊销药品生产许可证、药品经营许可证或者医疗机构制剂许可证，对法定代表人、主要负责人、直接负责的主管人员和其他责任人员，没收违法行为发生期间自本单位所获收入，并处所获收入百分之三十以上三倍以下的罚款，十年直至终身禁止从事药品生产经营活动，并可以由公安机关处五日以上十五日以下的拘留：

（一）未取得药品批准证明文件生产、进口药品；

（二）使用采取欺骗手段取得的药品批准证明文件生产、进口药品；

（三）使用未经审评审批的原料药生产药品；

（四）应当检验而未经检验即销售药品；

（五）生产、销售国务院药品监督管理部门禁止使用的药品；

（六）编造生产、检验记录；

（七）未经批准在药品生产过程中进行重大变更。

销售前款第一项至第三项规定的药品，或者药品使用单位使用前款第一项至第五项规定的药品的，依照前款规定处罚；情节严重的，药品使用单位的法定代表人、主要负责人、直接负责的主管人员和其他责任人员有医疗卫生人员执业证书的，还应当吊销执业证书。

未经批准进口少量境外已合法上市的药品，情节较轻的，可以依法减轻或者免予处罚。

第一百二十五条 违反本法规定，有下列行为之一的，没收违法生产、销售的药品和违法所得以及包装材料、容器,责令停产停业整顿,并处五十万元以上五百万元以下的罚款;情节严重的,吊销药品批准证明文件、药品生产许可证、药品经营许可证,对法定代表人、主要负责人、直接负责的主管人员和其他责任人员处二万元以上二十万元以下的罚款,十年直至终身禁止从事药品生产经营活动:

(一)未经批准开展药物临床试验;

(二)使用未经审评的直接接触药品的包装材料或者容器生产药品,或者销售该类药品;

(三)使用未经核准的标签、说明书。

第一百二十六条 除本法另有规定的情形外,药品上市许可持有人、药品生产企业、药品经营企业、药物非临床安全性评价研究机构、药物临床试验机构等未遵守药品生产质量管理规范、药品经营质量管理规范、药物非临床研究质量管理规范、药物临床试验质量管理规范等的,责令限期改正,给予警告;逾期不改正的,处十万元以上五十万元以下的罚款;情节严重的,处五十万元以上二百万元以下的罚款,责令停产停业整顿直至吊销药品批准证明文件、药品生产许可证、药品经营许可证等,药物非临床安全性评价研究机构、药物临床试验机构等五年内不得开展药物非临床安全性评价研究、药物临床试验,对法定代表人、主要负责人、直接负责的主管人员和其他责任人员,没收违法行为发生期间自本单位所获收入,并处所获收入百分之十以上百分之五十以下的罚款,十年直至终身禁止从事药品生产经营等活动。

第一百二十七条 违反本法规定,有下列行为之一的,责令限期改正,给予警告;逾期不改正的,处十万元以上五十万元以下的罚款:

(一)开展生物等效性试验未备案;

(二)药物临床试验期间,发现存在安全性问题或者其他风险,临床试验申办者未及时调整临床试验方案、暂停或者终止临床试验,或者未向国务院药品监督管理部门报告;

(三)未按照规定建立并实施药品追溯制度;

(四)未按照规定提交年度报告;

(五)未按照规定对药品生产过程中的变更进行备案或者报告;

(六)未制定药品上市后风险管理计划;

(七)未按照规定开展药品上市后研究或者上市后评价。

第一百二十八条 除依法应当按照假药、劣药处罚的外,药品包装未按照规定印有、贴有标签或者附有说明书,标签、说明书未按照规定注明相关信息或者印有规定标志的,责令改正,给予警告;情节严重的,吊销药品注册证书。

第一百二十九条 违反本法规定,药品上市许可持有人、药品生产企业、药品经营企业或者医疗机构未从药品上市许可持有人或者具有药品生产、经营资格的企业购进药品的,责令改正,没收违法购进的药品和违法所得,并处违法购进药品货值金额二倍以上十倍以下的罚款;情节严重的,并处货值金额十倍以上三十倍以下的罚款,吊销药品批准证明文件、药品生产许可证、药品经营许可证或者医疗机构执业许可证;货值金额不足五万元的,按五万元计算。

第一百三十条 违反本法规定,药品经营企业购销药品未按照规定进行记录,零售药品未正确说明用法、用量等事项,或者未按照规定调配处方的,责令改正,给予警告;情节严重的,吊销药品经营许可证。

第一百三十一条 违反本法规定,药品网络交易第三方平台提供者未履行资质审核、报告、停止提供网络交易平台服务等义务的,责令改正,没收违法所得,并处二十万元以上二百万元以下的罚款;情节严重的,责令停业整顿,并处二百万元以上五百万元以下的罚款。

第一百三十二条 进口已获得药品注册证书的药品,未按照规定向允许药品进口的口岸所在地药品监督管理部门备案的,责令限期改正,给予警告;逾期不改正的,吊销药品注册证书。

第一百三十三条 违反本法规定,医疗机构将其配制的制剂在市场上销售的,责令改正,没收违法销售的制剂和违法所得,并处违法销售制剂货值金额二倍以上五倍以下的罚款;情节严重的,并处货值金额五倍以上十五倍以下的罚款;货值金额不足五万元的,按五万元计算。

第一百三十四条 药品上市许可持有人未按照规定开展药品不良反应监测或者报告疑似药品不良反应的,责令限期改正,给予警告;逾期不改正的,责令停产停业整顿,并处十万元以上一百万元以下的罚款。

药品经营企业未按照规定报告疑似药品不良反应的,责令限期改正,给予警告;逾期不改正的,责令停产停业整顿,并处五万元以上五十万元以下的罚款。

医疗机构未按照规定报告疑似药品不良反应的,责令限期改正,给予警告;逾期不改正的,处五万元以上五十万元以下的罚款。

第一百三十五条 药品上市许可持有人在省、自治区、直辖市人民政府药品监督管理部门责令其召回后,拒不召回的,处应召回药品货值金额五倍以上十倍以下的罚款;货值金额不足十万元的,按十万元计算;情节严重的,吊销药品批准证明文件、药品生产许可证、药品经营许可证,对法定代表人、主要负责人、直接负责的主管人员和其他责任人员,处二万元以上二十万元以下的罚款。药品生

产企业、药品经营企业、医疗机构拒不配合召回的,处十万元以上五十万元以下的罚款。

第一百三十六条 药品上市许可持有人为境外企业的,其指定的在中国境内的企业法人未依照本法规定履行相关义务的,适用本法有关药品上市许可持有人法律责任的规定。

第一百三十七条 有下列行为之一的,在本法规定的处罚幅度内从重处罚:

(一)以麻醉药品、精神药品、医疗用毒性药品、放射性药品、药品类易制毒化学品冒充其他药品,或者以其他药品冒充上述药品;

(二)生产、销售以孕产妇、儿童为主要使用对象的假药、劣药;

(三)生产、销售的生物制品属于假药、劣药;

(四)生产、销售假药、劣药,造成人身伤害后果;

(五)生产、销售假药、劣药,经处理后再犯;

(六)拒绝、逃避监督检查,伪造、销毁、隐匿有关证据材料,或者擅自动用查封、扣押物品。

第一百三十八条 药品检验机构出具虚假检验报告的,责令改正,给予警告,对单位并处二十万元以上一百万元以下的罚款;对直接负责的主管人员和其他直接责任人员依法给予降级、撤职、开除处分,没收违法所得,并处五万元以下的罚款;情节严重的,撤销其检验资格。药品检验机构出具的检验结果不实,造成损失的,应当承担相应的赔偿责任。

第一百三十九条 本法第一百一十五条至第一百三十八条规定的行政处罚,由县级以上人民政府药品监督管理部门按照职责分工决定;撤销许可、吊销许可证件的,由原批准、发证的部门决定。

第一百四十条 药品上市许可持有人、药品生产企业、药品经营企业或者医疗机构违反本法规定聘用人员的,由药品监督管理部门或者卫生健康主管部门责令解聘,处五万元以上二十万元以下的罚款。

第一百四十一条 药品上市许可持有人、药品生产企业、药品经营企业或者医疗机构在药品购销中给予、收受回扣或者其他不正当利益的,药品上市许可持有人、药品生产企业、药品经营企业或者代理人给予使用其药品的医疗机构的负责人、药品采购人员、医师、药师等有关人员财物或者其他不正当利益的,由市场监督管理部门没收违法所得,并处三十万元以上三百万元以下的罚款;情节严重的,吊销药品上市许可持有人、药品生产企业、药品经营企业营业执照,并由药品监督管理部门吊销药品批准证明文件、药品生产许可证、药品经营许可证。

药品上市许可持有人、药品生产企业、药品经营企业在药品研制、生产、经营中向国家工作人员行贿的,对法定代表人、主要负责人、直接负责的主管人员和其他责任人员终身禁止从事药品生产经营活动。

第一百四十二条 药品上市许可持有人、药品生产企业、药品经营企业的负责人、采购人员等有关人员在药品购销中收受其他药品上市许可持有人、药品生产企业、药品经营企业或者代理人给予的财物或者其他不正当利益的,没收违法所得,依法给予处罚;情节严重的,五年内禁止从事药品生产经营活动。

医疗机构的负责人、药品采购人员、医师、药师等有关人员收受药品上市许可持有人、药品生产企业、药品经营企业或者代理人给予的财物或者其他不正当利益的,由卫生健康主管部门或者本单位给予处分,没收违法所得;情节严重的,还应当吊销其执业证书。

第一百四十三条 违反本法规定,编造、散布虚假药品安全信息,构成违反治安管理行为的,由公安机关依法给予治安管理处罚。

第一百四十四条 药品上市许可持有人、药品生产企业、药品经营企业或者医疗机构违反本法规定,给用药者造成损害的,依法承担赔偿责任。

因药品质量问题受到损害的,受害人可以向药品上市许可持有人、药品生产企业请求赔偿损失,也可以向药品经营企业、医疗机构请求赔偿损失。接到受害人赔偿请求的,应当实行首负责任制,先行赔付;先行赔付后,可以依法追偿。

生产假药、劣药或者明知是假药、劣药仍然销售、使用的,受害人或者其近亲属除请求赔偿损失外,还可以请求支付价款十倍或者损失三倍的赔偿金;增加赔偿的金额不足一千元的,为一千元。

第一百四十五条 药品监督管理部门或者其设置、指定的药品专业技术机构参与药品生产经营活动的,由其上级主管机关责令改正,没收违法收入;情节严重的,对直接负责的主管人员和其他直接责任人员依法给予处分。

药品监督管理部门或者其设置、指定的药品专业技术机构的工作人员参与药品生产经营活动的,依法给予处分。

第一百四十六条 药品监督管理部门或者其设置、指定的药品检验机构在药品监督检验中违法收取检验费用的,由政府有关部门责令退还,对直接负责的主管人员和其他直接责任人员依法给予处分;情节严重的,撤销其检验资格。

第一百四十七条 违反本法规定,药品监督管理部门有下列行为之一的,应当撤销相关许可,对直接负责的主管人员和其他直接责任人员依法给予处分:

(一)不符合条件而批准进行药物临床试验;

(二)对不符合条件的药品颁发药品注册证书;

(三)对不符合条件的单位颁发药品生产许可证、药品经营许可证或者医疗机构制剂许可证。

第一百四十八条 违反本法规定，县级以上地方人民政府有下列行为之一的，对直接负责的主管人员和其他直接责任人员给予记过或者记大过处分；情节严重的，给予降级、撤职或者开除处分：

（一）瞒报、谎报、缓报、漏报药品安全事件；

（二）未及时消除区域性重大药品安全隐患，造成本行政区域内发生特别重大药品安全事件，或者连续发生重大药品安全事件；

（三）履行职责不力，造成严重不良影响或者重大损失。

第一百四十九条 违反本法规定，药品监督管理等部门有下列行为之一的，对直接负责的主管人员和其他直接责任人员给予记过或者记大过处分；情节较重的，给予降级或者撤职处分；情节严重的，给予开除处分：

（一）瞒报、谎报、缓报、漏报药品安全事件；

（二）对发现的药品安全违法行为未及时查处；

（三）未及时发现药品安全系统性风险，或者未及时消除监督管理区域内药品安全隐患，造成严重影响；

（四）其他不履行药品监督管理职责，造成严重不良影响或者重大损失。

第一百五十条 药品监督管理人员滥用职权、徇私舞弊、玩忽职守的，依法给予处分。

查处假药、劣药违法行为有失职、渎职行为的，对药品监督管理部门直接负责的主管人员和其他直接责任人员依法从重给予处分。

第一百五十一条 本章规定的货值金额以违法生产、销售药品的标价计算；没有标价的，按照同类药品的市场价格计算。

第十二章 附则

第一百五十二条 中药材种植、采集和饲养的管理，依照有关法律、法规的规定执行。

第一百五十三条 地区性民间习用药材的管理办法，由国务院药品监督管理部门会同国务院中医药主管部门制定。

第一百五十四条 中国人民解放军和中国人民武装警察部队执行本法的具体办法，由国务院、中央军事委员会依据本法制定。

第一百五十五条 本法自2019年12月1日起施行。

最高人民法院、最高人民检察院《关于办理环境污染刑事案件适用法律若干问题的解释》

第一条 实施刑法第三百三十八条规定的行为,具有下列情形之一的,应当认定为"严重污染环境":

(一)在饮用水水源一级保护区、自然保护区核心区排放、倾倒、处置有放射性的废物、含传染病病原体的废物、有毒物质的;

(二)非法排放、倾倒、处置危险废物三吨以上的;

(三)排放、倾倒、处置含铅、汞、镉、铬、砷、铊、锑的污染物,超过国家或者地方污染物排放标准三倍以上的;

(四)排放、倾倒、处置含镍、铜、锌、银、钒、锰、钴的污染物,超过国家或者地方污染物排放标准十倍以上的;

(五)通过暗管、渗井、渗坑、裂隙、溶洞、灌注等逃避监管的方式排放、倾倒、处置有放射性的废物、含传染病病原体的废物、有毒物质的;

(六)二年内曾因违反国家规定,排放、倾倒、处置有放射性的废物、含传染病病原体的废物、有毒物质受过两次以上行政处罚,又实施前列行为的;

(七)重点排污单位篡改、伪造自动监测数据或者干扰自动监测设施,排放化学需氧量、氨氮、二氧化硫、氮氧化物等污染物的;

(八)违法减少防治污染设施运行支出一百万元以上的;

(九)违法所得或者致使公私财产损失三十万元以上的;

(十)造成生态环境严重损害的;

(十一)致使乡镇以上集中式饮用水水源取水中断十二小时以上的;

(十二)致使基本农田、防护林地、特种用途林地五亩以上,其他农用地十亩以上,其他土地二十亩以上基本功能丧失或者遭受永久性破坏的;

(十三)致使森林或者其他林木死亡五十立方米以上,或者幼树死亡二千五百株以上的;

(十四)致使疏散、转移群众五千人以上的;

(十五)致使三十人以上中毒的;

(十六)致使三人以上轻伤、轻度残疾或者器官组织损伤导致一般功能障碍的;

(十七)致使一人以上重伤、中度残疾或者器官组织损伤导致严重功能障碍的;

(十八)其他严重污染环境的情形。

第二条 实施刑法第三百三十九条、第四百零八条规定的行为,致使公私财产损失三十万元以上,或者具有本解释第一条第十项至第十七项规定情形之一的,应当认定为"致使公私财产遭受重大损失或者严重危害人体健康"或者"致使公私财产遭受重大损失或者造成人身伤亡的严重后果"。

第三条 实施刑法第三百三十八条、第三百三十九条规定的行为,具有下列情形之一的,应当认定为"后果特别严重":

(一)致使县级以上城区集中式饮用水水源取水中断十二小时以上的;

(二)非法排放、倾倒、处置危险废物一百吨以上的;

(三)致使基本农田、防护林地、特种用途林地十五亩以上,其他农用地三十亩以上,其他土地六十亩以上基本功能丧失或者遭受永久性破坏的;

(四)致使森林或者其他林木死亡一百五十立方米以上,或者幼树死亡七千五百株以上的;

(五)致使公私财产损失一百万元以上的;

(六)造成生态环境特别严重损害的;

(七)致使疏散、转移群众一万五千人以上的;

(八)致使一百人以上中毒的;

(九)致使十人以上轻伤、轻度残疾或者器官组织损伤导致一般功能障碍的;

(十)致使三人以上重伤、中度残疾或者器官组织损伤导致严重功能障碍的;

(十一)致使一人以上重伤、中度残疾或者器官组织损伤导致严重功能障碍,并致使五人以上轻伤、轻度残疾或者器官组织损伤导致一般功能障碍的;

(十二)致使一人以上死亡或者重度残疾的;

(十三)其他后果特别严重的情形。

第四条 实施刑法第三百三十八条、第三百三十九条规定的犯罪行为,具有下列情形之一的,应当从重处罚:

(一)阻挠环境监督检查或者突发环境事件调查,尚不构成妨害公务等犯罪的;

(二)在医院、学校、居民区等人口集中地区及其附近,违反国家规定排放、倾倒、处置有放射性的废物、含传染病病原体的废物、有毒物质或者其他有害物质的;

(三)在重污染天气预警期间、突发环境事件处置期间或者被责令限期整改期间,违反国家规定排放、倾倒、处置有放射性的废物、含传染病病原体的废物、有毒物质或者其他有害物质的;

(四)具有危险废物经营许可证的企业违反国家规定排放、倾倒、处置有放射性的废物、含传染病病原体的废物、有毒物质或者其他有害物质的。

第五条 实施刑法第三百三十八条、第三百三十九条规定的行为,刚达到应当追究刑事责任的标准,但行为人及时采取措施,防止损失扩大、消除污染,全部赔偿损失,积极修复生态环境,且系初犯,确有悔罪表现的,可以认定为情节轻微,不起诉或者免予刑事处罚;确有必要判处刑罚的,应当从宽处罚。

第六条 无危险废物经营许可证从事收集、贮存、利用、处置危险废物经营活动,严重污染环境的,按照污染环境罪定罪处罚;同时构成非法经营罪的,依照处罚较重的规定定罪处罚。

实施前款规定的行为,不具有超标排放污染物、非法倾倒污染物或者其他违法造成环境污染的情形的,可以认定为非法经营情节显著轻微危害不大,不认为是犯罪;构成生产、销售伪劣产品等其他犯罪的,以其他犯罪论处。

第七条 明知他人无危险废物经营许可证,向其提供或者委托其收集、贮存、利用、处置危险废物,严重污染环境的,以共同犯罪论处。

第八条 违反国家规定,排放、倾倒、处置含有毒害性、放射性、传染病病原体等物质的污染物,同时构成污染环境罪、非法处置进口的固体废物罪、投放危险物质罪等犯罪的,依照处罚较重的规定定罪处罚。

第九条 环境影响评价机构或其人员,故意提供虚假环境影响评价文件,情节严重的,或者严重不负责任,出具的环境影响评价文件存在重大失实,造成严重后果的,应当依照刑法第二百二十九条、第二百三十一条的规定,以提供虚假证明文件罪或者出具证明文件重大失实罪定罪处罚。

第十条 违反国家规定,针对环境质量监测系统实施下列行为,或者强令、指使、授意他人实施下列行为的,应当依照刑法第二百八十六条的规定,以破坏计算机信息系统罪论处:

(一)修改参数或者监测数据的;

(二)干扰采样,致使监测数据严重失真的;

(三)其他破坏环境质量监测系统的行为。

重点排污单位篡改、伪造自动监测数据或者干扰自动监测设施,排放化学需氧量、氨氮、二氧化硫、氮氧化物等污染物,同时构成污染环境罪和破坏计算机信息系统罪的,依照处罚较重的规定定罪处罚。

从事环境监测设施维护、运营的人员实施或者参与实施篡改、伪造自动监测数据、干扰自动监测设施、破坏环境质量监测系统等行为的,应当从重处罚。

第十一条 单位实施本解释规定的犯罪的,依照本解释规定的定罪量刑标准,对直接负责的主管人员和其他直接责任人员定罪处罚,并对单位判处罚金。

第十二条 环境保护主管部门及其所属监测机构在行政执法过程中收集的监测数据,在刑事诉讼中可以作为证据使用。

公安机关单独或者会同环境保护主管部门,提取污染物样品进行检测获取的数据,在刑事诉讼中可以作为证据使用。

第十三条 对国家危险废物名录所列的废物,可以依据涉案物质的来源、产生过程、被告人供述、证人证言以及经批准或者备案的环境影响评价文件等证据,结合环境保护主管部门、公安机关等出具的书面意见作出认定。

对于危险废物的数量,可以综合被告人供述、涉案企业的生产工艺、物耗、能耗情况,以及经批准或者备案的环境影响评价文件等证据作出认定。

第十四条 对案件所涉的环境污染专门性问题难以确定的,依据司法鉴定机构出具的鉴定意见,或者国务院环境保护主管部门、公安部门指定的机构出具的报告,结合其他证据作出认定。

第十五条 下列物质应当认定为刑法第三百三十八条规定的"有毒物质":

(一)危险废物,是指列入国家危险废物名录,或者根据国家规定的危险废物鉴别标准和鉴别方法认定的,具有危险特性的废物;

(二)《关于持久性有机污染物的斯德哥尔摩公约》附件所列物质;

(三)含重金属的污染物;

(四)其他具有毒性,可能污染环境的物质。

第十六条 无危险废物经营许可证,以营利为目的,从危险废物中提取物质作为原材料或者燃料,并具有超标排放污染物、非法倾倒污染物或者其他违法造成环境污染的情形的行为,应当认定为"非法处置危险废物"。

第十七条 本解释所称"二年内",以第一次违法行为受到行政处罚的生效之日与又实施相应行为之日的时间间隔计算确定。

本解释所称"重点排污单位",是指设区的市级以上人民政府环境保护主管部门依法确定的应当安装、使用污染物排放自动监测设备的重点监控企业及其他单位。

本解释所称"违法所得",是指实施刑法第三百三十八条、第三百三十九条规定的行为所得和可得的全部违法收入。

本解释所称"公私财产损失",包括实施刑法第三百三十八条、第三百三十九条规定的行为直接造成财产毁损、减少的实际价值,为防止污染扩大、消除污染而采取必要合理措施所产生的费用,以及处置突发环境事件的应急监测费用。

本解释所称"生态环境损害",包括生态环境修复费用,生态环境修复期间服务功能的损失和生态环境功能永久性损害造成的损失,以及其他必要合理费用。

本解释所称"无危险废物经营许可证",是指未取得危险废物经营许可证,或者超出危险废物经营许可证的经营范围。

第十八条 本解释自2017年1月1日起施行。本解释施行后,《最高人民法院、最高人民检察院关于办理环境污染刑事案件适用法律若干问题的解释》(法释〔2013〕15号)同时废止;之前发布的司法解释与本解释不一致的,以本解释为准。